普通高等教育交通运输类专业系列教材

城市轨道交通车辆运行控制

主　编　臧利国　董世昌
副主编　陈素娟　宋彩云　孙海燕
参　编　郑　垄　郝腾飞　陈　丹　黄晓翠

机械工业出版社

本书系统地阐述了城市轨道交通车辆运行的基本设备和主要控制方法，着重介绍了列车运行控制系统及其在城市轨道交通车辆上的应用。主要内容包括列车运行控制系统概述、与列车运行相关的设备、列车运行控制的技术与方法、城市轨道交通联锁系统、列车自动控制系统、列车自动防护系统、列车自动驾驶系统、列车自动监控系统、基于通信的列车控制系统、非正常情况下列车运行及附录等。

本书可作为高等院校交通运输工程、交通设备及控制工程、轨道交通信号及控制、交通工程、车辆工程、道路与铁道工程等相关专业教材，也可作为高等职业教育院校相关专业的教学用书，还可作为有关技术人员的参考读物。

本书配有PPT课件，免费赠送给采用本书作为教材的教师，可登录www.cmpedu.com 注册下载。

图书在版编目（CIP）数据

城市轨道交通车辆运行控制/臧利国，董世昌主编. —北京：机械工业出版社，2022.12

普通高等教育交通运输类专业系列教材

ISBN 978-7-111-72841-2

Ⅰ. ①城⋯ Ⅱ. ①臧⋯ ②董⋯ Ⅲ. ①城市铁路-铁路车辆-运行-控制系统-高等学校-教材　Ⅳ. ①U284.48

中国国家版本馆CIP数据核字（2023）第047626号

机械工业出版社（北京市百万庄大街22号　邮政编码100037）
策划编辑：宋学敏　　　　　责任编辑：宋学敏
责任校对：韩佳欣　陈　越　封面设计：张　静
责任印制：任维东
北京中兴印刷有限公司印刷
2023年7月第1版第1次印刷
184mm×260mm · 14印张 · 345千字
标准书号：ISBN 978-7-111-72841-2
定价：48.00元

电话服务　　　　　　　　　网络服务
客服电话：010-88361066　　机　工　官　网：www.cmpbook.com
　　　　　010-88379833　　机　工　官　博：weibo.com/cmp1952
　　　　　010-68326294　　金　书　网：www.golden-book.com
封底无防伪标均为盗版　　　机工教育服务网：www.cmpedu.com

前　言

随着城市经济的飞速发展，城市规模迅速变大，大量人口涌入城市，城市交通需求持续增长，不可避免地造成城市道路交通拥挤，交通事故频发，交通污染问题日益严重。城市轨道交通运量大、速度快、环境友好、准时准点，所以城市轨道车辆成为现代大型都市不可或缺的公共交通工具。城市轨道交通车辆的发展趋势是更高阶的智能化运行，这就需要对列车运行控制进行系统而深入的学习。

城市轨道交通能够安全准点地完成运输任务，依靠的是合理的运输组织和设备的正常运行。列车运行控制系统作为城市轨道交通调度指挥和运营管理的中枢神经，时刻影响着列车运行的速度、安全性、运输能力和效率。以速度控制为基础的列车运行控制系统已经成为城市轨道交通信号系统的共同选择，因为它能够对列车运行的速度进行监测、控制、调整，使列车在安全的前提下，尽可能高速平稳运行，从而高质量地完成大容量的运输任务，带来更好的经济效益和社会效益。

本书系统地阐述了城市轨道交通车辆运行的基本设备和主要控制方法，着重介绍了列车运行控制系统及其在城市轨道交通车辆上的应用，以适应城市轨道交通车辆运行控制技术快速发展的形势对人才的需求新要求。本书理论联系实践，图文结合，便于阅读。

本书由南京工程学院汽车与轨道交通学院臧利国和董世昌任主编，由南京工程学院陈素娟、孙海燕和金肯职业技术学院宋彩云担任副主编，参加编写人员有南京工程学院郑堃、郝腾飞、陈丹、黄晓翠。感谢国家自然科学基金项目（62063013、72061021、61903185、51805244）对本书出版的支持。

由于编者学识水平有限，错漏在所难免，恳请广大读者批评指正。

编　者

缩略语

缩写词	英文全称	中文
AM	Automatic Mode	自动运行模式
AR	Automatic Return	自动折返驾驶模式
ATC	Automatic Train Control	列车自动控制
ATO	Automatic Train Operation	列车自动驾驶
ATP	Automatic Train Protection	列车自动防护
ATS	Automatic Train Supervision	列车自动监控
BS	Base Station	基站
CBTC	Communication Based Train Control	基于通信的列车控制
CI	Computer Interlocking	计算机联锁
CTC	Centralized Traffic Control	调度集中
DCC	Dispatch Control Center	调度控制中心
DCS	Data Communication System	数据通信系统
DSU	Database Storage Unit	数据存储单元
FAS	Fixed Autoblock System	固定自动闭塞系统
GPS	Global Positioning System	全球定位系统
IPS	Inertial Positioning System	惯性定位系统
LEU	Lineside Electronic Unit	地面电子单元
MAS	Moving Autoblock System	移动自动闭塞系统
MMI	Man Machine Interface	驾驶员人机接口
OBE	On Board Equipment	车载设备
OCC	Operating Control Center	控制中心
PTI	Positive Train Identification	列车识别
RM	Restricted Manual Mode	限制人工驾驶模式
SCC	Station Control Center	车站控制中心
SM	Safety Mode	自动防护驾驶模式
URM	Unrestricted Manual Mode	非限制人工驾驶模式
VOBC	Vehicle On Board Controller	车载控制器
WE	Wayside Equipment	轨旁设备
ZC	Zone Controller	区域控制器

目 录

前言
缩略语
第1章　列车运行控制系统概述 …………… 1
　本章概述 ……………………………………… 1
　学习重点 ……………………………………… 1
　1.1　城市轨道交通的发展历史 …………… 2
　1.2　列车运行控制系统概述 ……………… 8
　1.3　列车运行控制系统的发展方向 ……… 13
　思考题 ………………………………………… 16
第2章　与列车运行相关的设备 …………… 17
　本章概述 ……………………………………… 17
　学习重点 ……………………………………… 17
　2.1　信号及相关设备 ……………………… 17
　2.2　轨道电路 ……………………………… 36
　2.3　计轴器 ………………………………… 42
　2.4　查询应答器 …………………………… 44
　2.5　站台安全门系统 ……………………… 49
　2.6　转辙机 ………………………………… 54
　思考题 ………………………………………… 60
第3章　列车运行控制的技术与方法 ……… 61
　本章概述 ……………………………………… 61
　学习重点 ……………………………………… 61
　3.1　测试技术 ……………………………… 62
　3.2　列车定位技术 ………………………… 64
　3.3　无线通信技术 ………………………… 69
　3.4　闭塞方式 ……………………………… 79
　3.5　速度控制模式 ………………………… 86
　思考题 ………………………………………… 88
第4章　城市轨道交通联锁系统 …………… 89
　本章概述 ……………………………………… 89
　学习重点 ……………………………………… 89
　4.1　联锁基本概念 ………………………… 89
　4.2　联锁内容 ……………………………… 95
　4.3　进路控制 ……………………………… 99
　4.4　6502电气集中联锁系统 ……………… 102

　4.5　计算机联锁系统 ……………………… 104
　思考题 ………………………………………… 120
第5章　列车自动控制系统 ………………… 122
　本章概述 ……………………………………… 122
　学习重点 ……………………………………… 122
　5.1　ATC系统综述 ………………………… 122
　5.2　ATC系统的分类 ……………………… 125
　5.3　ATC系统的选用原则 ………………… 132
　5.4　ATC系统的控制模式 ………………… 132
　思考题 ………………………………………… 134
第6章　列车自动防护系统 ………………… 135
　本章概述 ……………………………………… 135
　学习重点 ……………………………………… 135
　6.1　ATP系统的基本概念 ………………… 135
　6.2　ATP系统的设备 ……………………… 137
　6.3　ATP系统的功能及其技术要求 ……… 139
　思考题 ………………………………………… 143
第7章　列车自动驾驶系统 ………………… 144
　本章概述 ……………………………………… 144
　学习重点 ……………………………………… 144
　7.1　ATO系统的基本概念 ………………… 144
　7.2　ATO系统的设备组成 ………………… 145
　7.3　驾驶模式与模式转换 ………………… 146
　7.4　ATO系统的功能及其工作原理 ……… 149
　思考题 ………………………………………… 155
第8章　列车自动监控系统 ………………… 156
　本章概述 ……………………………………… 156
　学习重点 ……………………………………… 156
　8.1　ATS系统的基本概念 ………………… 156
　8.2　ATS系统的组成 ……………………… 157
　8.3　ATS系统的主要功能 ………………… 160
　8.4　ATS系统的基本原理 ………………… 163
　8.5　ATS系统的运行 ……………………… 168
　思考题 ………………………………………… 172

第 9 章　基于通信的列车控制系统 …… 173
　本章概述 ……………………………… 173
　学习重点 ……………………………… 173
　9.1　CBTC 系统简介 ………………… 173
　9.2　CBTC 系统的结构与组成 ……… 178
　9.3　CBTC 系统的功能 ……………… 181
　9.4　CBTC 系统的特点 ……………… 185
　思考题 ………………………………… 187
第 10 章　非正常情况下列车运行 …… 188
　本章概述 ……………………………… 188
　学习重点 ……………………………… 188
　10.1　列车运行控制系统的后备模式 … 189
　10.2　ATS 非正常情况下的后备模式 …… 194
　10.3　列车运行控制系统故障时的行车
　　　　组织 …………………………… 196
　思考题 ………………………………… 198
附录　城市轨道交通列车运行控制
　　　实验 …………………………… 199
　附录 A　实验设备 …………………… 199
　附录 B　城市轨道交通 ATC 仿真教学实验
　　　　　平台认知实验 ……………… 204
　附录 C　列车运行实验 ……………… 206
　附录 D　站台紧急停车处置实验 …… 209
　附录 E　站台扣车与列车催发车实验 …… 211
　附录 F　封站与站台跳停实验 ……… 213
参考文献 ………………………………… 215

第1章　列车运行控制系统概述

【本章概述】

在人类历史发展的进程中，城市起到了举足轻重的作用，它将人类安定下来进行生活、生产、交换等活动。随着政治、经济和文化交流的频繁，城市交通承担了大量人员、物资的流动，成为城市服务中重要的基础设施之一。由于城市化进程的加快，城市交通面临一系列问题，迫切需要一种环保、准时、可持续发展的公共交通系统。大客运量的城市轨道交通系统，成为从根本上改善城市公共交通状况的有效途径。

随着科学技术的发展，特别是近年来微电子、计算机、通信、智能控制等技术的突飞猛进，城市轨道交通列车运行控制系统不仅仅能够保证列车安全、提高运行效率、缩短行车间隔，还能够促进运营管理现代化，大大提升了城市客运的综合运力和服务质量。

信号系统和通信系统是城市轨道交通列车运行控制系统的关键技术装备。在传统观念里，信号系统与通信系统是相互独立的，列车运行控制系统的发展经历了二者相互融合的一个过程，所以通信、信号设备一体化成为了现代城市轨道交通列车运行控制系统的重要发展趋势。

本章主要介绍城市与城市交通的出现，城市轨道交通的出现、发展及现状，以及列车运行控制系统在国内外的发展情况和发展趋势。

【学习重点】

1. 了解城市交通存在的问题，掌握城市轨道交通的优势。
2. 掌握列车运行控制系统如何解决城市轨道交通运输中存在的问题。
3. 掌握城市轨道交通车辆运行控制系统的发展历程以及未来的发展趋势。

1.1 城市轨道交通的发展历史

1.1.1 城市与城市交通的出现

1. 城与市的出现

在历史长河中，几十亿年的天地造化，诞生了最优秀的作品——人类；又是几万年、几十万年的苦难磨砺，人类创造了自己最优秀的作品——城市。

迄今为止，城市的发展已经有5000年以上的历史。在人类社会发展的初期，城与市是不同的概念。

在原始社会的漫长岁月中，人类一直居无定所，三五成群地依附于自然条件进行穴居、巢居生活，凭借采集、狩猎满足饱腹之需。但是，在对付个体庞大的凶猛动物时，三五个人的力量显得单薄，只有联合其他群体，才能获得胜利。由于群体的力量强大，收获也就丰富起来，捕获的猎物不便携带，需找地方储藏起来，久而久之便在有些地方定居下来。但凡人类选择定居的地方，都是些水草丰美、动物繁盛的处所。这就出现了最早的"城"。

定居下来的先民，为了抵御野兽的侵扰，便在驻地周围扎上篱笆，形成了早期的村落。随着人口的繁盛，村落规模不断升级，猎杀一只动物，整个村落的人倾巢出动显得有些多了，且不便分配。于是，村落内部便分化出若干个群体，各自为战，猎物在群体内分配。由于群体的划分是随意进行的，那些老弱病残的群体常常抓获不到动物，只好靠依附力量强壮的群体而获得一些食物。而收获丰盈的群体，不仅消费不完猎物，还可以把多余的猎物拿来，与其他群体换取自己没有的东西。为了方便日益频繁的交换活动，交换的场所就逐渐被固定下来。于是，早期的"市"便形成了。

在奴隶社会向封建社会进化的过程中，城市形态渐趋成熟，有了完整的城墙以区分城市与乡村，有了较清晰的功能分区，如政治、居住、商业、手工业、殡葬等。尤为重要的是具有较完善的道路交通体系，这是城市发展的重大转折。

一般而言，城市规模发展遵循自由村落→中心村→镇→小城市→中等城市→大城市→特大城市→超级大都市→城市带→城市圈→城市群的规律。在此过程中，遵循优胜劣汰原则，兴衰迥异。

2. 城市交通

在城市发展的过程中，随着城市个数的不断增加，城市人口的急剧增加，出现了一个人类社会发展的大趋势——城市化。所谓城市化是指人口由分散的农村向城市集中的社会进程。

城市化初期，由生产力提高所创造的所有先进交通工具基本上是首先用于解决城际交通问题的，并进一步推动着城市化的进程。当城市规模扩大到只有利用交通工具才能保证城市经济生活的正常进行时，城市内部交通系统开始诞生，出现了相应的交通工具并逐渐有所发展。

城市交通是城市形成与发展的必然产物，是为城市服务的最重要的基础设施。城市内人员的流动、物资的运输是依靠城市交通来完成的。城市交通肩负着市民日常生活必需的衣食住行中"行"的任务，直接展示了城市的面貌和活力，体现着城市的承载能力。城市交通作为城市经济发展的纽带和命脉，与城市的形成、发展和兴衰紧密相连，正如马克思所言："没有现代的交通，就没有城市的繁荣"。

城市交通系统的主要构成框架如图1-1所示。

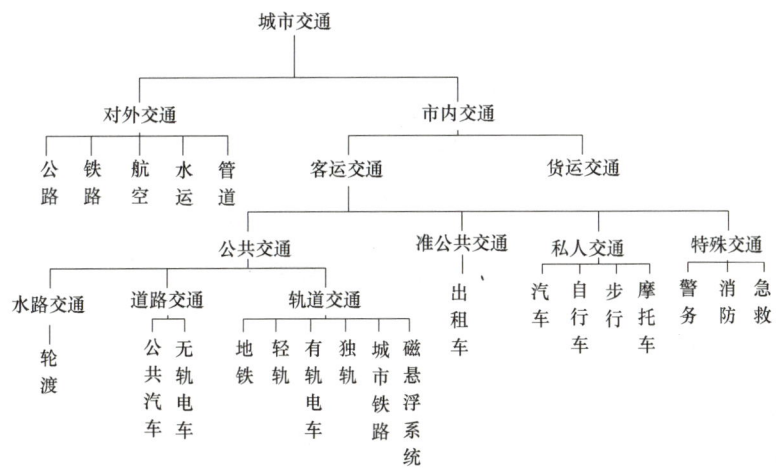

图1-1 城市交通系统主要构成框架

虽然城市交通事业的发展，有效地保障了城市经济发展和社会进步，但是由于交通需求的过分增长，在城市化的进程中，不断地暴露出大量的问题，使城市的发展停滞不前。现在城市发展面临的主要问题有：

(1) **交通拥堵** 研究表明，城区交通流的速度每10年降低5%，拥堵的严重性随城市规模增加而增加。交通拥堵不但增加了市民在出行时时间、精力、财力等的消耗，而且使交通事故发生的可能性大大增加。同时还造成公共交通服务水平日益下降，客运效率越来越低，以致大量自行车、出租汽车、私家轿车涌上街头，有限的城市道路不堪重负。图1-2所示为某城市交通拥堵现象。

(2) **环境污染问题** CO_2和臭氧（O_3）是影响人类生存环境的两种主要污染物，大多源于机动车的烟雾排放。据统计全国500多个城市中，空气质量达到一级标准的不足1%。2022年国际卫生组织公布的一项报告表明，全球80%以上的城市空气污染超标。

城市噪声主要来自交通，还有重型货车及夜间装卸引起的振动。从健

图1-2 某城市交通拥堵现象

康的角度看，人体长期处在噪声超过50dB的环境中就会影响睡眠和休息。由于休息不足，疲劳不能消除，正常生理功能会受到一定的影响；噪声在70dB以上会干扰谈话，使人心烦意乱，精神不集中，影响工作效率，甚至可能发生事故；长期工作或生活在90dB以上的噪声环境中，会严重影响听力和导致其他疾病的发生。

(3) **土地消耗** 交通设施骤然增加，必然会不同程度地影响城市原有历史建筑群。大

量机动车辆涌上街道，对道路占有量增加的同时，还需要建设大面积的停车场。诸如此类均会大量消耗土地、破坏城市景观，虽然大大便利了机动车使用者，但对其他行人、非机动车用户来说则是障碍。图 1-3 所示为某城市停车场景象。

（4）**全球变暖** 全球变暖主要是燃料（固体及液体）燃烧所致。目前，交通排放 CO_2 约占全部排放量的 25%，且其比例在逐年增加。

（5）**能源消耗** 在多数发达国家，运输部门的能源消耗占国家各行业总能耗的 25% 以上。液体燃料比例更大。

（6）**城市分散化** 机动车运输的发展导致了居民出行距离与出行时间

图 1-3 某城市停车场景象

的增加，从而使出行时间和空间更为分散；它反过来又增加了人们对轿车的依赖，减少了公共交通发展的可能性。

传统城市交通发展模式已很难从根本上摆脱拥挤→缓和→再拥挤的恶性循环。重新认识城市交通发展规律，寻求城市交通的可持续发展道路，已成为世界所有城市开始关注的问题。发展以公共交通为主的城市交通体系，优化城市结构，研发耗能少、有利于环保的交通工具，走可持续发展之路，是解决城市交通的有效和根本途径。

1.1.2 城市轨道交通的出现

随着科学技术和城市化的发展，大运量的轨道交通在现代化大城市中起着越来越重要的作用。经济发达国家城市的交通发展历史告诉人们，只有采用大运量的城市轨道交通系统，才能从根本上改善城市公共交通拥堵状况。

轨道交通很早就作为公共交通在城市中出现。1662 年，法国科学家与哲学家布莱斯·帕斯卡尔（B. Pascal）提出公共马车计划，在法国巴黎街头出现了一种可供一定人数乘坐的"公共马车"，其以固定路线、固定价格、按固定站循环的方式运载乘客，这是历史上第一条无轨公共交通线路。无轨公共马车（图 1-4）是城市公共交通的先驱，但是它缓慢颠簸，舒适性较差，且容易造成街道的车辆拥挤及阻塞。

1827 年，世界上第一条城市轨道公共马车出现在纽约百老汇大街上。马车在钢轨上行驶，提高了速度，增加了平稳性，还可以利用多匹马组成马队来提高牵引力，加大车辆规模，降低运输成本及票价。1832 年，这种城市轨道公共马车在美国纽约的第 4 大街上正式运营。法国工程师罗伯特（E. Lodbhat）在 1853 年把它引进巴黎，由于比无轨公共马车更有效率、更舒适，所以大受欢迎。到 1879 年，大巴黎区已有 38 条有轨公共马车路线。有轨公共马车在美国及欧洲多国都得到迅速发展，至 1890 年其轨道里程已经达到 9900km。图 1-5 所示为 1884 年法国里昂的有轨公共马车。有轨公共马车是现代城市轨道交通的雏形。

图1-4 无轨公共马车

图1-5 1884年法国里昂的有轨公共马车

伦敦是世界上地铁的诞生地。一条由英国律师皮尔逊（Charles Pearson）鼓动并投资建设的地下城市铁路（Metropolitan Railway）于1863年1月10日正式通车运营。这条地铁（图1-6）从帕丁顿到弗灵顿，总长6.5km。动力是向英国铁路公司租借的蒸汽机车。皮尔逊因此被誉为"地铁之父"。"Metro"也成了世界上绝大多数国家城市轨道交通的标志和代号。

城市轨道交通的优点如下：

(1) **运量大** 目前城市轨道交通在高峰时单向运输能力可以达到六七万人次，成为运量最大的城市交通工具。

(2) **速度快** 城市轨道交通通常采用电动车组作为牵引动力，而且配有良好的线路条件和自动控制体系，确保了列车良好的运行环境和性能。目前，地铁最高运行速度一般都在

图1-6 英国伦敦1863年的地铁

80km/h左右，在部分站间距较大的郊区，地铁运行速度可以达到110km/h。

(3) **污染少** 城市轨道交通的动力来源于电力牵引，所以与道路交通相比，污染微乎其微，这也是其堪称绿色交通的原因之一，对城市环境保护有积极意义。

(4) **能耗低** 作为一种大运量的集团化客运系统，城市轨道交通每运送一位乘客所消耗的能量水平，远远低于其他城市交通方式。

(5) **可靠性高** 由于城市轨道交通线路一般与地面交通完全隔离，因而不受地面交通的影响。如果线路建设在地下隧道内，则完全不受外界气候环境的影响。所以，城市轨道交通是城市客运交通方式中可靠性最高的一种，尤其是在上下班高峰时段，地面交通拥挤不堪的情况下，对于时间性极强的现代城市交通行为者而言，这个优势更是无可比拟的。

(6) **舒适性佳** 城市公共客运交通方式舒适性主要表现在环境质量与拥挤程度两个方面。而轨道交通系统，环境质量较好，不论是在车站候车、售检票，还是在途中乘车，均有现代化的环控设施保证良好的空气质量；拥挤度则可通过轨道交通的准时性、速达性得到较大程度的调整。

(7) **占地面积小** 城市轨道交通既是城市公共客运交通，又是大运量集团化轨道交通。线路主要存在于地下隧道中、高架桥梁上，较少占用地面，因此每位乘客完成交通行为所占用的道路面积是最小的。

1.1.3 城市轨道交通的发展及现状

上述诸多优点决定了世界范围内许多发达城市都在积极建设城市轨道交通。自1863年至1899年，英国的伦敦和格拉斯哥、美国的纽约和波士顿、匈牙利的布达佩斯、奥地利的维也纳及法国的巴黎共5个国家7个城市率先建成了地铁。在进入20世纪的最初24年里，在欧洲和美洲又有9个城市相继修建了地下铁道，如德国的柏林、汉堡，美国的费城，以及西班牙的马德里。亚洲最早的地铁是日本东京1927年12月开通的浅草—涩谷线。据日本地下铁道协会统计，截至2021年全世界有61个国家的205个城市拥有地铁系统。

我国自1969年北京地铁1号线开通以来，经过50多年的发展，城市轨道交通已进入快速发展时期。据不完全统计，截至2021年10月，我国已有北京、上海、广州、深圳、南京、天津、重庆、武汉、长春、大连、成都、沈阳等多个城市的轨道交通投入运营，线路总里程约为7253.73km，而美国目前地铁总里程只有1400km多。

经过20多年来的发展，上海轨道交通开通运营的总里程已达831km，跻身世界前五名，超过了不少已有近百年地铁历史的欧美著名城市。未来，我国的轨道交通发展会逐渐朝着提升技术性、安全性、舒适性等方向转变。

北京是我国第一个拥有地铁的城市。1965年7月1日，北京市开始兴建第一条地下铁道，即地铁1号线，一期工程全长23.6km，于1969年10月1日建成通车。而此时的新加坡、旧金山、汉城、华盛顿、亚特兰大等国际都市城内还没有一寸地铁。随后，地铁2号线也于1984年9月通车试运营。然而到2001年，这32年的时间里，北京只竣工了42km地铁，平均每年只修建1.3km。特别是从1987年到1997年的10年间，只开通了复兴门到西单的1.8km地铁。

随着城市地面交通压力日益增大，北京轨道交通建设也开始紧锣密鼓地进行。2002年12月28日，北京地铁5号线开工建设，紧接着4号线、10号线（一期）、奥运支线、机场快轨线陆续开工。为了迎接盛大的北京奥运会，在2008年7月19日北京地铁10号线一期、机场线和奥运支线3条新地铁线路同时开通试运营，使运营总里程达到了200km。2009年9月28日，由香港地铁公司参与投资建设并负责运营的北京地铁4号线开通，使北京轨道交通运营里程接近230km，车站达147座。北京地铁房山线、昌平线一期、15号线一期、亦庄线和大兴线，5条地铁线路于2010年12月30日正式开通运营，使北京的轨道交通运营里程达到了336km。一次开通里程达108km，这在国内首屈一指，如此大规模的地铁建设，在世界地铁建设史上也是很少见的。北京地铁运营线路图（2023年）如图1-7所示。

未来几年，北京城市轨道交通建设和开通速度还将加快，将有超过5000亿元人民币投入到优化公共交通及轨道交通的发展中。随着"三环、四横、五纵、七放射"轨道交通网建成，原定的561km轨道总里程有望再增百余千米。图1-8所示为北京城市轨道交通2025年规划方案。

城市轨道交通系统是一个庞大而复杂的系统，犹如一个巨大的联动机，将土木工程、建筑、机械、电机电器、自动控制、计算机、通信、信号等领域协调有序地联结在一起，共同发挥作用，从而安全、顺畅、准时地完成运输任务。

随着经济的发展，特别是城市发展带来的人口空前剧烈膨胀，城市轨道交通的运效能力被提高到了一个更高的水平，这就需要在保证安全的前提下逐渐缩短列车的行车间隔、提高

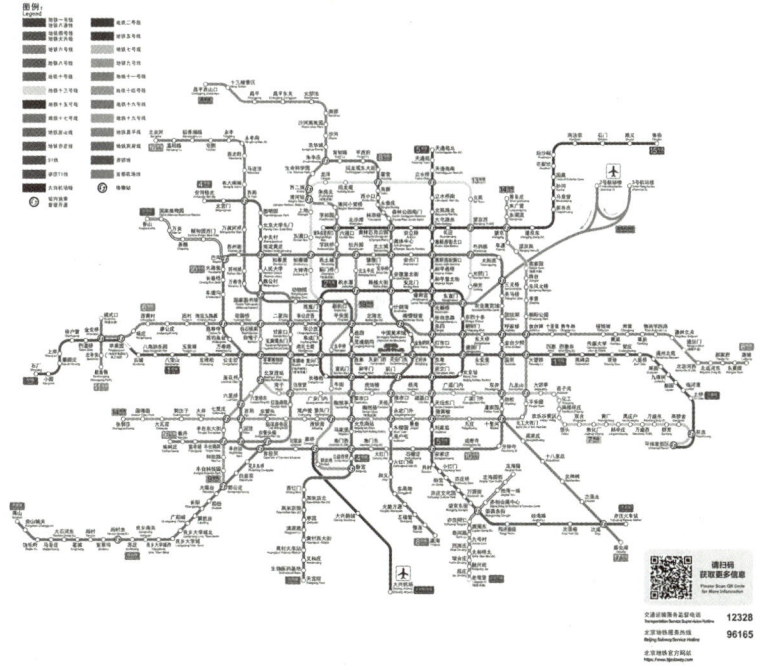

图 1-7　北京地铁运营线路图（2023 年）

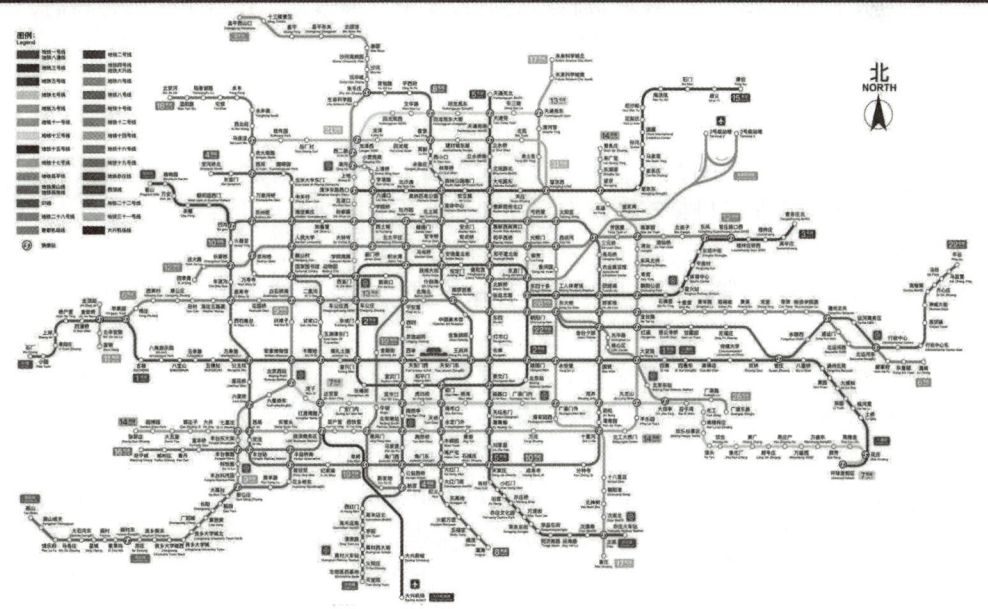

图 1-8　北京城市轨道交通 2025 年规划方案

列车运行速度和运行效率。在此背景下，现代列车运行控制系统应运而生。它用于控制、监督、执行和保障城市轨道交通列车运行安全，以轨道交通信号控制技术和通信技术为基础，是集列车运行控制、行车指挥、设备检测和信息管理为一体的综合控制系统。

1.2 列车运行控制系统概述

随着科学技术的发展，特别是近年来微电子、计算机、通信、智能控制等技术的突飞猛进，城市轨道交通列车运行控制系统不仅能够保证行车安全、提高运行效率、缩短行车间隔，还能够促进运营管理现代化，大大提升了城市客运的综合运力和服务质量。信号系统和通信系统是城市轨道交通列车运行控制系统的关键技术装备。在传统观念里，信号系统与通信系统是相互独立的，列车运行控制系统的不断进步经历了二者相互融合的一个过程，通信、信号设备一体化成为了现代城市轨道交通列车运行控制系统的重要发展趋势。

列车运行控制系统最基本的问题有下列两方面。其中，安全是行车的基本要求，也是最终目标。

1）保证任何一列运行过程中的列车安全。高速运行的列车具有较大的动量，制动需要一定的时间和距离，所以列车既要与前行列车保持足够的安全距离，不与前行列车追尾，同时也要防护本列车，使续行列车与本列车保持安全距离。为此，就必须确定本列车以合适的运行速度行驶。

2）在保证行车安全的前提下，还要使行车有更高的效率，这也是表征一个国家经济是否发达的标志之一。所以大力发展以列车速度自动控制为中心的列车运行控制技术成为了多个国家（地区）城市轨道交通的共同选择。

作为轨道交通系统，安全和高效是其追求的两大目标。轨道交通系统能否安全高效运行，首先取决于列车运行控制系统的性能。在轨道交通系统中，列车运行控制系统是确保列车运行安全、提高列车运行效率的核心子系统，是轨道交通系统的大脑和中枢，也是体现一个国家自动化水平的标志之一。在城市轨道交通系统中，列车运行速度虽然不是很高，但站间距离短，列车运行过程中追踪间距和行车间隔时间都比较小，行车间隔最短可能达到90s，甚至更短。如此短的追踪间距和行车间隔时间，既要保证行车安全，又要保证行车的效率和准确性，对列车运行控制系统有着很高的要求。

列车运行控制系统是伴随着轨道交通的出现而诞生的。在过去的近200年中，列车运行控制系统经历了人工控制、机械控制、电气控制和电子控制的发展历程。它大体上可以划分为3个发展阶段。

（1）第一阶段　第一阶段称为机械装置控制阶段，是以机械锁闭器和臂板信号机为代表的时代。

（2）第二阶段　从20世纪30年代开始，列车运行控制系统进入第二阶段，称为电气控制阶段，以继电器联锁系统和色灯信号机为代表。20世纪60年代之前，列车运行控制系统依靠路旁信号机来传递不同的行车信息，列车运行安全取决于驾驶员的视觉条件、驾驶技术和经验，前后列车间的空间间隔由相邻信号机之间的距离来实现，驾驶员根据地面信号的显示，按照行车规则，操纵列车运行。在这种传统的信号系统中，信号机显示信息的能力极为有限，完全依赖于驾驶员，信号机的位置不能随意改变，列车间隔控制的灵活性较差。由于存在着这些不足，导致系统的安全性不高，效率较低。如今，随着城市轨道交通列车运行速度越来越快，行车间隔时间越来越短，对安全的要求也越来越高，传统的信号系统已经逐渐体现出了不适应性。

(3) 第三阶段 第三阶段为电子控制阶段，从 20 世纪 60 年代开始，电子器件和计算机开始应用于列车运行控制系统之中，列车运行控制系统迎来了快速发展的阶段，成为智能化的车载控制系统。

采用先进的轨道交通列车运行控制技术，能大大提高行车的安全性，使各种由于人为的疏忽、设备故障而产生的事故率降至最低，有效地减少了交通事故的发生。由于在列车运行控制中心的计算机和列车车载计算机之间建立起了可靠、有效的信息交换通道，因此列车运行的一切实时信息（车次、速度、位置等）都可经通道向控制中心发送，从而在控制中心内可一览无余地将整条线路的实时状态显示在行车指挥人员面前。与此同时，一切与列车运行有关的信息，如线路状态、前行列车的位置或前方停车点的位置等，也可通过同一个通道发送给列车车载计算机，从而得出实时的最佳速度并显示在驾驶台上，由驾驶员手动或自动操纵，使驾驶员驾驶更加从容有序、胸有成竹，使列车运行处于最佳运行状态。

控制中心与列车车载计算机之间的协调工作，使运输效率得以最充分的发挥，大大减轻了驾驶员的劳动强度和工作难度，甚至驾驶员的任务仅限于监督设备的运行状态。此外，采用轨道交通列车运行控制技术还可以避免不必要的突然减速和加速，这不仅可提高行车的稳定性，对节能也具有重要的作用。

20 世纪 70 年代，随着通信技术的发展，尤其是无线通信技术的广泛应用，以信号控制为核心的传统轨道交通信号系统开始演变成基于通信技术的轨道交通运行控制系统。无线通信可以实现大信息量的双向通信，除了能满足列车控制的需要外，还可用于行车指挥信息，可以满足城市轨道交通信息化对固定设备与移动体之间大容量信息交换的要求。基于通信的列车控制（Communication-Based Train Control，CBTC）系统，可以实现双向信息传输，具有更高的传输速率、更多的信息量。CBTC 借助于先进的车-地无线通信技术，使列车运行摆脱了对传统轨道电路的依赖，甚至可以突破新型数字轨道电路行车间隔的瓶颈，实现真正意义的移动闭塞，行车间隔大大缩短，系统在线实时性增加，从而提高运能与安全性。CBTC 是城市轨道交通列车运行控制技术的发展方向。

随着计算机技术和网络技术的迅速发展，信号系统内部、信号系统与通信系统、信号系统与其他信息化系统正在加速重新整合和融合，数字化、网络化、智能化和综合化成为轨道交通通信信号系统发展的趋势。

城市轨道交通列车运行控制系统的发展经历了多次革命性的变革：从最初依靠驾驶员的视线控制、人工臂板信号控制、信号灯显示控制，发展到模拟轨道电路、数字轨道电路、基于环线的 CBTC，以及今天少数技术先进线路上使用的基于无线通信的 CBTC。

从目前的发展应用情况看，城市轨道交通列车运行控制系统已成为城市轨道交通调度指挥和运营管理的中枢神经。要想提高运输能力、降低运营成本，取得良好的社会效益与经济效益，必须配备现代化的轨道交通列车运行控制系统。

1.2.1 国外列车运行控制系统的发展

为了提高安全性及效率，世界各国都十分重视列车运行控制系统的研究和开发。早期的这类技术是在信号机旁安装点式信息点，列车通过该信息点时，控制系统一方面向驾驶员报警，另一方面在驾驶员没有反应动作的情况下，控制系统强迫列车制动停车，这类系统称为自动停车装置。其技术特点有两方面，一是列车具有接收地面信息的功能；二是安全既取决于"机",也取决于"人"。

列车自动控制（Automatic Train Control，ATC）系统早在20世纪60年代就已经开始被研制和试用。日本于1964年交付使用了世界上第一条高速铁路——东海道新干线，其是以机控为主、设备优先的列车控制系统，使列车在高速度、高密度运行的条件下，安全运行了30多年。

进入20世纪70年代之后，列车速度的提高对列车运行控制系统在安全性和效率方面提出了更高的要求。随着地面信息传输技术（应答器、轨道电路和轨间环线电缆等）和列车信息接收技术的不断完善，出现了点式ATC系统、点连式ATC系统，如法国的TVM系统、德国的IZB系统和日本的ATS-P系统等，这类系统具有速度实时监控功能。世界上一些著名的信号公司，如法国的阿尔斯通（ALSTOM）、德国的西门子（SIEMENS）、英国的西屋（Westinghouse）、瑞典的Adtranz、美国的US&S等相继推出基于数字轨道电路的准移动闭塞ATC系统。

在20世纪80年代，随着信息传输量的增加、自动控制技术的完善和微电子技术的发展，使得列车运行控制系统的车载设备功能不断扩大，如实时计算距离——速度模式曲线、自动实施常用制动和紧急制动、自动驾驶、节能运行等。

20世纪90年代的城市轨道交通ATC系统采用数字化ATC技术，以钢轨或轨道间交叉环线作为信息传输媒体，采用信息编码传送目标速度、目标距离和轨道电路长度等信息，实现列车与地面之间的通信，因此列车运行的安全性得到增强，效率得到提高，效益明显改善。

20世纪90年代后，世界上已有许多国家开发了各自的列车运行控制系统，以移动闭塞为技术特征的CBTC系统受到了日益广泛的重视，阿尔卡特（ALCATEL）、阿尔斯通等公司近年来都致力于开发基于通信的移动闭塞的地铁信号系统。CBTC车-地传输信息方式可分为无线、环线、漏缆及波导管等几种，拥有带环线的CBTC技术的公司主要是阿尔卡特，拥有无线CBTC技术的公司主要是庞巴迪。

西门子、阿尔卡特也有无线CBTC技术。阿尔卡特完成了美国拉斯维加斯单轨线（2004年）、利用无线CBTC的中国香港地铁迪士尼乐园专线（2005年），以及美国华盛顿杜勒斯机场捷运线（2009年）和阿联酋迪拜机场轻轨线（2009年）等。西门子通过兼并法国马特拉公司而拥有了CBTC技术，并运用于美国纽约地铁CBTC系统改造，在我国广州的4号和5号线，北京的10号线、南京的2号线中也有所应用。

CBTC系统是具有发展潜力的列车运行控制系统，正在日趋完善。目前，该技术已经在20多个国家的城市轨道交通中使用。

1.2.2 国内列车运行控制系统的发展

列车运行控制系统是城市轨道交通发展的一个关键节点。实用的就是最好的，对于我国城市轨道交通线路的使用应该体现中国特色。固定闭塞、准移动闭塞已能满足我国目前对列车运行控制的要求，而移动闭塞CBTC是城轨控制的发展方向。一般而言，城市轨道交通的列车运行控制技术领先铁路列车运行控制技术大约5~10年，以城市轨道交通的实践来带动铁路列车运行控制系统的发展，意义深远。

我国城市轨道交通信号控制系统的发展大致经历了3个阶段：初创阶段、过渡阶段和发展阶段。

1. 初创阶段

我国的地铁信号系统是随北京地铁兴建而起步的。1965 年 7 月 1 日，我国第一条地下铁路——北京地铁一期工程动工兴建，1969 年 10 月通车。根据当时的国情，决定全部设备由国内自己研制，同时要求设备必须具有较高的技术水平。信号项目主要为复线自动闭塞（包括机车信号和自动停车）、调度集中、列车自动驾驶和继电联锁。通过这几项技术实现行车集中调度、集中监控和列车运行自动化。

（1）**自动闭塞**　轨道电路采用的是我国自行开发并首次应用的由电子元器件制成的移频轨道电路。采用的是"红、红、黄、绿"的双红灯带保护区段的三显示方式，按照 90s 行车间隔设计。移频轨道电路采用了 7 种信号频率，能够向列车传送 7 种信息，是当时同类信号设备所无法比拟的。

（2）**调度集中**　在北京地铁一期工程全线及古城车辆段，使用的是我国自行开发的直流脉冲制调度集中（Centralized Traffic Control，CTC）系统。该系统经久耐用，经过 1984 年大修，一直使用到 1996 年。

（3）**列车自动驾驶**　列车自动驾驶（Automatic Train Operation，ATU）主要设备包括：地面信息接收子系统、双通道测速子系统、控制逻辑和比较子系统、轮径补偿子系统、定点停车控制曲线发生子系统、地面传感器子系统、车辆接口系统，设备主要采用磁放大器、晶体管、小规模集成电路和函数发生器等。

但是由于国内有些元器件供应比较困难，且当时车辆的性能也不够完善和稳定，导致该列车自动驾驶系统没有得到全面采用和推广。

（4）**继电联锁**　鉴于北京地铁车站线路简单，为简化设备配置，各车站采用了非定型继电联锁，车辆段则采用 6502 继电联锁。就当时而言，该项目完全独立自主地为中国第一条地铁提供了一整套设备，技术起点较高，为后续 20 多年的安全运营奠定了坚实的基础。但是受历史条件限制，某些规章制度落实难以到位，产品类型繁多，给日后的运营和维修都带来较多困难。乘客向导系统仅为有线广播，没有和列车的到发时刻相匹配，所以使用性能较差。

2. 过渡阶段

1971 年，北京地铁二期工程（即 2 号环线）开始建设，要求采用"行车指挥与列车运行自动化"系统，即 ATC 系统。1986 年，北京地铁通过引进消化，研制出一套机车信号系统，并用这套系统替换了环线全部机车信号，从而提高了车载设备的可靠性。

北京地铁 2 号线环线开通于 1984 年，其信号控制系统大多采用国产设备。最终应用的是由 SSC1 型电子调度集中、国产移频自动闭塞（包括机车信号与自动停车）和国产继电联锁构成的当时中国最为先进的信号系统。

1990 年，北京地铁对环线调度集中进行了技术改造，研制了"微型计算机调度集中系统"，并于 1993 年开通使用。该调度集中系统的功能和技术指标已经超出传统 CTC 系统很多，距现在普遍采用的列车自动监控（Automatic Train Supervision，ATS）系统的性能只有一步之遥。该系统从 1993 年至今正常运行了近 30 年，已成为调度员工作的得力工具。

1998 年，北京地铁对环线车载设备进行改造，自主研发了 LCP-100DT 型列车自动防护

（Automatic Train Protection，ATP）车载项目，1999年通过了北京市科委主持的技术鉴定，并于2000年在环线进行批量运用。2001年，北京地铁又对LCP-100DT型车载设备进行软件的修改和车辆接口的重新设计，三组车六套设备在北京地铁一号线上应用。同年底，该型号的ATP车载设备与WG-21A无绝缘轨道电路在大连快轨中标。

进入20世纪90年代以后，随着我国改革开放的步伐加快，经济的快速发展，城市人口急剧膨胀，各大城市都进入了建设城市轨道交通的高潮。但是由于我国地铁建设起步较晚，经验积累还较欠缺，当时国产信号设备技术水平较低，只能提供配套设备，而且系统研制条块分割，不能提供一体化的完整系统，所以没有合适的国产地铁信号系统可用。再加上建设地铁向国外贷款，利用外资的附加条件是必须购买该国设备，因此引进了许多国外先进的地铁信号设备。

随着地铁客流量的急速增长，北京地铁1号线最小行车间隔从5min缩短为2min，传统的信号系统已不能满足高密度行车的要求，存在诸多问题，亟须改造，于是1989年从英国西屋公司引进ATC系统。复八线由于要与前期的1号线贯通，为了便于与既有信号系统兼容，复八线也大量引进了英国西屋公司的ATC系统，同时，配套了国产的继电联锁设备、车站计算机联锁设备和信号微型计算机联锁监测设备等。上海地铁1号线1989年引进了美国阿尔斯通公司的ATC系统，为了节省投资，在正线道岔联锁区域和车辆段采用国产6502电气集中。

ATC系统的大量引进缩小了我国地铁信号装配水平与国际上的差距，取得了较好的效果。我国地铁的整体技术水平上了一个台阶，列车运行呈现出全新的面貌，实现了120s的运行间隔，大大提高了地铁列车的运行效率和运输能力。此后不久，我国又对部分设备实施国产化，取得了较好的效果。

随着国内城市轨道交通的大量建设，信号设备的研制工作也逐步展开，信号设备从传统的有绝缘轨道电路、继电联锁、机车信号、自动停车、调度监督、调度集中逐步向无绝缘轨道电路、微型计算机联锁、列车超速防护、列车自动监控等现代信号设备系统发展。从目前我国ATC系统的研究情况来看，最有基础的是ATS系统。我国现有的CTC调度集中系统与ATS系统具有非常相似的功能和作用，具有实现自动列车进路、列车运行自动追踪、信号设备状态显示等功能。

3. 发展阶段

从1994年起，我国城市轨道交通建设进入了快速发展期，随之而来的是信号设备的大规模引进。广州、上海、深圳、重庆和南京等轨道交通线路的信号系统先后采用了德国西门子公司、美国US&S公司、法国阿尔斯通公司和日本信号公司等各具特色的ATC系统。2002年和2003年，武汉轻轨与广州地铁3号线相继从加拿大阿尔卡特公司引进了采用移动闭塞方式的ATC系统，是基于感应环线通信的移动闭塞系统。

采用引进设备后，大大缩短了运行间隔，提高了安全程度和通过能力。但由于国内外的电源质量、道岔结构、轨道施工工艺等存在差异，所以引进的ATC系统在我国的应用效果不如在国外那么好，而且引进的设备也带来了后续的诸多问题：①造价昂贵，耗资巨大，同时要花费大量资金用于设备维修和更新，很难产生良好的经济效益和社会效益，也难免受制于人。②返修渠道不畅，维修成本太大，备品、备件得不到保证，维修十分困难。③制式混杂，给路网的扩展、管理带来极大的困难。照此发展下去，必将严重阻碍我国城市轨道交通的发展，同时不符合国家的产业政策，有必要走国产化的道路，对引进的先进技术消化吸收，移植铁路成熟的信号技术，结合我国城市轨道交通的特点和需要进行自主研发，尽快提供国产化的成套 ATC 技术。这是我国城市轨道交通信号技术发展的必由之路，也必将降低造价，促进城市轨道交通发展。

我国从 1999 年初开始推行城市轨道交通设备的国产化政策。其主要目的在于降低建设投资，使国家及地方在财力上能够承受。另一个目的是充分吸收借鉴国外的先进技术，研究开发具有自主知识产权的城市轨道交通相关技术，并进行设备产品本土化生产制造，提升中国城市轨道交通行业的技术水平，并逐步减少对国外产品的依赖。

2010 年 12 月 30 日上午 10 点 45 分北京市启动"地铁新线开通试运营首次列车发车指令"，北京五条轨道交通新线正式开通试运营，这其中就包括国内首条具有完全自主知识产权 CBTC 列车控制系统示范工程——亦庄线。亦庄线是按照政府首套政策实施的信号系统核心技术示范工程，是由北京交通大学研发的具有完全自主知识产权的 CBTC 核心技术及系统装备，经历实验室研制、试车线试运行验、运营线中试运行后的正式工程应用。其开通对推动北京市和我国城市轨道交通运行控制系统国产化和产业化具有重要意义。

2017 年，交控科技（Fully Automatic Operation，FAO）系统在北京燕房线实现了工程化应用；2020 年，重庆 I-CBTC 示范工程项目通过验收，该示范工程突破了城市轨道交通互联互通的世界性难题，同年 VBTC 产品获得独立第三方安全认证；2021 年，VBTC 系统获 SIL4 级安全认证，并获取北京 11 号线试运行授权，其中 ITE 是全球首个独立获得 SIL4 级安全认证授权的感知运行产品。

1.3 列车运行控制系统的发展方向

随着当代城市轨道交通的发展，通信信号系统发生了重大变化。车站、区间、列车运行控制以及行车调度指挥自动化的一体化，通信信号系统的相互融合，冲破了功能单一、控制分散、通信信号相对独立的传统技术理念，推动了通信信号技术向数字化、智能化、网络化和一体化的方向发展。

通信技术与控制技术的结合重新规划了城市轨道交通信号系统的结构与组成，为列车运行控制的未来发展开辟了新的空间。目前，CBTC 系统代表了未来城市轨道交通列车运行控制的发展趋势。

20 世纪 80 年代早期，CBTC 系统通过采用轨旁和列车之间双向通信的方法，克服轨道电路系统中物理闭塞区间界限的局限，并可提供更加可靠而精确的列车定位。因此，列车能够在更短的时间间隔内运行，保证了车辆的安全间隔，并增强了列车控制的灵活性。CBTC 系统采用无线通信技术，可缩短间隔时间，实现互联互通。从 20 世纪 90 年代起，随着计算机技术和无线通信技术的快速发展，CBTC 系统受到了日益广泛的重视。

CBTC 系统是一种采用先进的通信、计算机技术，连续控制、监测列车运行的移动闭塞方式的列车控制系统。它摆脱了用轨道电路判别列车对闭塞分区占用与否的限制，突破了固定（或准移动）闭塞的局限性，较以往的系统具有更大的优越性。具体体现如下。

1）实现了列车与轨旁设备的双向通信，且信息量大。

2）可减少轨旁设备，便于安装维修，有利于紧急状态下利用线路作为人员疏散的通道，有利于降低系统全寿命周期内的运营成本。

3）便于缩短列车编组、高密度运行，可以缩短站台长度和端站尾轨长度，提高服务质量，降低土建工程投资；实现线路列车双向运行而不增加地面设备，有利于线路发生故障或特殊需要时反向运行控制。

4）可适应各种类型、各种车速的列车。由于移动闭塞系统基本克服了准移动闭塞和固定闭塞系统地对车信息跳变的缺点，从而提高了列车运行的平稳性，增加了乘客的舒适度。

5）可以实现节能控制、优化列车运行统计处理、缩短运行时分等多目标控制。

6）移动闭塞系统，尤其是采用高速数据传输方式的系统，将带来信息利用的增值和功能的扩展，有利于现代化水平的提高。

7）确立"信号通过通信"的新理念，使列车与地面（轨旁）紧密结合、整体处理，改变了以往车地相互隔离、以车为主的状态。这意味着车地通信采用统一标准协议后，就有可能实现不同线路间不同类型列车的联通联运。所谓联通联运，对于信号系统而言，主要是指某系统的地面设备可以与另一系统的地面设备互联，系统的车载设备可以与另一系统的地面设备协同工作，同一列车首尾的不同厂家的车载设备可以在同一线路上实施列车运行控制。

8）由于移动闭塞系统具有很高的实时性和响应性的要求，因此其对系统的完整性要求高于其他制式的闭塞方式，系统的可靠性也应具有更高要求。

9）系统传输的可靠性和安全性是系统关注的核心，尤其是利用自由空间波传输信息的基于无线的移动闭塞系统，对其可靠性和安全性的要求更高。

目前，基于交叉感应轨间环线电缆的移动闭塞 ATC 系统已处于使用状态；基于无线通信的 CBTC 继承了基于环线 CBTC 的各种优势，因其庞大的通信容量，同时还能为地铁运营商增加其他更多的运输操作功能和增值服务，更易于实现不同线路之间的互联互通，已经越来越多地应用到国内外成熟轨道交通系统的新建线路和旧线改造中。

截至 2023 年 2 月，北京市城市轨道交通运营线路共有 27 条，运营里程 807.0km，车站 474 座（其中换乘站 80 座）。实际上在 2010 年 12 月之前没有一条地铁采用完全自主创新的 CBTC 系统。2004 年以来，全国新建和改扩建的轨道交通信号控制系统均采用法国和德国的设备提供商提供的 CBTC 系统。2008 年 6 月 15 日，北京地铁 2 号线成功开通新一代 Urbalis 网络化 CBTC 列车控制系统，成为国内第一条正式开通全部 CBTC 功能的地铁线，也是国内第一条在不中断运营的情况下成功实现新旧系统转换的既有线路。随后开通了北京地铁 10 号线、机场线、4 号线。这 4 条线路采用的 CBTC 系统均为从国外引进的成套设备，运营里程近 105km，其中 2 号线和机场线引进的是法国的阿尔斯通技术，4 号线引进的是法国的阿尔卡特技术，而 10 号线是德国西门子的技术。由国外引进的 CBTC 系统成本大约每千米在 1000 万~1300 万元，国产化之后，成本将可以降低 20%~30%。

国家有关部门明确指出，地铁、轻轨的关键设备，如控制系统和车辆应实现国产化。因此，在轨道交通快速发展的大形势下，研究 CBTC 技术，对探索轨道交通信号设备的国产化方案，加快城市轨道交通事业的技术进步、开发具有自主知识产权的 CBTC 系统，有着极大的意义。

最值得骄傲的是，北京地铁亦庄线 2010 年 12 月 30 日顺利开通试运营，标志着具有完全自主知识产权的"基于通信的列车运行控制系统"示范工程取得成功，使中国成为继德国（西门子公司）、法国（阿尔斯通公司）、加拿大（阿尔卡特公司）后第四个成功掌握该项核心技术并成功应用于实际运营线路的国家。

亦庄线路全长约 23km，途经丰台、朝阳、大兴、通州和亦庄开发区，共设车站 14 座。1 个换乘站，最高运行速度 80km/h，两站设计最大间隔约 2.6km。将完全自主研发的 CBTC 系统落户亦庄线，并实现全功能开通，是中国第一条采用完全自主知识产权列车运行控制系统的地铁线路，实现了"自动驾驶""无人折返"和"安全运营"三项目标，成为城市轨道交通国产信号控制系统的里程碑。

亦庄线 CBTC 系统不仅实现了先进性、高效性方面的指标，而且提升了我国包括建设、运营、投资、设计、监理、供应商、施工、安全认证等方面的专业技术与管理能力，初步形成了一个中国创造的自主创新高技术产业，将为国内轨道交通提供完全自主、性能先进、安全可靠的列车运行控制系统的技术与装备。该系统在技术性能方面的主要特点如下。

(1) **安全、可靠、高效** 为线路上每辆列车配备了"千里眼、顺风耳和安全卫士"。其中"千里眼、顺风耳"是指地车双向的、实时的、冗余的、大容量传输系统，可以让每辆列车实时知道前面列车、线路和车站的准确信息；"安全卫士"是指采用"三取二"的高安全性自动防护系统（ATP 系统），可保证线路上尽量多的列车安全地高速追踪运行，不管在任何情况下均不能超速、追尾，是绝对"全天候"地保证行车安全，遇到突发状况即自动降速或停车，使两辆高速追踪运行的列车停车后的最短间隔距离达到 30m 左右，完全可以实现 90s 的行车间隔。

(2) **准点、舒适、节能、精确停车** 在"安全卫士"ATP 系统的基础上，系统为列车又配备了"最优秀的调度员和驾驶员"（地面调度中心和车载控制设备），即列车自动驾驶系统（ATO 系统）。该系统作为"最优秀的调度员"，可以根据运行时刻表及时调整列车的运行速度和时间，根据线路的坡度，灵活、节能地控制列车的牵引和制动，保证列车准点运行，将误差控制在 5s 以内；作为"最优秀的驾驶员"，可以根据调度员的时刻表和节能要求，针对不同的地点、时间和车况给出对应的牵引和制动指令，实现列车的自动起动、自动巡航、自动定点停车，保证乘客"站立乘车不抓扶手"的最大平稳度和舒适度。同时保证几百吨的庞然大物每次在车站停车时精度误差不超过 30cm，实现列车车门与站台屏蔽门的同步开关。

随着列车运行控制系统的不断升级，列车行车间隔不断缩小，信号系统的技术水平不断提高。信号系统的发展早期历经固定闭塞、准移动闭塞阶段，目前城市轨交信号系统主要有 CBTC、I-CBTC 和 FAO 三种技术路线，技术水平依次提高。CBTC 是城市轨道交通信号系统的主流产品，属国际第 3 代技术水平。FAO、I-CBTC 均为在 CBTC 技术的基础上发展的升级产品，分别属国际第 3.5 代和第 4 代水平，是目前行业的主流发展趋势和主要技术路线。上述三种技术路线均已实现工程应用。在运行效率和智能化程度的要求不断提升的背景下，能够进一步解决通信和系统集约化问题的 VBTC 系统是当前的热点技术，未来，自主虚拟编组运行系统 AVCOS 将成为交通信号系统的发展方向。

思考题

1. 城市交通对人类社会的发展产生了什么影响？
2. 在城市化的进程中，出现了哪些问题使城市的发展受到了极大的限制？
3. 城市轨道交通作为一种新型的城市公共交通方式为什么受到广泛的欢迎？
4. 简述世界第一条地铁诞生之前城市轨道交通的运输形式。
5. 列车运行控制系统主要解决城市轨道交通运输中哪两个基本问题？
6. 简述列车运行控制系统经历的发展过程。
7. 列车运行控制系统的未来发展趋势是什么？其优势是什么？

第2章 与列车运行相关的设备

【本章概述】

城市轨道交通能够大容量、快速、安全地完成运输任务，需要不断根据列车在线路上运行的客观条件和实际情况，对列车运行速度和控制方式等状态进行监督、控制和调整，而在监督、控制和调整的过程中需要依靠大量技术设备来完成。

这些设备主要分布在地面和列车上。处于地面的设备可以根据线路的实际情况为列车运行的速度和方向提供指示，并能够传达控制中心命令和提供列车运行所需的基础数据，如列车的运行速度、间隔时分等。列车上的设备可以通过传输媒体将地面设备传来的信号进行信息处理，形成列车速度控制数据和制动模式，用来监督或控制列车安全运行。

本章将介绍影响运行的几种主要设备：信号设备、轨道电路、计轴器、查询应答器和站台安全门等。

【学习重点】

1. 了解与列车运行相关的信号设备种类。
2. 掌握城市轨道交通信号、轨道电路、计轴器、查询应答器和站台安全门的结构、功能和基本工作原理。
3. 熟悉每种基础设备与列车运行的关系，能够熟知每种设备在列车运行中的作用。

2.1 信号及相关设备

城市轨道交通中，传统的列车运行都是依赖轨旁信号机的显示来进行的。现在，随着列车运行的自动化程度逐渐提高，一般采用地面信号显示与车载信号系统相结合、以车载信号系统为主的运行方式，列车的运行速度不完全取决于地面信号机的显示，即信号为非速差信号，故地面信号机只起辅助作用。

2.1.1 城市轨道交通信号概述

城市轨道交通信号是城市轨道交通保证行车安全的重要设备，是指示列车运行及调车作业进行的命令。为了指挥列车运行及调车作业，指示运行条件、表示相关设备所处的位置和状态，城市轨道交通必须设置信号。同时，信号也可作为城市轨道交通运营线路上划分闭塞分区、站间、区间等的分界标志。它在保证行车安全、提高运输效率和改善行车工作人员的劳动强度方面发挥了重要作用。随着城市轨道交通信号技术的发展和先进信号设备的采用，信号已成为提高区间和车站通过能力、增强运输能力、提高经济效益的一种现代化管理手段，而且是处于发展前沿的科学技术。

信号装置是指用来实现信号含义的专用装置。

1. 信号的基本分类

（1）按照信号的接收效果分类　按照信号的接收效果，可以将其分为视觉信号与听觉信号。

1）视觉信号。视觉信号是以信号的颜色、形状、显示数目和灯光的显示状态等视觉效果来表现的信号，如地面信号机、信号旗、手信号、火炬信号⊖和信号牌等。

2）听觉信号。听觉信号是以不同器具发出的音响的次数、长短、强弱等听觉效果来表现的信号，如电笛、铃声以及车辆的鸣笛声等，图2-1所示为电动列车电笛按钮。

（2）按照信号的位置能否被移动分类　按照信号的位置能否被移动，可以将其分为移动信号、固定信号和手信号。

1）移动信号。当运行线路在特殊情况下需要施工、救援，要求列车禁止驶入某地点、区域或须减速运行时应设置移动信号，移动信号根据需要临时设置或撤除，如停车

图2-1　电动列车电笛按钮

信号牌或灯（图2-2）、减速信号牌或灯、减速防护地段终端信号牌或灯。

2）固定信号。固定信号是固定设置在运行线路规定位置的信号装置，用以指示列车运行和调车工作，如地面信号机、行车信号标志牌、信号表示器等。

3）手信号。手信号是行车有关人员拿信号旗或信号灯或者直接用手臂显示的信号，用来表达相关的含义，指示列车或车辆的允许和禁止条件。

（3）按照信号机设置的位置分类　按照信号机设置的位置不同，可以将其分为地面信号和车载信号。

1）地面信号。地面信号是设置在线路附近，为驾驶员提供信息的信号。

2）车载信号。车载信号是将地面信号通过传输设备或其他方式传输送入列车的信号。车载信号设备安装在列车两端的驾驶室。

⊖ 火炬信号是一种临时紧急信号，当列车发生事故而妨碍邻线行车时，在采取其他防护措施之前所使用的一种应急停车信号，其火光表示要求紧急停车。

（4）按信号的使用时间分类 按信号的使用时间，可以将其分为昼间信号、夜间信号和昼夜信号。

1）昼间信号。昼间信号如信号旗（图 2-3）、信号牌等。

2）夜间信号。夜间信号如信号灯等。

3）昼夜信号。城市轨道交通信号机采用昼夜通用信号，在隧道内采用夜间信号。地面上在昼间遇降雾、风、雨、雪和其他情况，致使调车手信号的显示距离不足 100m，引导手信号显示距离不足 50m 时，应采用夜间信号。

图 2-2　停车信号牌（灯）

2. 城市轨道交通信号的基本要求

1）各种信号机的灯光排列顺序、颜色、外形尺寸应符合规定的标准。

2）信号机的显示方式和表达的含义必须统一并且符合规定的要求。

3）信号机的设置须能够进行实时检测、故障报警，为列车运行提供安全保障、正确指示。

4）行车手信号、行车听觉信号的显示方式和表达的含义应该符合规定要求。

5）信号机的设置以及行车手信号、行车听觉信号的表示，应该考虑线路地形、环境的相关影响。

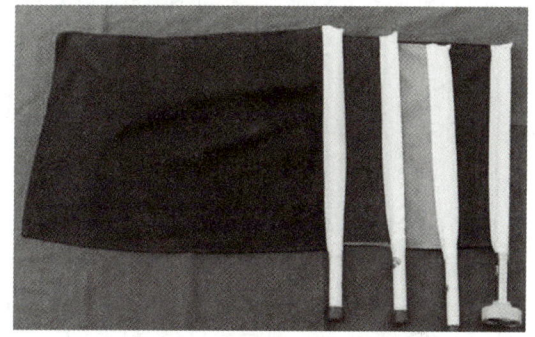

图 2-3　昼间使用的信号旗

为了保证信号显示明确，防止行车有关人员误认，在地铁沿线及站内，禁止设置妨碍确认信号的红、黄、绿色装饰彩布、广告、标语和灯光。当车站内已装有妨碍确认信号的灯光设施时，应改装或采取遮光措施。另外，站内所装设施妨碍驾驶员瞭望信号时，对该设施要采取移位或拆除。

2.1.2　地面信号机

1. 地面信号机的设置原则

地面信号机通过其颜色、数目和灯光的状态向列车驾驶员传递线路信息，从而指导列车运行。其设置原则如下。

（1）设置于列车运行方向的右侧 城市轨道交通与铁路运输的一个很大的区别在于采用右侧行车制。所以不论列车运行线路是在正线还是在车辆段，地面信号机均应设置于列车运行方向的右侧，与驾驶员的驾驶位置相同，便于瞭望和确认信号。通常地面信号机设置于隧道墙壁上，特殊情况（如受到设备限界、其他建筑物或线路条件等影响时）可设于列车运行方向的左侧或其他位置。

(2) 信号机不得侵入设备限界 设备限界是用来限制设备安装的轮廓控制线。

直线地段的设备限界通常是在直线地段车辆限界外扩大一定安全间隙后形成的。车体肩部横向向外扩大 100mm，边梁下端横向向外扩大 30mm，接触轨横向向外扩大 185mm，车体竖向加高 60mm，受电弓竖向加高 50mm，车下悬挂物下降 50mm。

曲线地段设备限界需要在直线地段设备限界的基础上，按所在曲线的半径过超高或欠超高引起的横向和竖向偏移量，以及车辆、轨道参数等因素综合计算确定。

如果地面信号机的设置侵入了设备限界，就会直接或间接地影响列车正常、安全地运行，还有可能造成设备不同程度的损坏，甚至导致列车的颠覆。

(3) 选择合适的信号机柱 根据信号机安装的地段和线路特征选择合适的信号机柱。

高柱信号机具有显示距离远、观察位置明确等优点，因此车辆段的进、出段信号机和停车场的进、出场信号机等均选用高柱信号机。而其他信号机由于不要求较远的显示距离，而且受隧道安装空间狭小的限制，一般采用矮型信号机。

2. 信号机的常用颜色及意义

城市轨道交通信号颜色的选择，应能达到显示明确、辨认容易、便于记忆和有足够的显示距离等基本要求。经过理论分析和长期实践，城市轨道交通的信号颜色主要采用红、绿、黄作为三种基本颜色，并以月白色信号作为辅助颜色，其主要用于车场的调车信号机。

红色：停车信号，禁止越过该信号机（通常信号熄灭或显示不明时，也应视为停车信号）。

绿色：允许信号，信号处于正常开放状态，可按规定速度通过该信号机。

黄色：允许信号，信号处于有限开放状态，要求列车注意或减速运行（有时也可作为调车信号机使用，表示允许机车或车辆越过该信号机进行调车作业）。

但在有些情况下，表示允许信号的绿灯、黄灯并不表示列车的运行速度，而是代表列车前方的运行进路是选择直股道还是弯股道。

月白色：用于指示调车作业时，表示调车进路在开通状态，允许越过该信号机调车。图 2-4 所示为调车信号机月白色灯光。

在车辆段，红色信号灯同样可以表示禁止机车或车辆越过该信号机进行调车作业。

月白色灯光和红色灯光组合，可作为引导信号使用。即当主体信号机发生故障而显示红色灯光时，可以通过人工开放安装在主体信号机下方的月白色灯光，使列车按规定速度通过而不用停车。这是在保证安全的前提下提高运输效率的一种信号设备。

当信号机因故障而显示一个红色灯光时，使设于其下方的引导信号显示一个月

图 2-4 调车信号机月白色灯光

白色灯光，允许列车以不超过 20km/h 的速度越过该信号机进站、调车或继续运行。图 2-5 所示为红灯与月白色灯同时点亮的引导信号。

3. 地面信号机制度

地面信号机的显示需要遵循一定的制度。

（1）信号显示基本要求　将信号机经常保持的显示状态作为信号机的定位。一般将保证行车安全、提高运输效率的信号确定为信号机的定位显示。

图 2-5　引导信号
（红灯与月白色灯同时点亮）

调车信号机在调车车列全部越过该调车信号机后，自动关闭（即从月白色灯光切换为红色灯光）。除调车信号机外，其他信号机在列车的第一轮对越过该信号机后均须及时地自动关闭。

当信号机的灯光熄灭、显示不明或者不能正确显示时，均按停车信号处理。

当防护、调车信号机所防护的进路运行方向有两个及以上时，该信号机装设进路表示器（图 2-6），由其指示进路开通的具体运行方向。

图 2-6　进路表示器指示进路开通方向

（2）信号显示意义　《地铁设计规范》对信号显示未作出统一的规定。一般来说，信号机的主体信号均为绿、红、黄三色显示，绿灯表示行驶，红灯表示停车，黄色可根据具体情况传达不同的信息。各地可以对信号显示作出相关规定。

4. 信号显示距离

各种地面信号机及表示器的显示距离需要符合下列规定：
1）行车信号和道岔防护信号应不小于 400m。
2）调车信号和道岔状态表示器应不小于 200m。
3）引导和道岔状态表示器以外的各种表示器应不小于 100m。

5. 常见的地面信号机

城市轨道交通有的车站设有道岔，有的车站仅有上下行方向正线，因此信号机的设置应该结合各站的具体情况来设置。城市轨道交通的信号机设置不同于铁路，规定在 ATC 控制区域的线路上道岔区设防护信号机或道岔状态表示器，其他类型的信号机可根据需要设置。常见的信号机有以下几种。

（1）防护信号机　防护信号机向驾驶员提示道岔状态及位置，指示列车运行方向，锁闭该信号机进路上的有关道岔及敌对信号，防护闭塞区间，确保调车作业的顺利进行及行车安全。

防护信号机通常设置在正线道岔岔前适当地点。过去使用的防护信号机大多数采用两显示带引导信号机构，防护逆向道岔时带有进路表示器。现在常用的防护信号机采用三显示机构，不带引导信号，通常有红、绿、黄（或月白）三种灯光，具体显示意义为：

红色：表示禁止越过该信号机，实际是命令列车在该信号机外方停车。

绿色：表示前方进路道岔开通直向位置，允许列车按照规定速度越过该信号机。

黄色：表示前方进路道岔开通侧向位置，允许列车按照规定速度越过该信号机，运行至折返点。图 2-7 所示分别为高柱、矮型防护信号机显示的绿色信号灯。

防护信号机的定位显示为红灯。

（2）**阻挡信号机** 在调车线路尽头线处设置阻挡信号机，表示列车停车位置或在停运检修期间指示检修作业位置，阻挡列车（车辆）越过，确保安全。

线路尽头线是指线路一端已经终止，无任何道岔连接，并设置了安全车挡，以防车辆溜出的线路。

阻挡信号机有反向阻挡信号机和顺向阻挡信号机之分。

图 2-7 高柱、矮型防护信号机显示的绿色信号灯
a) 高柱防护信号机 b) 矮型防护信号机

反向阻挡信号机用来指示调车车列通过道岔区段的停车位置。采用单显示机构，只有一个红灯。如果不发生断电或其他故障，它永远亮红色灯光。当阻挡信号机显示红灯时，列车必须在信号机前停下。其定位显示为红灯。图 2-8 所示为反向阻挡信号机的红色信号灯。

在通常情况下，顺向阻挡信号机随着列车运行自动变换显示，起通过信号机的作用；办理调车作业时，人为关闭使之成为阻挡信号机。顺向阻挡信号机如图 2-9 所示，通常为两显示，不带引导信号。具体显示意义为：

图 2-8 反向阻挡信号机的红色信号灯　　　图 2-9 顺向阻挡信号机（自上而下为绿灯、红灯）

顺向阻挡信号机定位显示一个绿色灯光：表示此架信号机兼有通过信号机的作用。

顺向阻挡信号机采用人工控制方式显示一个红色灯光：用以阻挡调车机车或车辆在该信号机前停车后，进行折返调车。

（3）通过信号机 通过信号机一般设在区间内的线路上，用于防护前方进路。

现在城市轨道交通普遍采用 ATC 系统，一般在区间不设置通过信号机。但当 ATP 车载设备发生故障时，为了方便驾驶员更好地掌握列车的位置、控制列车运行，可以结合系统特点设置必要的地点标志，根据需要设置通过信号机。通过信号机通常为三显示机构，自上而下为绿、黄、红，具体显示意义为：

一个绿色灯光：表示列车运行前方至少有两个闭塞区间空闲，允许列车按规定速度运行。

一个黄色灯光：表示列车运行前方有一个信号机显示停车信号，准备在下一个信号机前停车。

一个红色灯光：表示列车须在该信号机前停车。

（4）进、出站信号机 车站可根据需要设置进、出站信号机，或者仅设置出站信号机。

进站信号机通常设置在车站入口外适当距离，用于防护该车站，指示列车能否由区间进入车站，在站内不具备接车条件时，不准列车进入站内。一个红色信号灯表示不允许列车越过该信号机进入站内，一个绿色信号灯表示允许列车按照规定速度越过该信号机驶入该站。

出站信号机设置在车站正线的出口，即车站距区间发车点前方的适当位置，指示列车能否由车站进入区间，作为列车占用区间或闭塞分区的行车凭证。其定位显示为绿色，具体显示意义为：

一个绿色灯光：表示发车进路上的有关道岔开通于发车方向，发车前方至少有两个以上闭塞区间空闲，允许列车由车站发车。

一个闪动绿色灯光：表示发车进路上的有关道岔开通于发车方向，站间区间空闲，允许列车由车站发车。

一个黄色灯光：表示发车进路上的有关道岔开通于发车方向，发车前方至少有一个闭塞区间空闲，允许列车按有关规定发车；当实行电话闭塞法行车时，该信号机由人工控制，则表示发车前方站间区间空闲。

一个红色灯光：表示列车必须在该信号机前停车。

图 2-10 所示为出站信号机显示的红色信号灯。

（5）预告信号机 预告信号机通常设置在进站防护分界点等信号机前方，复示进站、防护、分界点信号机的显示，以使驾驶员掌握其后方信号机的开放或关闭状态。通常为三显示结构，具体显示意义为：

一个绿色灯光：表示该信号机后方的信号机显示行进信号。

一个黄色灯光：表示该信号机后方的信

图 2-10　出站信号机显示的红色信号灯

号机显示停车信号。

一个红色灯光：表示列车须在该信号机前停车。

（6）列车出发计时器 列车出发计时器（Train Depart Timer，TDT）固定于车站列车到发线前上方，显示自列车到达车站距列车运行图规定的发车时刻的时差。

未到达运行图规定的发车时刻显示为倒计时，如图2-11所示。到达列车运行图规定的发车时刻显示为000，如图2-12所示。超过运行图规定的发车时刻显示为正计时。提前发车显示为"000"。扣车时显示为H，如图2-13所示。列车通过时显示为"- - -"如图2-14所示。

图2-11 列车出发计时器（表示还有39s到达运行图规定发车时刻）

图2-12 列车出发计时器（表示到达运行图规定发车时刻）

图2-13 列车出发计时器（表示扣车）

图2-14 列车出发计时器（表示列车通过）

2.1.3 车载信号

城市轨道交通为满足大容量和小间隔的运输，多采用ATC系统，所以更多地以车载信号作为驾驶员驾驶的命令信息。

车载信号主要通过驾驶员驾驶控制台（图2-15）得以体现。驾驶控制台是驾驶员驾驶车辆的操作台，集成了车辆的各种状态信息、性能信息及控制手段。虽然各个车辆厂生产的列车根据用户要求有所差别，但是驾驶控制台的布置内容基本相同，驾驶员控制器、操纵台显示屏等按照标准的制式规格统一制作。驾驶控制台在驾驶员的正前方,这种设计使驾驶员有良好的视野进行观察,方便操作和驾驶。

下面介绍两种形式的车载信号。

(1) 由速度表和 5 个列车目标速度灯组成的车载信号　红色信号灯表示目标速度为零,其他 4 个绿色信号灯分别表示 73km/h、58km/h、37km/h、27km/h 四个目标速度灯,如图 2-16 所示。

图 2-15　驾驶控制台

图 2-16　目标速度灯形式的车载信号

1)对应 0km/h 的目标速度灯显示红色灯光:表示列车须在本闭塞区间内的规定地点停车。

2)73km/h、58km/h、37km/h、27km/h 四个目标速度灯显示绿色灯光:表示列车进入下一个闭塞区间的最高速度为 73km/h。

3)58km/h、37km/h、27km/h 三个目标速度灯显示绿色灯光:表示列车进入下一个闭塞区间的最高速度为 58km/h。

4)37km/h、27km/h 两个目标速度灯显示绿色灯光:表示列车进入下一个闭塞区间的最高速度为 37km/h。

5)27km/h 目标速度灯显示绿色灯光:表示列车进入下一个闭塞区间的最高速度为 27km/h。

(2) 由双指针速度计组成的车载信号　如图 2-17 所示。

电动列车双指针速度计中黄色指针表示列车的实际运行速度;红色指针表示列车进入下一个闭塞区间的最高速度。

车载信号显示不同信号时的速度要求如下:

1)运行指示灯显示绿色灯光,红色指针指示 73km/h 目标速度时,表示列车进入下一个闭塞区间的最高速度为 73km/h。

2)运行指示灯显示绿色灯光,红色

图 2-17　双指针形式的车载信号

指针指示 58km/h 目标速度时，表示列车进入下一个闭塞区间的最高速度为 58km/h。

3）运行指示灯显示绿色灯光，红色指针指示 37km/h 目标速度时，表示列车进入下一个闭塞区间的最高速度为 37km/h。

4）运行指示灯显示绿色灯光，红色指针指示 27km/h 目标速度时，表示列车进入下一个闭塞区间的最高速度为 27km/h。

5）运行指示灯显示绿色灯光，红色指针指示 19km/h 目标速度时，表示列车进入下一个闭塞区间的最高速度为 19km/h。

6）零目标速度灯显示红色灯光，红色指针指示 0km/h 目标速度时，表示列车须在本闭塞区间内的规定地点并在规定的时间内停车。

车载信号速度显示与上述要求不符或故障报警指示灯显示红色灯光时，按故障处理。

按非超速防护自动闭塞法行车时的主体信号为地面信号；按超速防护自动闭塞法行车时的主体信号为车载信号，列车进入闭塞区间的凭证是车载信号的允许行进显示（指列车目标速度灯或目标速度指针）。

遇下列情况时，行车凭证规定如下：

1）车载信号显示红灯或灭灯时，如预告信号机为红灯，列车在该信号机前等候 20s。如车载信号继续显示红灯或灭灯，预告信号机仍为红灯时，驾驶员须与行车调度员或相关车站行车值班员联系，按调度命令执行；如车载信号仍显示红灯或灭灯，预告信号机显示黄色灯光时，列车凭该信号机的黄色灯光运行。

2）车载信号显示红灯或灭灯时，如进站信号机显示红色灯光，列车在该信号机前停车；如引导信号开放，则凭开放的引导信号运行；如引导信号不能开放，凭行车值班员的引导手信号运行。

3）车载信号显示红灯或灭灯，防护信号机显示红色灯光或灯光熄灭时，列车在该信号机前停车，须按下列规定办理：如引导信号开放，驾驶员确认道岔位置正确，状态良好后，凭开放的引导信号以不超过 20km/h 的速度越过该道岔区段；如引导信号不开放，驾驶员须与行车调度员或相关站行车值班员联系，得到允许后，驾驶员确认道岔位置正确，状态良好后，以不超过 20 km/h 的速度越过该道岔区段。

2.1.4 轨旁指示标志

城市轨道交通列车运行中，分布在轨旁指示行车的标志分为线路标志和信号标志。它们是行车工作的一个很重要的组成部分，主要用来对列车运行时的驾驶以及运行设备的巡检、维修等指示相关目标、条件、操作要求。

1. 线路标志

表示建筑物及线路设备位置或状态的标志称为线路标志。通过各种线路标志可以使工作人员知道或了解线路情况，方便进行各种设备维修、检查工作，使驾驶员能够掌握和依据各种标志指示的条件与要求驾驶列车，达到运行安全和规范行车的目的。与行车直接有关的线路标志主要有以下几种。

(1) **百米标** 地铁线路设有百米标，它表示正线每百米离该线路起点的长度。将这种长度从起点算起，以百米为单位，用数字标在白色方形板上，固定于右侧边墙的上部，如图

2-18 所示。

（2）**曲线标**　曲线起点和曲线终点标志的简称。设在曲线线路中点的右侧边墙上，标识上通常标明了曲线长、曲线半径、圆曲线及缓和曲线长度、超高、加宽等有关数据，如图 2-19 所示。

图 2-18　百米标　　　　　　　　　图 2-19　曲线标

（3）**圆曲线及缓和曲线始终点标**　设在直线、曲线、缓和曲线三者相互连接的节点处、开始处或终止处右侧边墙上，标明行驶方向为直线、圆曲线、缓和曲线，如图 2-20 所示。

1）缓和曲线是指线路上直线和圆曲线相接处为减少振动而设置的一段半径渐变的曲线。它起点没有弯度，然后逐渐变弯、弯度加大、半径减小，与圆曲线半径相同时和圆曲线相接。

2）圆曲线是线路上的一段弧，它的弯曲程度用圆半径表示，即曲线半径，以米（m）为单位。曲线半径越大，弯度越缓和；曲线半径越小，弯度越紧促。

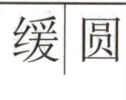

图 2-20　缓和曲线始终点标

注：K0+735 代表缓和曲线始终点里程，239 代表圆曲线半径

（4）**坡度标**　设在线路纵断面的变坡点处。它在正面与背面分别表示两边的坡度与坡段长度，箭头指向为上坡或下坡，箭头尾部数字表示坡度千分率（图 2-21），侧面标明变坡点位置。

图 2-21　坡度标

（5）**限制速度标**　设在列车运行方向右侧，用数字标明限速线路地段的最大速度，如图 2-22 所示。

2. 信号标志

表示运行线路所在地点的情况和状态，指示行车人员依据标志的要求，及时、正确地进行相关作业与操作的标志称为信号标志。与行车相关的信号标志主要有以下几种。

(1) 警冲标 在两条线路汇合处，为了防止停留在一条线路的车辆与邻线上的车辆发生侧面冲撞而设在两汇合线路之间（间隔4m）的标志（图2-23）。股道之间间距不足4m时应设在线路中心线最大间距的起点处。

图2-22 限制速度标　　　　　图2-23 警冲标

在线路曲线部分所设道岔附近的警冲标与线路中心线间的距离，应按限界的加宽增加，如图2-24所示。

图2-24 曲线部分的警冲标

(2) 站界标 车站与区间分界处的标志为站界标，主要用于车站管辖范围区界划分和列车运行时位置识别，如图2-25所示。

(3) 鸣笛标 要求驾驶员鸣笛的标志。一般设在道口、桥梁、隧道口以及线路状况复杂地段的外方规定位置，如图2-26所示。

(4) 停车标 指示列车停车位置的标志，如图2-27所示。通常设在车站站台规定的乘客上下车的停车地点以及列车折返时指示驾驶员停车的地点，它固定设置在规定位置。

(5) 一度停车牌 要求列车（机车）在该地点停车后确认线路、道岔以及进行相关操作后继续行驶的指示标志。

第2章 与列车运行相关的设备

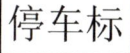

图 2-25　站界标　　　　　　图 2-26　鸣笛标　　　　　　图 2-27　停车标

（6）**车挡表示器**　设在线路终端车挡上的表示器，便于驾驶员确认车挡位置。隧道内显示红色灯光，地面线路昼间使用红色方牌、夜间使用红色灯光，如图 2-28 所示。

（7）**接触网终止标**　表示接触网已终止的标志，设在接触网终端，警告驾驶员不准越过该标，防止脱弓，如图 2-29 所示。

图 2-28　车挡表示器　　　　　　　　　图 2-29　接触网终止标

（8）**预告标**　通常设于非自动闭塞区间进站信号机外方，是预告进站信号机位置距离的标志。在城市轨道交通车场的试车线也设置有类似的预告标（警告牌），用于预告试车线尽头端距离。预告标（警告牌）为直立白色长方形牌，3 个为 1 组，牌上分别涂有 3 条、2 条、1 条黑色斜线，表示距尽头止挡距离。图 2-30 所示为预告标的尺寸和显示意义。图 2-31 所示为地铁线路旁的预告标实物图。

立标地点距尽头端的距离由城市轨道交通管理部门依据实际情况制定。

在信号标志中，有些标志具有警告意义和防护功能，运行列车必须在其标志的内方停车，不得越过或者相碰，一旦越过或者相碰将构成行车事故（事件）。这些标志包括警冲标、车挡表示器、接触网终止标等，它们与行车信号显示有相同性质的含义。

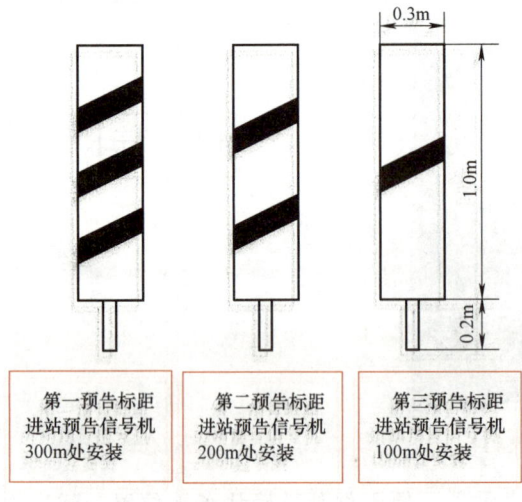

图 2-30 预告标的尺寸和显示意义

图 2-31 预告标实物图

2.1.5 手信号

手信号多在信号设备发生故障或者特殊运营时段等情况下使用。手信号必须手持信号旗或者手提信号灯发出，紧急情况下也可以徒手指示，主要凭借信号旗、手提信号灯或信号员手臂的状态变化使接收信号的行车人员明确信号的意义并遵守执行。手信号不得只固定于地面某一个地方或其他地方发出。驾驶员看到任何错误展示的手信号、看不见或看不清楚指挥列车运行的手信号时必须停车；手信号员撤销停车信号后，并可让列车安全行进时，必须展示前进或减速手信号。

手信号有红、绿、黄、白信号旗（灯）4 种，其中红、绿、黄所表示的意思和固定信号基本一致，白色手信号是末班车的指示，表示所有进入付费区的乘客已上车，末班车驾驶员可按信号指示行进。

手信号的基本作用是机动地指挥列车运行和调车作业，对相关的行车事项进行联络。显示的允许通行信号、停车信号、注意或减速信号、引导信号同地面信号机对列车运行的指示作用是一样的。

1. 与列车运行有关的手信号

(1) 停车信号 停车信号表示要求列车停车，如图 2-32 所示。

昼间：展开的红色信号旗。

夜间：红色灯光。

昼间无红色信号旗时，两手臂高举头上，向两侧急剧摇动；夜间无红色灯光时，用白色灯光上下急剧摇动。

(2) 减速信号 减速信号表示要求列车降低到规定速度运行，如图 2-33 所示。

昼间：展开的黄色信号旗。

夜间：黄色灯光。

昼间无黄色信号旗时，用绿色信号旗下压数次；夜间无黄色灯光时，用白色或绿色信号灯下压数次。

a)　　　　　　　　b)　　　　　　　　c)　　　　　　　　d)

图 2-32　停车信号

a）昼间　b）夜间　c）无信号旗　d）无红光灯

图 2-33　减速信号

（3）**发车手信号**　发车手信号表示要求驾驶员发车，如图 2-34 所示。

昼间：展开的绿色旗面对驾驶员作顺时针圆形转动。

夜间：绿色灯光面对驾驶员作顺时针圆形转动。

图 2-34　发车手信号

(4) 通过手信号 通过手信号是在列车行车凭证具备的条件下，向允许由车站通过的列车显示的信号，如图2-35所示。

昼间：展开的绿色信号旗。

夜间：绿色灯光。

图2-35 通过手信号

(5) 临时停车信号 临时停车信号是必须使列车临时停车时显示的信号，要求驾驶员立即采取停车措施。

昼间：展开的红色信号旗高举头上左右摇动。

夜间：红色灯光高举头上左右摇动（与下面引导手信号动作一样，但是信号旗或信号灯的颜色应为红色）。

(6) 引导手信号 引导手信号表示允许列车进入车站或车场内，如图2-36所示。

图2-36 引导手信号

昼间：展开的黄色信号旗高举头上左右摇动。

夜间：黄色灯光高举头上左右摇动。

（7）道岔开通信号 道岔开通信号表示进路已经准备妥当，允许列车通过该道岔区段，如图 2-37 所示。

昼间：拢起的黄色信号旗高举头上左右摇动。

夜间：白色灯光高举头上。

图 2-37 道岔开通信号

2. 联系用手信号

联系用手信号一般情况下与调车手信号配合使用。在整个调车作业包括正线列车救援作业时，仅有调车手信号的显示是不能够完成调车作业任务的，所以必须有联系用手信号辅助配合，才能形成完整的调车作业的过程。由于在调车作业时会存在特殊环境因素的影响，如噪声、距离、气候、语言规范程度等，使用一般的语言联系会产生误解与失误，所以用联系用手信号作为调车工作特殊的"语言"表示形式，可更加精确地表达工作要求。

（1）连挂信号 向驾驶员指示可以进行连挂作业，如图 2-38 所示。

昼间：两臂高举头上，使拢起的手信号旗杆成末端水平相接。

夜间：红绿灯光交替显示数次（无绿色灯光时用白色灯光交替显示数次）。

（2）停留车位置信号 向机车、列车驾驶员表示线路上停留车地点和位置，便于驾驶员确认，准备停车进行下一程序的作业步骤（通常用于夜间作业时或确认停留车位置较困难实现时），夜间：白色灯光左右小动，如图 2-39 所示。

图 2-38 连挂信号图　　　　　　　　图 2-39 停留车位置信号

（3）三、二、一车距信号　向驾驶员指示推进车辆的前端距被连挂车辆的距离，便于驾驶员在调车作业时掌握制动时机，采取相应的减速措施及适当的运行速度，如图 2-40 所示。

昼间：展开的绿色信号旗单臂平伸，在距停留车三车位置时连续下压三次，二车位置时连续下压二次，一车位置时下压一次。

夜间：绿色灯光在距离停留车三车位置时连续下压三次，二车位置时连续下压二次，一车位置时连续下压一次。

图 2-40　三、二、一车距信号

3. 手信号的显示原则

手信号的显示原则是指在进行手信号显示时要遵循的使用规范，否则其显示将失去意义或是无效的。

1）地面车站及车辆段在昼间使用信号旗，夜间使用信号灯；地下站一律按夜间办理，全部使用信号灯。

2）在显示手信号时左手持红旗，右手持绿旗（扳道员须右手持黄旗）。

4. 手信号显示时机

手信号的显示时机是指正确及时地掌握显示手信号的时间，时机的掌握对安全行车与提高行车效率有着直接密切的关系。如果过早显示将影响行车工作效率，易产生行车节奏被打乱的现象；而显示太迟将不能够保证列车运行安全，从而失去显示要求达到的目的。

显示通过、停车等信号时，必须在看见列车灯光时开始显示，待列车头部越过显示信号地点后方可收回。

显示发车信号必须在确认列车起动后方可收回。

显示引导信号要待列车越过显示地点后方可收回。显示调车信号须驾驶员回示后方可收回。

显示停车信号和临时停车信号须待列车或车辆停止后方可收回。

2.1.6 听觉信号

1. 听觉信号使用标准

(1) **用途** 在行车工作中，各工种或作业人员相互之间有时不能通过口头、电信及视觉信号的方法取得联系，因此必须使用听觉信号进行相互的联络，从而维持工作的持续、高效和安全。

(2) **标准** 鸣示听觉信号时，为防止混淆，应按音节长短及间隔的规定标准进行，其规定有以下几项内容。

1) 长声持续时间为3s；短声持续时间为1s；音响的间隔时间为1s。

2) 如果需要重复鸣示时，每次（组）间隔5s时间以上。

3) 一般情况下在隧道内取消列车、机车起动鸣笛和声响联络，但遇到运行中发生危及行车安全以及人身安全的突发事件和特殊情况时除外。

4) 地面车站、停车场作业时应充分考虑城市社会生活、居民区等情况，执行城市轨交通有关规定。

2. 听觉信号显示含义

(1) **常用信号分类** 城市轨道交通运行中常用的听觉信号有：通知注意信号、退行信号、召集信号、呼唤信号、警报信号和紧急停车信号六种。显示方式以及含义如下。

1) 通知注意信号：列车起动或机车、车辆前进时；接近车站、鸣笛标、道口时；曲线遇行人侵入限界、施工地点或天气不良时。

鸣示方式：一长声；符号："—"。

2) 退行信号：列车、机车（车辆）开始退行时。

鸣示方式：两长声；符号："— —"。

3) 召集信号：要求防护人员撤回或根据某种事先约定原因呼唤回规定地点时。

鸣示方式：三长声；符号："— — —"。

4) 呼唤信号：机车或列车要求出入库、出入场，在车站、车场要求显示信号时。

鸣示方式：两短一长声；符号："· · —"。

5) 警报信号：发现线路有危及行车安全的不良处所时；列车发生重大事故、大事故、火警及其他需要救援时；列车在区间停车后，不能立即运行，通知车长时。

鸣示方式：一长三短声；符号："— · · ·"。

6) 紧急停车信号：要求操纵列车驾驶员采取紧急停车措施时；邻线发生障碍，向邻线运行列车发出紧急停车信号时。

鸣示方式：连续短声；符号："· · · · · · ·"。

(2) **车内蜂鸣器及车内电铃鸣示方式** 共包括以下七种信号：发车信号、可否发车信号、请注意信号、再次表示信号、紧急停车信号、取消信号和离车信号。

1) 发车信号：车长指示驾驶员发车时。

鸣示方式：一长一短声；符号："— ·"。

2) 可否发车信号：车长与驾驶员相互间询问对方是否可以发车。

鸣示方式：三短声；符号："· · ·"。

3）请注意信号：告诉对方注意将要表示的信号时使用。

鸣示方式：一长一短一长声；符号："—·—"。

4）再次表示信号：要求对方再次表示信号时使用。

鸣示方式：两长两短声；符号："— — · ·"。

5）紧急停车信号：要求对方采取紧急停车措施时使用。

鸣示方式：连续短声；符号："· · · · · · ·"。

6）取消信号：表示信号一方因故取消其所表示的信号时。

鸣示方式：一短一长一短声；符号："·—·"。

7）离车信号：车长因防护或其他事由离开列车时。

鸣示方式：一短一长声；符号："·—"。

离车信号设置于始发站站台一侧的电铃（图 2-41）是通知车长及告诉乘客关闭车门的信号，鸣示为一长声。此外行车调度员于必要时也可操纵此电铃，一长声表示催促驾驶员发车。

图 2-41　站台关门提示铃

2.2　轨道电路

轨道电路，顾名思义，是利用钢轨线路和钢轨绝缘构成的电路。它用来监督线路占用情况，将列车运行与信号显示等联系起来，即通过轨道电路向列车传递行车信息。轨道电路是列车运行中的重要基础设备，它的性能直接影响行车安全和运输效率，如图 2-42 所示。

随着轨道电路技术的不断发展，轨道电路不仅用来检测列车是否占用了线路，更重要的是要传输 ATP 信息。所以除车辆段可采用 50Hz 相敏轨道电路外，正线通常采用音频轨道电路，便于牵引电流流通，提高线路性能，方便维修。音频轨道电路是无绝缘的。

图 2-42　轨道电路

2.2.1 轨道电路组成、工作原理、作用和分类

轨道电路是以钢轨作为导体，两端加上机械绝缘（或电气绝缘），接上送电和受电构成的电路。

1. 组成

轨道电路的组成如图 2-43 所示。

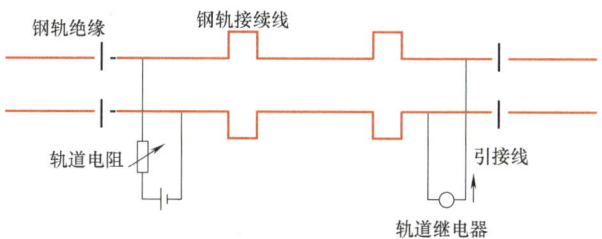

图 2-43　轨道电路组成示意图

（1）**钢轨与钢轨接续线**　轨道电路是以铁路线路的两条钢轨作为导体，用引接线连接电源和接收设备所构成的电气回路，每两条钢轨接头处，用钢轨接续线连接，可以减少钢轨与钢轨夹板间的接触电阻。钢轨接续线有塞钉式和焊接式两种。图 2-44 所示为塞钉式钢轨接续线。

（2）**钢轨绝缘**　钢轨绝缘如图 2-45 所示。安装在相邻两个轨道电路衔接处，以保证相邻轨道电路在电器上的可靠隔离。钢轨绝缘多采用机械强度高、绝缘性能好的材料，在钢轨与夹板间垫有槽形绝缘板，夹板螺栓与夹板之间装有绝缘套管和绝缘垫圈。在两根钢轨衔接的断面间还夹有与钢轨断面形状相同的轨端绝缘。但是城市轨道交通的正线多采用无缝线路，需要使用电子电路构成电气绝缘（又称调谐区）来分隔相邻轨道电路。

图 2-44　塞钉式钢轨接续线

图 2-45　钢轨绝缘

按照有关要求，车辆段道岔区段设置于警冲标内方的钢轨绝缘，其安装位置距离警冲标不得<3.5m。若不得已钢轨绝缘只能设置于警冲标内方<3.5m 处，即构成了"侵限绝缘"，又称为"超限绝缘"。侵限绝缘的存在影响有关信号、道岔、轨道电路的联锁关系，有关工作人员，如调车人员、车站操作人员、信号维修人员等，应熟悉现场侵限绝缘位置，当涉及侵限绝缘的作业时，应严格执行有关规定，避免由于停车位置不当造成行车事故或影响列车运行。

(3) 送电设备 轨道电路的送电设备可以是电源,用于向轨道电路供电,也可以是能够发送一定信息的电子设备,通过轨道电路向列车传递行车信息。

(4) 受电设备 轨道电路的受电设备可以是轨道继电器,用于反映轨道电路范围内有无列车、车辆占用和钢轨是否完整;或者当轨道电路中包含有控制信息时,轨道电路的受电设备也可以是能够接收并鉴别电流特性的电子设备,能够根据接收到的不同特性的电流,使有关继电器动作。

(5) 限流电阻 一个可调电阻器,连接在轨道电路电源端,用来调整轨道电路的电压。当轨道电路被列车、车辆的轮对分路时,能够防止输出电流过大而损坏电源。

2. 工作原理

当轨道电路设备、线路完好,又没有列车、车辆占用时,轨道电路的电流从电源正极→钢轨→轨道继电器线圈→负极而构成闭合回路,继电器处于吸起状态,表示轨道区段内无车占用,此状态称为轨道电路的调整状态,其原理图如图2-46所示,其中,接通的灯为绿色。

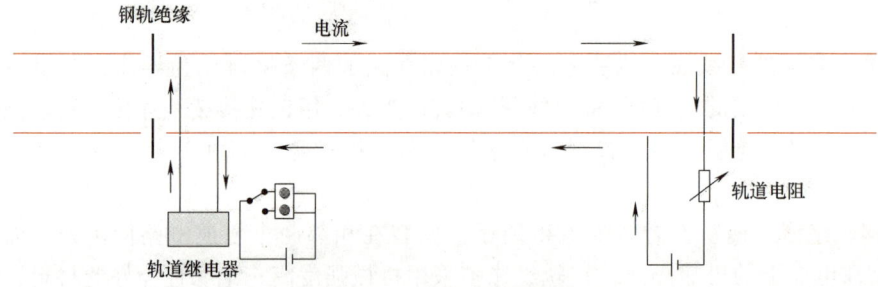

图 2-46 轨道电路调整状态原理图

当轨道电路设备、线路完好,但是有列车、车辆占用时,因为车辆的轮对电阻比轨道继电器线圈电阻小,所以轨道电路被轮对分路后,流经继电器线圈的电流急剧变小,不足以使衔铁保持吸起状态,致使继电器失磁落下,表示轨道区段有车占用,此状态称为轨道电路的分路状态,其原理图如图2-47所示,其中,接通的灯为红色。

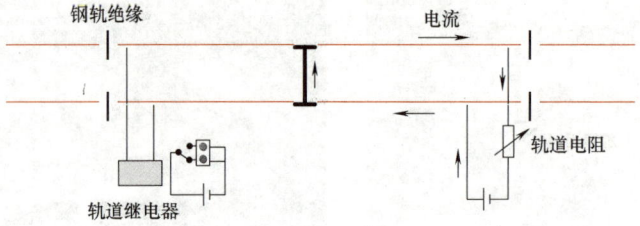

图 2-47 轨道电路分路状态原理图

当轨道区段内发生轨道或线路断裂时,流经继电器的电流中断,使继电器失磁落下,该状态称为轨道电路的断轨状态。

3. 轨道电路的作用

轨道电路的第一个作用是监督轨道的占用与否。利用轨道电路监督列车在区间或列车和调车车列在站内的占用情况,是最常用的方法。由轨道电路对线路空闲情况的反映,为开放信号、建立进路或构成闭塞提供依据,还可利用轨道电路的被占用状态关闭信号,将信号显示与轨道电路是否被占用结合起来。

轨道电路的第二个作用是传输行车信息。例如，数字编码式音频轨道电路中传送的行车信息，为 ATC 系统直接提供控制列车运行所需要的前行列车位置、前方信号机状态和线路条件等有关信息，以决定列车运行的目标速度，控制列车在当前运行速度下是否需要减速或停车。对于 ATC 系统来说，带有编码信息的轨道电路是其车地之间信息传输的通道之一。

4. 轨道电路的分类

(1) 按所传送的电流特性分类　轨道电路可分为工频连续式轨道电路和音频轨道电路，音频轨道电路又分为模拟式和数字编码式两种。

工频连续式轨道电路中传输连续的交流电流。这种轨道电路的唯一功能是监督轨道的占用与否，不能传送更多信息。

模拟式音频轨道电路采用调幅或调频方式，用低频调制载频，除监督轨道的占用外，还可以传输较多信息，主要传输列车运行前方三个或四个闭塞分区占用与否的信息。

数字编码式音频轨道电路采用数字调频方式，但它采用的不是单一低频调制频率，而是一个若干比特的调制频率群，根据编码去调制载频。编码包含速度码、线路坡度码、纠错码等，所以可以传输更多的信息。

(2) 按分割方式分类　轨道电路可分为有绝缘轨道电路和无绝缘轨道电路。

有绝缘轨道电路用钢轨绝缘将本轨道电路与相邻的轨道电路互相电气隔离。

钢轨绝缘在车辆运行的冲击力、剪切力作用下很容易破损，使轨道电路的故障率较高。绝缘节的安装，给无缝线路带来一定的麻烦，有时需要锯轨，因而降低了线路的轨道强度，增加了线路维护的复杂性。电气化铁路的牵引回流不希望有绝缘节，为使牵引回流能绕过绝缘节，必须安装扼流电压器或回流线。因此无缝线路和电气化铁路希望采用无绝缘轨道电路，而城市轨道交通中有绝缘轨道电路多用于车辆段内的轨道电路。

无绝缘轨道电路在其分界处不设置钢轨绝缘，而采用电气隔离的方法予以隔离。电气隔离又称谐振式隔离，利用谐振槽路，采用不同的信号频率，通过谐振回路对不同频率呈现不同阻抗，来实现相邻轨道电路间的电气隔离。

无绝缘轨道电路与有绝缘轨道电路相比较，具有较明显的优点。由于去掉了故障率较高的轨端机械绝缘，因而大大地提高了轨道电路的可靠性。在长轨区段安装无绝缘轨道电路，在电气化区段降低了轨道电路的不平衡系数，避免了锯轨带来的破坏，改善了钢轨线路的运行质量。

城市轨道交通正线上采用无绝缘轨道电路，取消了机械绝缘节和钢轨接头，大大减少了车辆轮对与钢轨接缝之间的碰撞，避免了列车过接缝时乘客的不舒适感，也降低了轮对和钢轨之间的磨损。

(3) 按使用处所分类　轨道电路分为区间轨道电路和车辆段内轨道电路。

区间轨道电路主要用于正线，不仅要监督各闭塞分区是否空闲，而且要传输有关行车信息。一般来说，要求轨道电路传输距离较长，要满足闭塞分区长度的要求，轨道电路的构成也比较复杂。

车辆段内轨道电路，分布于段内各区段，一般只具有监督本区段是否空闲的功能，不需要发送其他信息。

（4）按轨道电路内有无道岔分类　车辆段内轨道电路分为无岔区段轨道电路和道岔区段轨道电路。

无岔区段轨道电路内钢轨线路无分支，构成较简单，一般用于检车线、停车线等，以及调车信号机前方接近区段、两差置调车信号机之间的区段。

在道岔区段，钢轨线路有分支，道岔区段的轨道电路称为分支轨道电路或分歧轨道电路。在道岔区段，道岔处钢轨和杆件要增加绝缘，还要增加道岔连接线和跳线。当分支超过一定长度时，还必须设多个受电端。

对于城市轨道交通，轨道电路不仅用来检测轨道是否占用，更重要的是传输 ATP 信息。所以除车辆段内采用 50Hz 相敏轨道电路外，其他通常采用音频轨道电路。为便于牵引电流流通，提高线路性能，方便维修，音频轨道电路通常采用无绝缘的、数码调制方式（有数字振幅调制、数字频率调制和数字相位调制三种，但多采用频率调制方式）。近年来多采用可靠性较高、信息量较大的数字编码式音频轨道电路。

下面主要介绍城市轨道交通中的音频无绝缘数字轨道电路和工频轨道电路中的 50Hz 相敏轨道电路。

2.2.2　音频无绝缘数字轨道电路

20 世纪 90 年代以来，各种新型轨道电路形式逐渐进入我国，并在部分城市轨道交通工程中得到应用，其中比较突出的是音频无绝缘数字轨道电路，它和绝缘轨道电路相比较，具有较明显的优点。无绝缘接头大大提高了轨道电路的可靠性，在长轨区段安装时不用锯轨，在电化轨道区段降低了轨道电路的不平衡系数，改善了钢轨线路的运营质量。另外，无绝缘音频轨道电路还具有向车载设备传输报文信息的功能，从而使轨道电路既具有检查轨道占用空闲状态的功能，同时还具有传输信息功能。

音频轨道电路是联锁逻辑处理单元和车载设备之间的通信接口，实现了正线区段轨道电路占用检测以及地对车的 ATP 数字信号传输的双重功能。音频无绝缘数字轨道电路所传输的轨道信号内包含了数字信息，例如，列车运行方向、目标距离、目标速度等，能够为 ATP 车载设备提供控制信息。

1. 设备组成

（1）轨旁设备　轨旁设备（Wayside Equipment，WE）由轨道耦合单元、棒线和耦合环线三部分组成，在轨道之间或者沿轨旁安装，采用互耦方式，如图 2-48 所示。

图 2-48 中轨道耦合单元，将轨道信号连接到轨旁连接箱的接收和发送电路，并调谐轨道电路的载频频率。每个耦合电路由变压器和可调电容组成槽路。

棒线置于两钢轨之间，端点焊接在钢轨上，形成 S 形棒线。一匝导线构成的环线与 S 形棒线耦合，并与室内控制柜的辅助板相连。

发送的轨道信号电流通过棒线感应到钢轨，由列车车载设备接收。

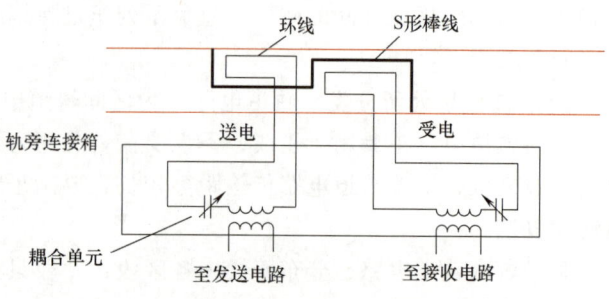

图 2-48　数字轨道电路轨旁设备

(2) 室内设备 室内设备主要是安装在室内控制柜内的控制机箱，如图 2-49 所示。每个机箱内包括多个 PCB 电路板，每个轨道电路包括控制板、辅助板和电源板。

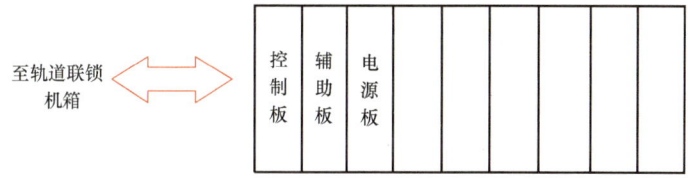

图 2-49 音频轨道电路控制机箱

控制板产生具有 ATP 功能的数字编码信息；辅助板将控制板产生的信息放大发送至室外，并接收来自轨道的信息；电源板产生控制板和辅助板工作所需的电源。

2. 工作原理

(1) 对列车占用区段的检测 音频系统不间断地向轨道发送数字编码信息，并不间断地监视其接收器感应到的信号，作为对列车占用轨道的检测。利用音频信息的标题位（即前 8 位）作为列车检测的信号，固定为"01111110"。发送端通过耦合单元发送至钢轨，接收端由轨道接收器检测该信号，并设置门限值。

当轨道电路空闲时，被检测到的信号幅度在门限值以上；当列车进入轨道电路，所接收到的信号被分路，其幅度降至门限值以下，此时表示轨道电路被占用；当由于其他原因造成轨道电路短路、断路时，如路基潮湿，也会接收到低于预定的门限值的信号，或者生成错误的轨道 ID 号。

按照故障-安全原则，被检测到的信号幅度在门限值以上时控制板向联锁单元传递"区段空闲"信息，否则向联锁单元传递"占用"信息，从而完成列车占用区段的功能。

(2) 发送 ATP 信息 音频系统与联锁系统之间通过 RS485 接口进行数据通信，接收来自联锁系统的信息，如目标速度、目标距离等，再加上本轨道区段信息，如轨道电路 ID 号、线路限制速度等，构成复合信息。辅助板将复合信息形成的报文帧，结合机箱后面的方向继电器以频移键控（Frequency-shift Keying, FSK）调制方式将报文送至耦合电路，经环线与 S 形棒线耦合，由 ATP 车载设备接收、解码、校验，最终根据 ATP 传达的信息对列车进行控制，从而完成数字车载信号的传输功能。

2.2.3 50Hz 相敏轨道电路

用于城市轨道交通的交流工频轨道电路有 50Hz 相敏轨道电路，只有监督列车占用区段的功能，不能传输其他信息。由于城市轨道交通一般采用直流牵引，所以轨道电路可以采用 50Hz 电源，这与铁路有区别（铁路采用交流工频牵引，轨道电路只能采用 50Hz 以外的电源，一般为 25Hz）。

50Hz 相敏轨道电路用于城市轨道交通的车辆段内（不需要发送 ATP 信息）。50Hz 相敏轨道电路有继电式和微电子式两种，一般 50Hz 相敏轨道电路常指继电式。

1. 50Hz 相敏轨道电路的组成

50Hz 相敏轨道电路由送电端、受电端、钢轨绝缘、钢轨引接线、钢轨接续线、回流线及钢轨组成，如图 2-50 所示。

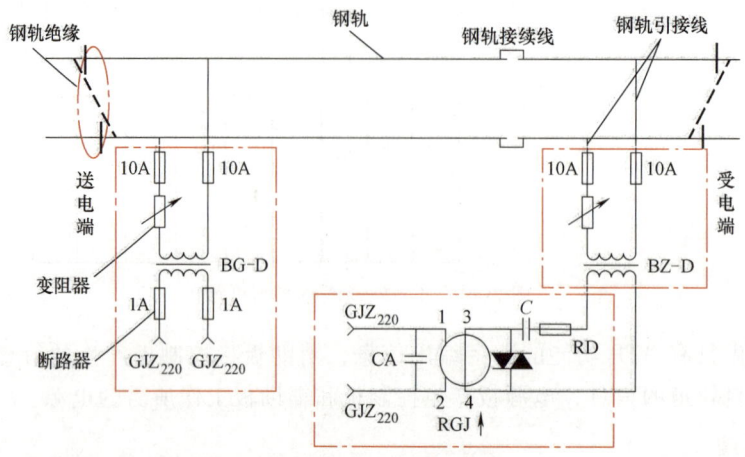

图 2-50 50Hz 相敏轨道电路结构图

注：BG-D 和 BZ-D 为变压器，RGJ 为轨道继电器

送电端包括轨道变压器、变阻器以及断路器，安装在室外的变压器箱内。轨道电源从室内通过电缆送至送电端。

受电端包括中继变压器、变阻器、轨道继电器、电容器、防雷元件等，其中中继变压器、变阻器及断路器安装在室外的变压器箱或电缆盒内，其他安装在室内的组合架上。

送电端、受电端视相邻轨道电路的不同进行组合，有双送、一送一受、双受以及单送、单受等不同情况，除双受、单受可采用电缆盒外，其他情况必须采用变压器箱。

变压器箱或电缆盒用钢轨引接线与钢轨连接。

钢轨接续线用来连接相邻钢轨，以减小钢轨接头处的接触电阻。

钢轨绝缘设于轨道电路分界处，用以隔离相邻的轨道电路。

回流线连接相邻的不同侧钢轨，为牵引回流提供越过钢轨绝缘节的通路。

2. 50Hz 相敏轨道电路的工作原理

电源屏分别提供 50Hz 相敏轨道电源和局部电源。送电端轨道电源经轨道变压器降压后送至钢轨。在受电端由钢轨来的电压经中继变压器升压后送至轨道继电器 RGJ 的轨道线圈，轨道继电器 RGJ 的局部线圈接局部电源。

当轨道线圈和局部线圈电源满足规定的相位和频率要求时 RGJ 吸起，轨道电路处于调整状态，表示轨道电路空闲。列车占用轨道时，轨道电源被分路，RGJ 落下；若频率、相位有一个不符合要求，RGJ 也落下。

这样，50Hz 相敏轨道电路就具有相位鉴别能力，即相敏特性，抗干扰性能较高。需要说明的是，随着我国城市轨道交通的大力发展，单轨条 50Hz 相敏轨道电路在车辆段、停车场及正线道岔区得到了广泛应用，但是由于单轨条轨道电路不平衡电流引起的干扰要大于双轨条轨道电路，所以具有一定的不安全性，正在被淘汰。

2.3 计轴器

传统的轨道电路采用的是轨道区段的一端送电，另一端受电，当车轮压上该区段钢轨时，受电端由于车轮把钢轨短路而导致轨道继电器失磁落下，红色信号灯点亮，说明该区段被占用；反之，如果该区段上没有车轮压上，受电端电流流过轨道继电器，继电器励磁吸起，绿色信号灯点亮，说明该区段为空闲状态。

传统轨道电路存在以下缺点：

1）如果钢轨长时间空闲生锈或者列车车轮生锈，会导致车轮出现压不实的情况。实际本区段有列车占用，而在信号室看到的仍是出清状态。

2）在某些区段，地势比较低洼，下雨的时候，容易造成积水，由于水的导电作用，导致钢轨短路，受电端检测不到电压。所以在某些站场，一旦遇到大雨天气，整个站场会出现大面积红光带，使得无法正常作业。

3）无法在钢渣线、碳粉线等特殊区段使用。由于这些粉尘的导电，非常容易导致红光带。

4）每个轨道电路的送电端都是独立的，送到受电端的电压是可以调节的，如果由于某些原因使得轨道电路不能良好地工作，就需要调高送电端的电压，这就需要人员经常对整个站场的轨道电路进行维护。

计轴器作为同样能够检测轨道区段空闲与否的装置，具有特别强的抗机械应变能力，在冰、雨、雪和气候潮湿时都能正常工作，能适应非常恶劣的工作环境，以其诸多优势成为轨道电路的最有力替代者。

计轴器是计算车辆进出区段的轮轴数，分析区段是否有列车占用的一种技术设备，如图 2-51 所示。它具有检查区段占用与空闲的功能，而且不受轨道线路道床状态等影响。它采用轨道传感器、电子连接单元和计轴运算器（有时也称为计轴核算器或计轴评估器）来记录并比较驶入和驶出轨道区段的轴数。作为检查区段的安全设备，其作用和轨道电路等效，是目前实现站间闭塞的较为理想的设备。

图 2-51 计轴器

在采用 CBTC 的城市轨道交通线路上，当无线传输设备发生故障时，通常使用计轴器来检测列车的位置，构成"降级"信号。

2.3.1 计轴器的组成

计轴器由室内设备和室外设备两部分组成，如图 2-52 所示。室外设备由轮轴传感器（或称磁头）K1、K2 和电子连接单元（EAK）组成；室内设备由计轴运算器、继电器及联锁系统等组成，或采用微型计算机构成计轴器主机系统 ACE。室外设备和室内设备通过传输线路相连接。

从功能上看，计轴器由以下部分组成：

1）计轴点，包括传感器和电子连接单元，主要用于产生车轴脉冲。

2）信息传输部分，用来传递信息。

3）计数部分，包括计数、比较、监督、表示等装置，对计轴点产生的车轴脉冲进行计

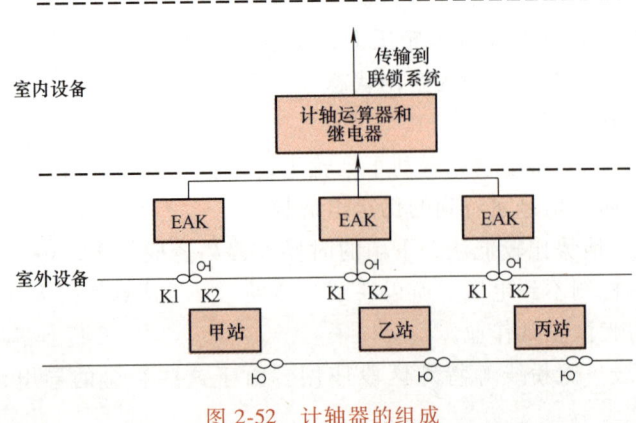

图 2-52　计轴器的组成

数和确定列车运行方向，比较计轴点入口和出口所计轴数及记录计数结果。

4）电源，提供可靠、稳定的电能。

2.3.2　计轴器的工作原理

　　计轴设备利用轨道传感器、计数器来记录和比较驶入和驶出轨道区段的轴数，以此确定轨道区段的占用或空闲。其工作原理是：利用电磁感应的原理，当列车出发，车轮进入轨道传感器作用区时，微型计算机开始计轴数，轮对经过传感器磁头时，计轴磁头可以探测到通过列车的轴数，向微型计算机传送轴脉冲，并经电子连接单元向计轴运算器报告，判定运行方向，确定对轴数是累加计数还是递减计数。通常情况下，用两个计轴探头可以确定一个闭塞分区。计轴探头沿线路安装在钢轨之上，其位置也是闭塞分区的分界点。计轴运算器是计轴器的核心部件，可以收集其控制范围内的计轴探头发来的所有信息。计轴运算器通过计算相邻两个计轴探头报告的轴数关系，就可以确定该闭塞分区是否空闲。

　　通常系统规定：凡进入防护区段的轮轴数进行加轴运算，凡离开防护区段的轮轴数进行递减运算。

2.4　查询应答器

　　查询应答器最初用于卫星中继、航空定位及导航领域，20 世纪 70 年代中后期，应答器传输技术由航空工业引入铁路部门。查询应答器在欧洲的铁路上安装了几十万个，主要用于列车定位及无线闭塞等方面。

　　铁路系统中的查询应答器是地面与机车之间进行短程无线信息传输的装置。在近代铁路系统中，查询应答器的研制、开发和应用在逐步扩大，并且更趋于定型化和标准化。西方发达国家的开发研制起步较早，技术较为成熟。后来，日本、美国、德国、加拿大等国家各自发展了自己的查询应答器及其应用系统。到 20 世 90 年代，欧洲各国逐步建立了统一标准的查询应答器系统。目前我国对查询应答器的研究开发工作就是按照欧洲标准进行的。

到20世纪末，查询应答器已成为轨道交通运行控制系统中一种不可缺少的设备，用于沟通地面与列车之间信息的传输，可以单向或双向信息传输，信息量依据其类型不同而有差异。目前查询应答器系统在可用性、可靠性、可维护性等方面已经得到很大改善，适应了国内使用情况，达到了实用化的要求。

2.4.1 查询应答器系统的组成

查询应答器是一种基于电磁耦合原理而构成的高速点式数据传输设备，是ATP系统的关键部件，用于在特定地点实现地-车间的数据交换，为列车提供ATP所需的各种点式信息，包括进路长度、岔区长度、闭塞分区长度、坡度、曲线等，确保列车在高速运行状态下的安全。

查询应答器系统包括地面设备和车载设备。地面设备主要指地面应答器，车载设备包括车载查询器主机和车载查询器天线。

1. 地面应答器

地面应答器存储特定的地面信息，通常放置在轨道中间。当列车经过地面应答器时，通过无线射频激活应答器，使其发射预置数据，从而使列车获得诸如公里标、限速、坡度等信息，保障列车运行安全。地面应答器如图2-53所示。

图2-53 地面应答器

2. 车载设备

（1）**车载查询器主机** 车载查询器主机用于检查、校验、解码和传送接收到的报文，选择位于机车两端的任一天线并激活，与列车运行控制系统进行单向或双向数据传输，并具有自检和诊断功能。配合列车运行控制系统可完成如下主要功能：①自动区分上、下行列车的地面信息；②生成机车信号、速度监督及自动停车；③提供电子里程标校准列车位置；④提供列车前方一定距离内的线路横纵断面的数据，如桥梁、信号机、标志牌等影响列车运行的信息；⑤向地面有源应答器发送车次号信息。

（2）**车载查询器天线** 车载查询器天线置于机车底部，距轨道约180～300mm。当天线的导体通过高频电流时，在其周围空间会产生电场与磁场，电磁场能离开导体向空间传播，形成辐射场。发射天线正是利用辐射场的这种性质，使车载主机传送的高频信号经过发射天线后能够充分地向空间辐射。

当地面应答器被激活后，应答器在其电磁波传播的方向发射另一个高频信号，天线就会产生感应电动势，此时与天线相连的接收设备的输入端就会产生高频电流。接收效果的好坏除了电波的强弱外，还取决于天线的方向性与接收设备的匹配情况。查询器天线的外壳通常要用硬质材料做保护，以防止异物撞击。车载查询器天线如图2-54所示。

图2-54 车载查询器天线

2.4.2 查询应答器的工作原理和主要特点

1. 查询应答器的工作原理

查询应答器是利用无线感应原理在特定地点实现列车与地面间相互通信的一种数据传输装置。当列车上的查询器通过设置于地面的应答器时，应答器被发自列车上的查询器瞬态功率载波信号激活并进入工作状态，它将存于其中的可供列车自动控制或地面指挥用的各种数据向运行中的列车连续发送。但此数据传输只在查询器与应答器的有效作用范围之内进行，当查询器随列车运行到有效作用范围之外时，应答器将不再工作，直至被下次列车上的查询器功率再次激活。

查询应答器工作的基本原理是电磁感应理论，基本工作原理如图 2-55 所示。

如图 2-56 所示，当查询器与应答器相互作用时，应答器接收到发自查询器的功率载波信号后，整流电路整流出一个可供应答器的其他 IC 器件使用的直流电平，使应答器进入工作状态。信源编码器为数据编码器，其输出编码经过调制后送到放大电路，经放大后发送出去。查询器与应答器的有效作用范围与其间的电磁场能量的大小密不可分。在有效作用范围内，要提高车载查询器接收到的数据量，需相应提高数据传输速率。

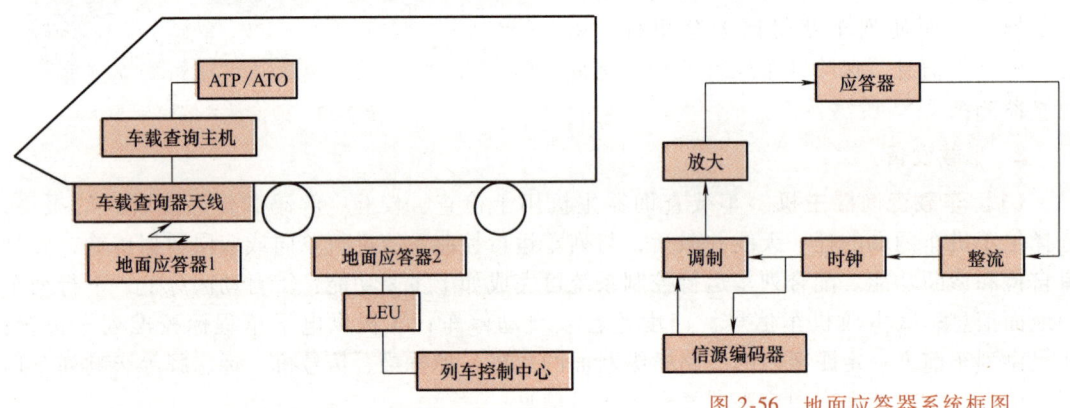

图 2-55 查询应答器基本工作原理
地面应答器 1—无源应答器 地面应答器 2—有源应答器
LEU—轨旁电子单元（Lineside Electronic Unit）

图 2-56 地面应答器系统框图

2. 查询应答器的主要特点

查询应答器具有以下主要特点：

1) 无源应答器通常不要求提供外接电源（有源应答器除外）。
2) 无源应答器可提供固定信息内容，如里程标、区间长度、限速值和坡道值等。
3) 可变编码应答器可提供实时信息，如股道号、进出站等。
4) 使用寿命长，基本无须维护，可节约维修资金。
5) 不受话路限制，传输信息量大，有利于实现系统故障-安全原则。
6) 不受频带限制，频率运用灵活。
7) 电磁场稳定，可以获得高质量的传输效果。
8) 一次性投资可服务于多种应用，实现少投入、多产出，经济效益显著。

2.4.3 查询应答器的分类

1. 按照供电来源分类

按照供电来源区分,查询应答器可以分为无源型和有源型查询应答器两种类型。

(1) **无源型查询应答器** 无源型查询应答器如图 2-57 所示。应答器本身不具备电源,只有当查询器位于其耦合谐振位置时,从查询器送出的高频信号作为电源提供给应答器,使应答器中事先已存储的信息被发送出去,相当于计算机存储系统中 ROM 类型。因此信息一旦固定在应答器中,只能原封不动地读出,不可改变。列车车载设备通过时,将存储的报文发送给车载设备。

(2) **有源型查询应答器** 应答器本身具备电源,所以它存储的信息是可变的,相当于计算机存储系统中 RAM 类型,其工作原理如图 2-58 所示。当查询器与应答器耦合谐振时,可立即发出应答器内部已存储好的随机信息。列车车载设备通过应答器时,将 LEU(图 2-59)传来的数据转换成报文发送给车载设备并检查与 LEU 之间的连接。列车车载设备通过时,在没有收到 LEU 的数据情况下,将存储的默认报文发送给车载设备。

图 2-57 无源型查询应答器

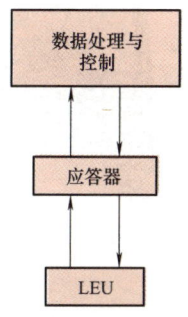

图 2-58 有源型查询应答器工作原理

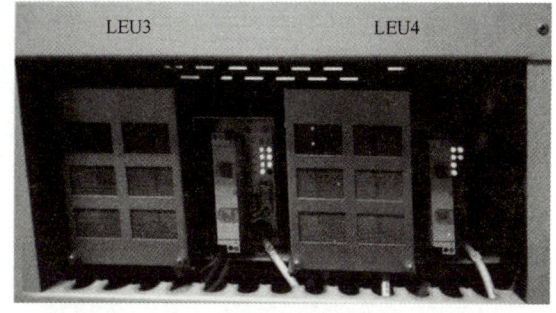

图 2-59 LEU

2. 按照应用功能归类区分

按照应用功能归类区分,查询应答器可分为普通型、增长型和标定型三类。

(1) **普通型查询应答器** 普通型查询应答器工作原理如图 2-60 所示。该类查询应答器自应答器向查询器传送信息,包含安全信息和非安全信息。查询器和应答器的尺寸大小相同。

(2) **增长型查询应答器** 增长型查询应答器工作原理如图 2-61 所示。它的查询器与普通型的类似,但应答器则比其查询器长很多,有可能长达 10 倍。专门用于控制列车在车辆段、机械房或机务段内的定位。

(3) **标定型查询应答器** 标定型查询应答器工作原理如图 2-62 所示。它的应答器结构为连续多环,专门用于标定列车速度。

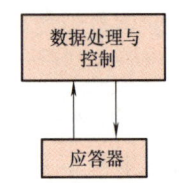 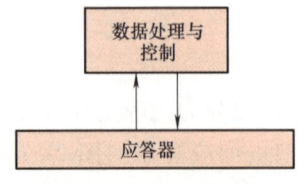 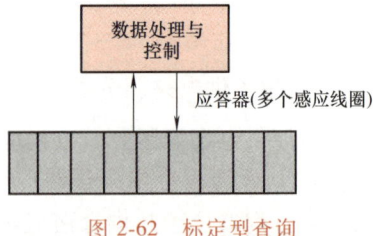

图 2-60　普通型查询应答器工作原理　　图 2-61　增长型查询应答器工作原理　　图 2-62　标定型查询应答器工作原理

3. 按照安装位置分类

按照安装位置分类，查询应答器主要分为中心安装式、侧面安装式和立杆安装式三种。

（1）**中心安装式**　应答器安装在两轨中间部位，而查询器安装在列车底下的中间位置，与应答器相对应耦合，如图 2-63 所示。

（2）**侧面安装式**　查询器安装在列车的侧面，与之相应，应答器也安装在一根钢轨的侧面，与通过列车的查询器相对应耦合，如图 2-64 所示。

图 2-63　中心安装式查询应答器　　　　　图 2-64　侧面安装式查询应答器

（3）**立杆安装式**　应答器安装于路旁立杆上，其发射的无线电波可以无方向性，也可以有方向性，因此当轨道上通过装有查询器的移动车辆时，立即可与它起耦合作用，传递相应信息。

2.4.4　查询应答器的作用

查询应答器的作用可以概括为以下三点。

1. 列车定位信标

列车定位设备存在着测量误差，特别是列车经过长距离运行后，这个误差会不断地积累，直接影响列车定位的精度。沿线路上每隔一段固定距离安装一个地面应答器设备，当列车经过时，通过检测该定位点，获知列车的确切位置，从而消除定位设备所产生的累积定位误差。所以查询应答器可以成为列车定位的信标。

2. 线路地理信息车-地通信的信道

地面应答器可以把一些固定的地理信息，例如，列车运行前方的弯道曲率及长度、坡道坡度及长度、限速区段长度及限速值等固定信息和位置信息一起存储在应答器中，传输到列车上。在采用轨道电路作为 ATC 控制信息传输通道的线路上，查询应答器的使用可以大大降低轨道电路需传输的信息量，从而降低 ATC 信号的传输频率，改善信息传输距离。

3. 临时限速信息的传输通道

当施工作业或其他紧急情况出现时，会临时影响列车运行速度。由控制中心通过 LEU 将临时限速信息传送给地面应答器（通常为有源应答器），当列车经过时传递给车载设备，从而完成对列车速度的控制，保证行车安全。

2.5 站台安全门系统

近年来，城市轨道交通快速发展，为各种新型技术创造了广阔的发展空间。站台安全门是现代化城市轨道交通工程中的一种先进设施，是一项集机械、通信信号、机电设备监控等专业于一体的高新技术。它沿城市轨道站台边缘设置，将列车与站台候车区隔离。安装站台安全门系统，不仅可以防止候车乘客跌落或跳下站台发生危险，让乘客安全、舒适地乘坐地铁列车，而且在地铁运营中作为一种高科技产品，根据其设计的高度可不同程度减少站台区与轨道行车区之间冷热气流的交换，降低环境控制系统的运营能耗，从而节约运营成本，具有节能、减噪、环保功能。

2.5.1 站台安全门的分类

站台安全门按其规模和功能可以分为半高式安全门、全高式安全门和屏蔽门。

1. 半高式安全门

半高式安全门高度一般为 1200～1500mm，不能完全隔断列车活塞风带来的气流和噪声对乘客的影响，所以只具有保护乘客安全、减少定员、维护工作量低等特点，主要用于空调季节短的地铁车站以及地面和高架的地铁车站，如图 2-65 所示。

图 2-65 半高式安全门

2. 全高式安全门

全高式安全门门体高度一般为 2800~3200mm，虽然高度有所增加，但是并不能完全将候车区和轨道区分隔开，站台的候车区与轨道区仍然是一个公共的空间，因此，不能完全达到节省空调耗能的作用。这种安全门具有安全、舒适、节省部分能耗、减少定员等特点，对车站通风空调系统有一定的影响，主要用于空调季节短的地铁线路地下车站，也可用于地上车站，如图 2-66 所示。

3. 屏蔽门

屏蔽门在站台地板至天花板间提供一全封闭式的闸门，如图 2-67 所示。屏蔽门同样适合新建或已营运路段增建的轨道交通系统。因屏蔽门可有效地阻隔列车所产生的活塞风风压、噪声及提供车站对站台侧温度的控制，故其有别于前两种安全门的最大优点就是提供旅客较舒适的站台候车环境，较适合于气候炎热、空调期较长的地铁线路，如我国南方地区。

图 2-66 全高式安全门

图 2-67 屏蔽门

2.5.2 站台安全门的构成及功能

1. 站台安全门的构成

站台安全门系统由门体、门机、电源和控制系统构成。

（1）门体

1）滑动门。滑动门由钢化玻璃、门框、门导滑板、门胶条、手动解锁装置等组成，门吊挂连接板设有滑动电刷架，使金属门框接轨地。作为正常运行时乘客上下车的通道，有系统级控制、站台级控制和手动操作。

2）固定门。固定门为不可开的门体，由钢化玻璃、门框等构成，门框插挂于立柱的方孔内，门框与立柱之间设有橡胶减振垫。

3）应急门。应急门由钢化玻璃、门框、闭门器、推杆锁等装置组成。正常运营时，必须保持关闭且锁紧。当列车进站无法对准滑动门时，作为乘客疏散通道，该门可向站台侧旋转开启。

4）端门。端门由钢化玻璃、门框、闭门器、推杆锁等装置组成。正常运营时，必须保持关闭且锁紧。当列车在区间隧道发生火灾或故障时，可作为乘客疏散通道，同时也是车站工作人员进入隧道的专用门，该门只能从轨道侧向站台侧单方向开启。

(2) 门机 门机的功能是控制门的开关。门机由门控制单元（Door Control Uint，DCU）采用脉宽调制驱动、闭环控制，在此控制方式下实现电动机的四象限运行，从而对门的整个运行过程进行制动和加速控制。一般情况下，门机的制动均采用四象限控制方式来实现，仅当停电时采用电阻能耗制动。

(3) 电源 电源由驱动电源 UPS[⊖]、控制电源 UPS、驱动电源屏、控制电源变压器及各个门机单元内的门单元就地供电单元组成。其中，驱动电源 UPS 为门机提供门头电源，设计时应考虑当外电源中断供电时，蓄电池的容量应满足断电后完成开、关安全门至少三次的要求。控制电源 UPS 设计要确保当外电源中断供电时，能为控制设备，如屏蔽门控制器、站台级操作盘、屏蔽门监视器等提供大约 30min 的电力需求。

(4) 控制系统 控制系统主要由中央控制接口盘、中央监视系统、站台端头/端尾控制面板、紧急控制面板和就地手动操作盒组成。中央控制接口盘由控制接口和监视处理系统两部分组成，控制接口部分用于处理送至安全门的命令以及控制安全门的状态，以便确保列车的正常运行服务；监视处理系统部分主要处理各安全门的信息，包括报警、状态及其他意外事故，这些信息处理后被送至中央监视系统进行人机交流。中央监视系统监视站台安全门系统的所有监视点，中央监视系统从子系统/单个门单元收到信息，处理后通过串联网络将信息传送到监视面板或监视屏幕上，以便工作人员找出故障位置，迅速排除故障。通过该系统，操作人员还可以更改一些系统的运行参数。站台端头/端尾控制面板、紧急控制面板和就地手动操作盒等为提高安全门系统可操作性，提高服务质量和在紧急情况时的快速处理能力提供了可靠的保证。安全门控制系统原理框图如图 2-68 所示。

2. 站台安全门的基本功能

站台安全门的基本功能如下：

1) 安全门可以防止乘客或物体落入轨道和非法闯入隧道，杜绝可能引发的事故、延误运营时间，从而追加额外的运营成本。

2) 减少站台区与轨行区之间气流的交换，通过对地下车站通风空调制式的改变，降低通风空调系统的运营能耗。

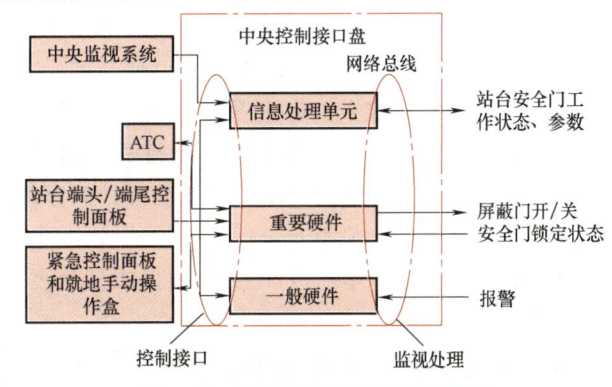

图 2-68 安全门控制系统原理框图

3) 减少列车运行噪声及活塞风对站台候车乘客的影响，改善候车环境。

4) 保障乘客和工作人员的人身安全，拓宽乘客在站台候车站立的有效空间。

5) 只有列车停靠在正确的位置，乘客才能进入列车或者登上站台，所以便于更好地组织乘客乘降。

6) 在火灾或其他故障模式下，可以配合消防、环控系统进行联动控制，组织乘客及时疏散，保证烟雾排出。

7) 可以利用安全门门体特点采用一体化的信息显示屏，播放行车信息、商业广告等，以达到资源的最大利用化，同时简化车站整体空间布置。

⊖ UPS，Uninterruptible Power Supply，不间断电源。

2.5.3　列车车门与站台安全门开关控制

城市轨道交通在设有 ATC 系统的前提下，车站站台可不设行车管理人员，为了保证乘客在站台上的人身安全和确保行车安全，在站台上应设置站台安全门。这不仅需要利用 ATO 子系统实现对位停车，而且需要列车车门与站台安全门的设置必须保持一致。列车车门与站台安全门的开启和关闭还应构成联锁关系。

由于各设备生产商对车门和站台安全门的控制原理有所差别，下面以法国泰雷兹的列车车门与站台安全门的控制原理为例介绍如下。

当列车到达定位停车点，列车头部的车辆对位天线（通常位于车辆对位发送器和接收器）对准于站台的对位环线（也称对位天线，通常位于地面对位发送器和接收器）时，它们之间发生感应耦合，车辆接收器接收到由车站对位模块发送的对位信号，车上 ATO 子系统确认列车已到达定位停车点，并发出停车指令，保证制动。

在检测到速度为零的前提下，通过车辆对位发送器，发送"车停站台"的信号，列车停在定位规定的误差范围内，站台对位接收器接收到信号，使地面的列车停站继电器工作。这时地面 ATP 发送器通过轨道电路向车上发出打开左侧车门（或右侧车门）的指令。当车辆接收到该信息后，经译码，使相应侧的车辆门控继电器动作，并提供广播和发出打开车门的信号，这时驾驶员按压相对应的门控按钮，就能接通车辆门控制电路，开启整列列车的车门（有些情况下，ATO 自动打开车门，不需驾驶员操作）。

车上门控继电器工作以后，使车辆对位发送器发出打开站台安全门的信号（根据实际列车编组和设备差异，可以采用不同的信号），地面对位模块在接收到打开站台安全门的信号以后，启动打开站台安全门的继电器，使与列车车门相应数量和位置的安全门开启。

列车停站结束（或人工终止停站），启动地面停站结束控制单元，使车站 ATP 系统停止发送打开车门的信号。由于车上收不到打开车门的信号，门控继电器释放，驾驶员在确认后，按压关门按钮，使车门关闭。与此同时，列车停止发送打开安全门的信号，使打开站台安全门的继电器失磁，关闭安全门。在检查安全门已关闭而且锁闭以后，地面 ATP 子系统向列车发送速度命令，车上 ATP 子系统接收到速度命令信息后，驾驶员按压列车出发控制按钮，列车方可起动。

2.5.4　站台安全门的控制方式

安全门系统的控制方式除紧急控制外，手动操作优先级最高，系统级控制优先级最低。

（1）系统级控制　系统级控制是指在正常运行模式下由信号系统直接对安全门进行控制的方式。在系统级管理方式下，列车到站并停在允许的误差范围内（±500mm）时，列车信号系统向安全门发送开、关门命令，控制命令经信号系统发送至中央控制盘，由中央控制盘通过 DCU 进行自动控制，实现安全门的系统级操作。

（2）站台级控制　站台级控制是指由列车驾驶员或车站站务员在站台级操作盘上对安全门进行的控制方式。当系统级控制不能正常实现时，如信号系统出现故障、信号系统与中央控制盘对 DCU 控制失败等故障状态下，列车驾驶员或站务人员可在站台级操作盘上进行开门、关门操作，实现安全门的站台级控制操作。

（3）就地控制　在维修测试情况下，往往由维护人员针对单道安全门进行就地操作。

在运营过程中，若某个安全门出现故障需要检修，站台工作人员可通过操作"隔离"开关，使此安全门与整个系统隔离开来，以方便维修。另外，通过操作箱就地控制盒上的"开门""关门"按钮可使该滑动门动作，而不影响正常运行。

(4) **手动操作控制**　手动操作是指由站台人员或乘客对安全门进行的操作。当控制系统电源发生故障或个别安全门操作机构发生故障时，站台工作人员在站台侧用钥匙打开安全门，或由乘客在轨道侧用开门把手打开安全门。此时，中央控制盘上的所有滑动门/应急门关闭且锁紧状态指示灯熄灭。

(5) **紧急操作**　在发生火灾或出现紧急情况时，可进行的操作须配合站台火灾排烟模式或紧急情况需要。紧急控制由车站控制室的站务人员，经授权后在紧急控制盘上对安全门进行开门操作，如需要关闭安全门，可采用站台级控制操作。

2.5.5　站台安全门的火灾管理模式

站台安全门在火灾状态下的运行方式应与区间和车站发生火灾的模式相对应，具体要求如下。

1）列车运行在区间隧道中发生火灾时，站务人员打开站台安全门端门，使隧道内乘客迅速疏散到安全地带。

2）列车运行在车站隧道中发生火灾时，在列车进站前，随时做好打开应急门准备工作，以配合乘客到站后迅速疏散。

3）地下车站站台发生火灾，或当站台处于火灾状态时，由自动化集成系统接收到防灾报警（Fire Alarm System，FAS）发出的信号报警后，由车站授权人员通过车站控制室内的紧急控制盘上的紧急开关控制安全门系统开门，让安全门滑动门打开，配合通风空调系统完成排烟；若安全门不能自动打开，可由驾驶员或车站工作人员通过站台端部的站台级操作盘开启安全门。同时，安全门按隧道通风系统模式要求运行，不停靠的列车直接驶过车站。

4）当车站站厅发生火灾时，安全门保持关闭状态，列车不在发生火灾的车站里停留，全速驶向下一个未出现火情的车站。

2.5.6　站台安全门的安全设计

城市轨道交通系统中使用安全门的一个最主要的原因就是要保证运营和乘客的安全。为达到这个要求，需要安全门在其本身的结构性能、安全保障以及安全设计等方面做好相应的设计工作。

1. 安全系统设计

(1) **应急门**　应急门是乘客在遇到紧急情况时的最终疏散通道，因此其结构性能应能满足以下要求：在列车超出停车范围且列车门与滑动门不能对准时，乘客能从轨道侧推开车门疏散逃生。列车车厢为贯通型时，应急门可设置在与每节车厢对应的屏蔽门单元区域，也可以设置于整列安全门一端或两端，数量应根据列车编组确定，一般情况不少于编组的十分之一。列车车厢为非贯通型时，每节车厢对应的屏蔽门单元区域至少设置一档（两扇）应急门。

(2) **安全回路**　为了保证安全门关闭和锁定状态的故障-安全检测，采用一个串联式连

线回路，沿车站站台穿过所有的滑动门与应急门。当回路闭合时，向信号系统发出一个"所有滑动门/应急门关闭且锁定"的信号，此回路简称安全回路。其作用是：当回路闭合时，只有授权列车才能离开车站；当回路断开时，禁止列车离开或进入车站。

2. 防夹设计

由于列车车门与安全门之间有一定的空间，存在乘客因某种原因被夹于列车门与滑动门之间的可能，因而造成伤害。为减少这种伤害，目前采用灯光障碍显示、门体自带偏转装置，可以鉴别或监视乘客站立的情况。

3. 接地及绝缘层设计

地铁牵引配电系统采用直流供电，并把钢轨作为汇流通道，因此钢轨与大地间存在电位差（据供电系统相关资料显示，最高电位差高达90V），该电位差会对乘客造成影响。为确保乘客及工作人员的安全，要求在乘客及工作人员易接触到的金属部件与列车的金属部件之间采用等电位连接。在站台两端各用一根电缆与钢轨回流，同时安全门采用绝缘安装，以保持轨道与站台的电气隔离。

4. 紧急控制盘

安全门系统紧急控制盘设置在车站控制室，一般与消防、设备监控、FAS等紧急操作按钮统一布置。紧急控制盘上的操作按钮高度应方便运营人员紧急操作。在允许紧急控制盘操作状态下，紧急控制盘能控制安全门进行开门操作。如需要关闭屏蔽门，可采用站台级控制操作。

5. 其他设施

在车站内还设有站台监控亭，滑动门处设有声光报警等辅助安全保障措施。

2.6 转辙机

道岔是列车从一股道转向另一股道的线路连接设备，是信号系统的主要控制对象之一。道岔的转换和锁闭，直接关系到行车安全及效率。用各类动力转辙机转换和锁闭道岔，以及对道岔位置和状态进行监督，易于集中操作，实现自动化。转辙机是重要的信号基础设备，它对于保证行车安全、提高运输效率、改善行车人员的劳动强度，起着非常重要的作用。

2.6.1 转辙机概述

转辙机是转辙装置的核心和主体，除转辙机本身外，还包括外锁闭装置（内锁闭方式没有）和各种杆件、安装装置，它们共同完成道岔的转换、锁闭及道岔位置的表示。

1. 转辙机的作用

1）转换道岔的位置，根据需要转换至定位或反位。
2）道岔转换到所需的位置而且密贴后，实现锁闭，防止外力转换道岔。
3）正确地反映道岔的实际位置，道岔尖轨密贴于基本轨后，给出相应的表示。
4）道岔被挤或因故处于"四开"位置时，及时给出报警及表示。

2. 对转辙机的基本要求

1) 具有足够的转换力，以带动尖轨作直线往返运动；当尖轨受阻不能运动到位时，应随时通过操纵使尖轨恢复原位。

2) 尖轨与基本轨不密贴时，不应进行锁闭；一旦锁闭，应保证道岔不因列车通过道岔时的振动而错误解锁。

3) 能够正确地反映道岔的状态。

4) 道岔被挤后，在未修复之前不应再使道岔转换。

3. 转辙机的分类

(1) **按传动方式分类** 按传动方式的不同，转辙机可分为电动转辙机、电动液压转辙机（在铁路编组场驼峰还存在电空转辙机，在此不做说明）。

电动转辙机由电动机提供动力，采用机械传动方式。多数转辙机都是电动转辙机，包括 ZD6 系列电动转辙机和 S700K 型电动转辙机。

电动液压转辙机简称电液转辙机，由电动机提供动力，采用液力传动式。

(2) **按供电电源种类** 按供电电源种类的不同，转辙机可分为直流转辙机和交流转辙机。

直流转辙机采用直流电动机，工作电源是直流电。ZD6 系列电动转辙机就是直流转辙机，由直流 220V 供电。直流电动机的缺点是，由于存在换向器和电刷，易损坏，故障率高。

交流转辙机采用三相交流电源或单相交流电源，由三相异步电动机或单相异步电动机（现大多采用三相异步电动机）作为动力。交流转辙机不存在换向器和电刷，因此故障率低，而且单芯电缆可实现远距离控制。

(3) **按锁闭道岔方式分类** 按锁闭道岔的方式不同，转辙机可分为内锁闭转辙机和外锁闭转辙机。

内锁闭转辙机依靠转辙机内部的锁闭装置锁闭道岔的尖轨，是间接锁闭方式。ZD6 系列转辙机均采用内锁闭方式。内锁闭方式，锁闭可靠程度差，列车对转辙机的冲击大。

外锁闭转辙机虽然内部也有锁闭装置，但主要依靠外锁闭装置直接将基本轨与尖轨密贴，是直接锁闭方式。S700K 型转辙机采用外锁闭方式。外锁闭方式锁闭可靠，列车对转辙机几乎无冲击。

(4) **按是否可挤分类** 按是否可挤，转辙机可分为可挤型转辙机和不可挤型转辙机。可挤型转辙机内设有道岔保护（挤切或挤脱）装置，道岔被挤时，动作杆解锁，可保护整机。

不可挤型转辙机内不设道岔保护装置，道岔被挤时，会挤坏动作杆与整机的连接结构，应整机更换。

4. 转辙机的设置及安装

城市轨道交通的正线上一般采用 9 号道岔，车辆段（停车场）一般采用 7 号道岔，通常一组道岔由一台转辙机牵引。如果正线上采用 9 号 AT（矮型特种断面尖轨）道岔，其为弹性可弯，需要两点牵引，即一组道岔需要两台转辙机采用内锁闭方式。

站在电动机侧看，动作杆向右伸，即为正装；反之，为反装。以正装拉入和反装伸出为定位时，自动开闭器 1、3 排接点接通；以正装伸出和反装拉入为定位时，自动开闭器 2、4 排接点闭合。动作杆、表示杆的运动方向与自动开闭器的动接点运动方向相反。

在城市轨道交通中，广泛采用 ZD6 系列电动转辙机、S700K 型电动转辙机，下面对其进行介绍。

2.6.2 ZD6 系列电动转辙机

ZD6 系列电动转辙机是我国铁路也是城市轨道交通使用最为广泛的电动转辙机，包括 A、D、E、J 型派生型号。ZD6-A 型是 ZD6 系列转辙机的基本型，系列内其他型号的转辙机都是以 ZD6-A 型转辙机为基础改进、完善而发展起来的。

1. ZD6-A 型电动转辙机的结构

ZD6-A 型电动转辙机主要由电动机、减速器、摩擦连接器、主轴、动作杆、表示杆、移位接触器、自动开闭器和外壳等组成，如图 2-69 所示。

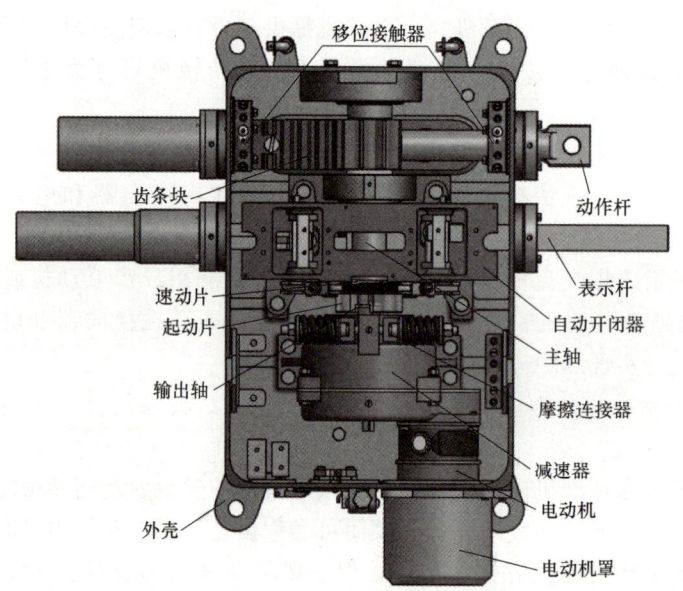

图 2-69 ZD6-A 型电动转辙机结构

（1）**电动机**　电动机为转辙机提供动力，采用直流串激电动机。

（2）**减速器**　减速器用来降低转速以换取足够的转矩，并完成传动。由第一级齿轮、第二级行星传动式减速器组成。

（3）**摩擦连接器**　由弹簧和摩擦制动板组成输出轴与主轴之间的摩擦连接，以防止尖轨受阻时损坏机件。

（4）**主轴**　由输出轴通过起动片带动旋转，主轴上安装锁闭齿轮。由锁闭齿轮和齿条块相互动作，将旋转运动变为平动，通过动作杆带动尖轨运动，并完成锁闭作用。

（5）**动作杆**　与齿条块之间用挤切销相连，正常动作时，齿条块带动动作杆，道岔被挤时，挤切销折断，动作杆与齿条块分离，避免机件损坏。

（6）**表示杆**　由前、后表示杆及两个检查块组成。随着尖轨移动，只有当尖轨密贴且锁闭后，自动开闭器的检查柱才能落入表示杆的缺口中，接通表示电路。道岔被挤时，表示杆被推动，顶起检查柱，从而断开表示电路，实现报警功能。

（7）**移位接触器**　监督挤切销的受损状态，道岔被挤或挤切销折断时，断开道岔表示电路。

（8）**自动开闭器**　由动接点、静接点、速动爪和检查柱组成，用来表示道岔尖轨所在的位置。

（9）**安全接点（遮断开关）**　用来保证维修人员安全。正常使用时，只有遮断开关接点接通，才能接通道岔控制动作电路。检修时，断开遮断开关接点，以防止检修过程中转辙机转动影响维修人员作业和人身安全。

（10）**外壳**　固定各部件，防止内部器件受到机械损坏和雨水、尘土等的侵入，提供整机的安装条件。它由底壳和机盖组成，底壳是壳体的基础，也是整机安装的基础。底壳上设有特定形状的窗孔，便于整机组装和分解。机盖内侧周边有盘根槽，内镶有密封胶垫。

2. ZD6-A 型电动转辙机的动作过程

以正装道岔由左侧密贴（假设为定位）向右侧转换为例。当电动机通入规定方向的道岔控制电流时，电动机按逆时针方向旋转。电动机通过齿轮带动减速器，这时输入轴按顺时针方向旋转，输出轴按逆时针方向旋转。输出轴通过起动片带动主轴，按逆时针方向旋转。锁闭齿轮随主轴逆时针方向旋转，锁闭齿轮在旋转中完成解锁、转换、锁闭三个过程，拨动齿条块，使动作杆带动道岔尖轨向右移动，密贴于右侧尖轨并锁闭。同时通过起动片、速动片、速动爪带动自动开闭器的动接点动作，与表示杆配合，断开第1、3排接点，接通第2、4排接点。完成电动转辙机转换、锁闭及给出道岔表示的任务。

手动操作转辙机时，先用钥匙打开机盖，露出摇把插孔。将摇把插入减速器大齿轮轴，摇动转辙机至所需位置。检修工作结束后，抽出摇把，这时安全接点被断开，必须关上机盖，合上安全接点，转辙机才能复原。

2.6.3　S700K 型电动转辙机

S700K 型电动转辙机是根据我国铁路提速的需要，从德国西门子公司引进的设备和技术，经消化、吸收和改进后，在主要干线推广运用的转辙机。经过数年的实践表明，该转辙机结构先进，工艺精良，不但消除了长期困扰信号维修人员的电动机断线、故障电流变化、接点接触不良、移位接触器跳起和挤切销折断等惯性故障，而且可以做到"少维护，无维修"，符合中国铁路运营的特点和发展方向，也适用于城市轨道交通。

城市轨道交通列车运行速度不高，可以采用普通的直流电动转辙机，但采用三相交流电动机转辙机优点十分明显。

1）采用交流三相电动机，不仅从根本上解决了原直流电动转辙机必须设置整流子而引起的故障率高、使用寿命短、维修量大的问题，而且减小了控制导线截面，大大减少了线路上的电能损耗，延长了控制距离，单芯电缆控制距离可达 2.5km。

2）采用摩擦力非常小的直径为 32mm 滚珠丝杠作为驱动装置，机械效率提高，延长了转辙机的使用寿命。

3）采用具有簧式挤脱装置的保持连接器，并选用不可挤型零件，从根本上消除了由挤切销劳损造成的惯性故障。

4）采用多片干式可调摩擦连接器，经工厂调整加封，使用中无须调整。S700K 型电动转辙机的产品代号来自德文"Simens-700-Kugelgewinde"，其含义是"西门子-具有 6860N（700kgf）保持力-带有滚珠丝杠"的电动转辙机。

1. S700K 型电动转辙机的结构

S700K 型电动转辙机主要由外壳部分、动力传动机构、检测和锁闭机构、安全装置和配线接口五大部分组成，如图 2-70 所示。

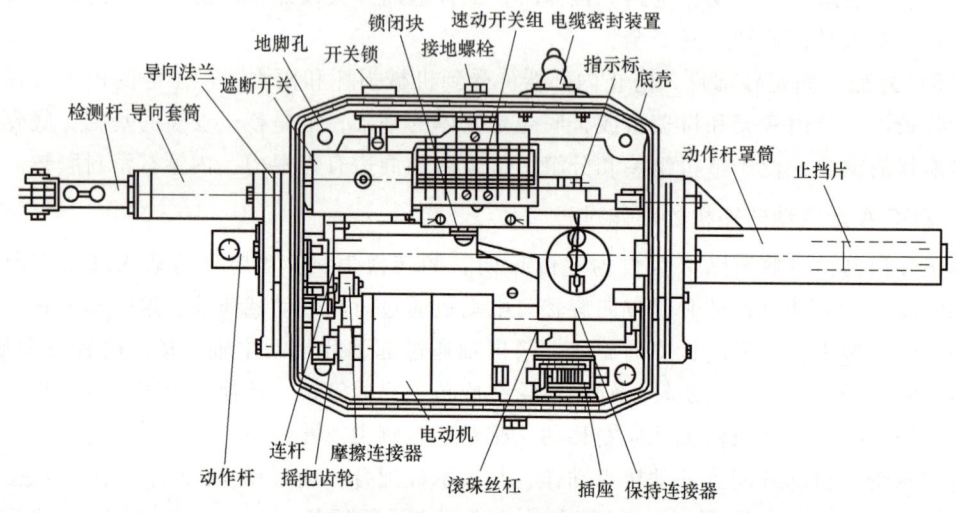

图 2-70　S700K 型电动转辙机实物图

（1）外壳部分　外壳部分主要由铸铁底壳、动作杆套筒、导向套筒、导向法兰四个部分组成。

（2）动力传动机构　动力传动机构主要由三相电动机、齿轮组、摩擦连接器、滚珠丝杠、保持连接器和动作杆六个部分组成。

三相交流电动机为转辙机提供动力。三相交流电动机的三个绕组呈星形连接，每相引出线均为单根多股软线，其星形汇集点在安全接点座的端子上，由跨接片跨接。因而从根本上消除了直流电动机必须设置整流子造成的电动机电枢断线、枢间混线、电刷与整流子接触不良等惯性故障。

齿轮组由摇把齿轮、电动机齿轮、中间齿轮及摩擦连接器齿轮组成，其中摇把齿轮与电动机齿轮是一个传递系统，通过摇把可以对转辙机进行人工操纵。电动机齿轮、中间齿轮、摩擦连接器齿轮是一个传递系统，将电动机的旋转力传递到摩擦连接器上，并将电动机的高转速降低，以增大旋转驱动力，适应道岔转换的需要。这是转辙机的第一级降速。

摩擦连接器内装有三对金属摩擦片，分别固定在外壳和滚珠丝杠上，摩擦片的端面有若干个压力弹簧，通过调整弹簧的压力，可以使摩擦片之间的摩擦结合力大小发生变化，是一种软连接结构。它的作用主要是将齿轮组变速后的旋转力传递给滚珠丝杠。当作用于滚珠丝杠上的转换阻力大于摩擦结合力时，摩擦片之间相对打滑空转，起到保护三相电动机的作用。对于交流电动机来说，其动作电流不能直观反映转辙机的拉力，现场维修人员不能像对直流转辙机那样，通过测试动作电流来对摩擦力进行检测，必须由专业人员用专业器材才能进行调整，现场维修人员不得随意调整摩擦力。

滚珠丝杠的结构相当于一个32mm的螺栓和螺母。其动作原理为当滚珠丝杠正向或反向旋转一圈（360°）时，螺母前进或后退一个螺距。它的作用：一是将电动机的旋转运动变为直线运动；二是减速，其减速比取决于丝杠的螺距。

保持连接器是转辙机的挤脱装置，利用弹簧的压力，将滚珠丝杠与动作杆连接在一起。当道岔的挤岔力超过弹簧压力时，动作杆滑脱起到保护整机不被损坏的作用。但根据技术政策的规定，若转辙机为不可挤型，保持连接器内的弹簧将被取消，改为硬连接结构。保持连接器的顶盖是加铅封的，维修人员不得随意打开。

(3) **检测和锁闭机构** 检测和锁闭机构主要由检测杆、叉形接头、速动开关组、锁闭块、锁舌和指示标等组成。

检测杆随尖轨（或心轨）转换而移动，用来监督道岔在终端位置时的状态。检测杆有上、下两层，上层检测杆用于监督缩进密贴的尖轨（或心轨）的工作状态，下层检测杆用于监督伸出密贴的尖轨（或心轨）的工作状态。上、下层检测杆之间设有连接或调整装置，外接两根表示杆分别调整。道岔转换时，由尖轨（或心轨）带动检测杆运动。当密贴尖轨（或心轨）密贴，斥离尖轨（或心轨）到达规定位置，上、下检测杆的大小缺口对准转辙机的指示标时，锁闭块和锁舌才能弹出。

锁闭块的正常弹出，使速动开关组的动作接点断开及表示接点闭合。锁舌的正常弹出用于阻挡转辙机的保持连接器的移动，实现转辙机的内部锁闭。

锁闭块的缩进，应可靠地断开表示电路；锁舌的缩进，应完成转辙机的解锁。速动开关组实际上就是采用了沙尔特堡接点组的自动开闭器。它随着尖轨（或心轨）的解锁、转换和锁闭过程，自动开闭电动机动作电路和自动开闭道岔表示电路的接点系统。实际应用中，沙尔特堡接点由于现场使用效果不佳，逐渐被TS-1型接点取代，但工作原理和作用不变。

在转辙机转换及锁闭时，其接点通断情况如下：

锁闭时，哪一侧的锁舌弹出，则这一侧所对应的接点上层接点接通，下层接点断开。这时的接点组呈1、3闭合或2、4闭合位置。解锁及转换时，由于两个锁舌均在缩进位置，下层两排接点接通，即2、3排断开，1、4排接通，切断表示电路，连接向定位、反位的动作电路。第1、4排为动作接点，2、3排为表示接点。与ZD6型电动转辙机中关于"1、3"闭合、"2、4"闭合的提法是相同的。

(4) **安全装置** 安全装置由开关锁、遮断开关、连杆和摇把孔挡板等组成。

开关锁是操纵遮断开关闭合和断开的机构，主要作用是在现场检修人员打开电动转辙机机盖进行检修作业时，或车务人员插入摇把进行转换道岔的作业时，能可靠地切断电动机的动作电路，防止电动机误动，保证作业人员的安全。

遮断开关（安全接点）的作用有两点：一是进行内部检修或需要人工切断电路动作时，可用钥匙打开开关锁，使安全接点断开，切断动作电路，起到保护作用；二是当人工摇动道岔时，打开摇把孔挡板，同时，也断开安全接点，防止在摇动道岔时远程扳动道岔使其误动。开关锁和遮断开关配合工作。

(5) **配线接口** 配线接口主要由电缆密封装置、接插件插座组成。

2. S700K型电动转辙机的动作过程

当转辙机正常工作时，其动作过程为：交流电动机转动 →减速齿轮组转动→摩擦连接

器传递→滚珠丝杠转动→滚珠丝杠上的螺母移动→操纵板的斜面将锁舌顶回（切断表示电路，构成返回时的动作电路）→锁闭块缩进（转辙机解锁）→保持连接器及动作杆移动→锁闭杆→道岔转换→带动尖轨（或心轨）→外表示杆移动→检测杆移动→到位后锁闭块弹出锁闭道岔→给出该道岔新的位置表示。

电动转辙机的动作大致可分为三个过程：第一为解锁过程（先断开表示，后机械解锁）；第二为转换过程；第三为锁闭道岔及接通表示接点的过程（先机械锁闭，后接通表示电路）。

当人工手动操作时，由于安全装置通过连接杆与电动机轴端的连接板相连，因此必须打开开关锁和遮断开关，手摇把才能插入。

思考题

1. 什么是城市轨道交通信号？按照不同的分类方式，交通信号可以分为哪些种类？
2. 地面信号机设置的原则是什么？
3. 轨道电路的作用是什么？它的工作状态与列车运行有什么关系？
4. 计轴器与轨道电路相比优势体现在何处？
5. 查询应答器由哪几个部分组成？各部分在列车运行中发挥什么作用？
6. 简述查询应答器的作用。
7. 站台安全门有什么功能？可以分为哪几种？
8. 简述站台安全门与列车车门在列车停站过程中开启和关闭的过程。
9. 站台安全门的控制方式有哪几级？如何控制？

第3章　列车运行控制的技术与方法

【本章概述】

城市轨道交通能够大容量、快速、安全地完成运输任务,需要不断根据列车在线路上运行的客观条件和实际情况,对列车运行速度和控制方式等状态进行监督、控制和调整,而监督、控制和调整的过程既要依靠大量的设备,也需要借助多种技术手段和方法来实现。

测速技术和列车定位技术可以实时、准确地测量列车运行中产生的即时速度和位置信息,传给控制中心和列车车载设备,从而完成对列车运行状态的精确控制。

无线通信技术可以使处于移动状态的列车,以及列车上的工作人员能够与车站、控制中心保持便捷可靠的通信联络,完成车-地之间双向的信息传输。

行车闭塞是指为保证列车运行安全,在组织列车运行时,通过设备或人工方式控制,使连续发出的列车保持一定间隔安全行车的办法。遵循此规律组织行车,可以避免造成列车正面冲突或追尾等事故。

城市轨道交通中,需要根据列车运行的即时速度信息和位置信息,结合从地面设备、前行列车获得的信息和控制中心的命令,科学、合理地控制列车的速度,确保在安全的前提下实现最小列车运行间隔。列车速度控制的方式主要有以下两种:分级速度控制和速度-目标距离模式曲线控制。

【学习重点】

1. 了解列车运行控制系统中采用的主要技术手段。

2. 掌握列车运行中当前使用的测速发电机、轮脉冲速度传感器、多普勒雷达测速原理和适用范围。

3. 掌握城市轨道交通中闭塞技术的概念和分类,以及现在常用的闭塞方式对列车运行的影响。

4. 掌握速度控制模式的种类,不同模式下对列车运行的控制过程,理解各种模式的优缺点。

5. 了解轨道交通中用到的各种定位技术的工作原理和优缺点,熟悉城市轨道交通常用的定位技术的定位原理和工作过程。

6. 了解城市轨道交通中无线通信技术的种类和工作原理,熟悉各种无线通信技术在列车运行控制系统中的应用。

3.1 测试技术

城市轨道交通中,列车的速度信息起着至关重要的作用。已知列车的即时速度信息,可以计算列车位置信息,并将速度信息和位置信息送到控制中心,根据全线的列车运行情况,控制中心生成相应的控制命令下达给各列车和沿线地面设备;列车根据接收到的控制命令,结合列车的速度信息、位置信息、线路地理条件和列车自身状况等信息,对列车进行具体控制,从而保证最佳的运行状态。同时,车辆系统的稳定性也在很大程度上取决于它所采集到的速度信息的可靠性和精度,而所采集的速度信息包括当前速度值和速度的变化量。在列车的牵引控制、车轮滑动保护、列车控制和车门控制过程中都要涉及速度信息的采集问题,可见速度信息的测量和反映精确与否直接关系到列车运行的质量,而这个任务是由许许多多的速度测量设备来完成的。

随着科学技术的发展,测速技术也在不断地完善。从一开始的机械式速度表,到测速发电机型速度表、磁感应式速度表、脉冲式转速传感器型测速系统、雷达测速、卫星定位等。衡量一种测速方式的优劣要从测速精度、系统可靠性、小型化和性能价格比等诸多方面考虑,同时还要考虑其应用环境。在城市轨道交通中,要保证列车运行安全和高效,测速定位系统必须能够为列车运行控制系统实时、准确地提供列车的运行速度和位置,这就需要测速的方法有较高的实时性和精确度;测量的速度信息必须是能被列车运行控制系统应用的数字信号。由于大部分的城市轨道交通都是地铁,而地铁中的列车无法接收到来自卫星的信号,经过分析,在城市轨道交通的测速定位中,根据速度信息的来源,可以把测速方式分成两大类:利用轮轴旋转方式和利用无线方式直接检测列车速度的测速方法。轮轴旋转方式测速的主要方法有:测速发电机、轮轴脉冲速度传感器;无线方式测速方法主要有:多普勒雷达测速。

下面对这三种测速方法进行介绍。

1. 测速发电机

测速发电机通常安装于车轮外侧,包括一个齿轮和两组带有永久磁铁的线圈,齿轮固定在机车轮轴上,随车轮转动,线圈固定在轴箱上。轮轴转动,带动齿轮切割磁力线,在线圈上产生感应电动势,其频率与列车速度(齿轮的转速)成正比。这样列车的速度信息就包含在感应电动势的频率特征里。经过频率-电压变化后,把列车实际运行的速度变换为电压值,通过测量电压的幅度得到速度值。

发电机所产生交流电压的频率可按下列公式进行计算:

$$f = \frac{vZ}{3.6\pi d} \tag{3-1}$$

式中，f 为测速发电机产生的频率（Hz）；v 为列车运行的速度（km/h）；Z 为发电机上齿轮的齿数（个）；d 为车轮直径（m）。

由式（3-1）可知，发电机产生的交流电压的频率与列车的运行速度（主轮的转速）成正比，再经过频率-电压变换，可以将对列车实际运行速度的计算变换为对电压频率的测量。

频率-电压变换电路的原理框图如图 3-1 所示。在速度增高时，交流信号增大，这时多谐振荡器为射极耦合触发器，其输出与测速发电机同步。当列车速度低于一定值（近似为零）时，电路由射极耦合触发器变为自激多谐振荡器。

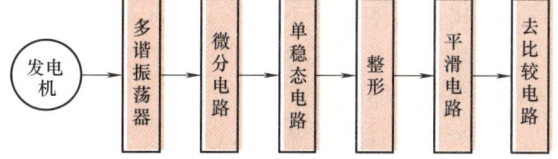

图 3-1 频率-电压变换电路原理

从式（3-1）可见，测速发电机产生的频率 f 与车轮的直径有关。在速度相同时，直径大的车轮其输出的速度电压频率低，反之则频率高。因此需设置一个车轮直径补偿电路，以消除不同直径的车轮所产生的差异。

按照上述理论，发电机线圈出现故障或列车运行速度为零时，发电机的电压频率均为零，所以为了确保发电机线圈断线遵守故障-安全原则，规定：在频率-电压变换电路中，列车速度为零时也产生一定的频率值；当频率为零时，设备就可以报警或自动停车。这样就可以区分列车速度为零还是设备故障。

2. 轮轴脉冲速度传感器

目前在轨道交通中，基于轮轴脉冲速度传感器的列车测速定位方法是较为常用的方法，轮轴脉冲速度传感器通过测量测速轮对的转速脉冲来计算列车的速度。设测速轮对转一圈速度传感器输出 N 个脉冲，测速轮对的直径为 d，因此只需测量输出脉冲的频率 f 就可以计算测速轮对的轮周线速度。如果轮对与钢轨接触面上的点与钢轨之间没有相对运动，那么这个轮周线速度 v 就是列车沿轨道方向的线速度。

$$v = \pi d f / N \quad (\text{km/h}) \tag{3-2}$$

轮轴脉冲速度传感器（图 3-2）通过在轴承盖上安装信号发生器对车轮旋转进行计数。车轮每旋转一周，发生器输出一定数量的脉冲或方波信号，对信号发生器输出信号计数，测出脉冲或方波的频率即可得出列车运行的速度。

通常采用的是霍尔脉冲速度传感器。该传感器由铝盘和霍尔传感器探头组成。铝盘外缘有规则地粘贴了若干磁钢片，铝盘安装在机车动轮轴轴头的顶端，传感器探头安装在轴箱盖上。根据采用的霍尔元件不同，一个探头可以输出一路或两路速度信号。霍尔脉冲传感器是采用霍尔效应原理测量转速的，其原理示意图如图 3-3

图 3-2 轮轴脉冲速度传感器

所示。当磁钢片在霍尔元件下方时，霍尔元件可以探测到霍尔电动势，不在下方时就无霍尔电动势。当铝盘转动时，霍尔元件就会产生与铝盘转速成正比的霍尔电动势脉冲，通过对此脉冲分析计算就可测得铝盘转速。

另外，还可以在车轮外部安装旋转式光栅，当列车运行时由轮轴的旋转带动光栅旋转。在光栅的两侧安装发光装置和光电传感器，随着光栅的旋转，光电传感器可以接收发光装置的"光脉冲"信号，并将其转化为电脉冲信号送至车载计数器，由车载计数器对脉冲信号进行计数，通过检测该脉冲信号次数可以判断车轮的即时转角，继而得到列车的即时车速。

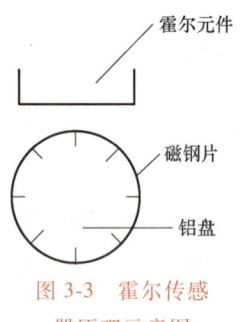

图 3-3　霍尔传感器原理示意图

当列车的轮对产生磨损、空转、滑行等情况时，采用脉冲传感器测速的误差较大，而且用此种方法计数时，不能区分列车是前进还是后退。但是这种方法简便、易于实现，得到了较广泛的使用。

3. 多普勒雷达

多普勒雷达测速是一种直接测量速度和距离的方法。在列车上安装多普勒雷达，始终向轨面发射电磁波，由于列车和轨面之间有相对运动，根据多普勒频移效应原理，在发射波和反射波之间产生频移，通过测量频移就可以计算出列车的运行速度，进一步计算出列车运行的距离。近年来多普勒雷达测速的技术发展日趋成熟，测速精度不断提高，雷达趋于小型化和实用化，为实际应用提供了基础。多普勒雷达测速装置如图 3-4 所示。

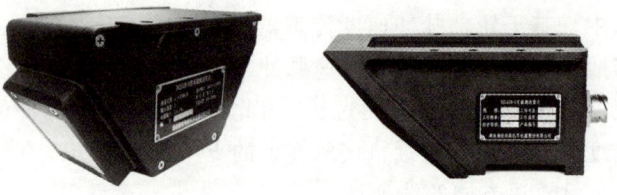

图 3-4　多普勒雷达测速装置

由于列车在运行过程中会产生多普勒效应，所以检测到信号的反射频率与发射的信号频率必然存在一定的差异。如果列车在前进状态，反射的信号频率会高于发射信号频率；反之，则低于发射信号频率。而且，列车运行的速度越快，两个信号之间频率差距越大，测量两个信号之间的频率差就可以获取列车的运行方向和即时的运行速度。

多普勒雷达测速法测速的精度和频率比较高，但是由于采用该测速法的设备通常比较复杂，容易受到地面条件的制约。例如，地面不够光滑会导致电波散射现象较为严重，加大测量难度，同时影响测量准确性。但与其他测速法相比，多普勒雷达测速法能成功克服脉冲速度传感器轮对磨损、空转、打滑等造成的误差，而且可以持续测速。

3.2 列车定位技术

城市轨道交通列车运行密度高、站间距离短、安全性要求高，分布于轨旁和列车上的列车自动控制系统及列车本身都需要实时了解列车在线路中的精确位置；需要根据线路中列车的相对位置实时地对每一列车进行监督、控制、调度及安全防护，在保证列车运行安全的前提下，最大限度地提高系统的效率，为乘客提供最佳的服务。

列车位置信息在列车自动控制系统中具有重要的地位，几乎每个子功能的实现都需要将列车的位置信息作为重要参数。所以说列车定位是列车控制系统中一个非常重要的环节，它使调度指挥和行车控制一体化，实现综合自动化成为可能，并能更加有效地提高行车效率和安全性。列车的位置信息在列车运行控制系统中的作用主要体现在以下两个方面。

1）地面控制中心根据列车的位置信息，进行间隔控制，保证追踪运行列车的安全间隔。基于轨道电路的列车运行控制系统中，地面控制中心通过轨道电路获得的列车位置，是以轨道电路的分区为单位。基于通信的列车运行控制系统，可以通过无线通信，获得列车的准确位置。

2）车载设备获得列车的位置和速度信息后，可以根据速度-距离模式曲线进行控制，与仅根据速度进行的阶梯控制相比，可避免列车的多次制动。过去几十年中，关于列车运行控制系统的研究取得了显著的进展，使其功能不再仅仅局限于对列车的检测、表示等，而是由"表示型"转向"控制型"。

因此，列车定位技术在列车运行控制系统中占有非常重要的地位，列车定位方法的精度和可靠性是影响列车安全防护距离的重要因素之一，关系到列车的运行间隔，影响到轨道交通系统的效率。列车定位方法的机理和采用的传感器是影响列车运行控制系统制式的重要因素之一，会关系到可采用的闭塞制式，影响到列车运行控制系统的兼容性和生命周期费用。所以列车运行控制系统的性能与列车定位技术密不可分。在轨道交通调度指挥和行车工作中，实时、准确地获得列车速度和位置信息是列车安全、高效运行的保障。如何精确地检测列车的速度和位置，从而完成对列车的运行控制是轨道交通运输系统的核心内容。

目前，在世界各国轨道交通列车自动控制系统中使用的列车定位方式主要有轨道电路定位、计轴器定位、查询应答器定位、测速定位、交叉感应回线定位、卫星定位（包括 GPS 定位和 GNSS 定位）、无线扩频列车定位、惯性列车定位、航位推算系统定位等多种。

1. 轨道电路定位

基于轨道电路的列车定位是一种粗精度检测列车位置的方式。将钢轨分成不同的区段，在每个区段的始端和终端加上发送、接收设备，构成一个闭合电流/信息传输回路。当列车进入区段时，列车轮对将两根钢轨短路，电流/信息不能到达接收端，接收端继电器失磁落下，对应点亮红色信号灯，达到列车定位的目的。轨道电路定位方式的优点是经济、方便、可靠性高，既可以实现列车定位，又可以检测轨道的完好情况，且无须对当前设备做大的改动即可实现列车定位；缺点是定位精度取决于轨道电路的长度，不精确，无法构成移动闭塞。利用数字轨道电路对列车进行定位是城市轨道交通系统中应用较为普遍的技术手段。

2. 计轴器定位

计轴器是一种特殊的列车定位装置，适用于某些无法采用轨道电路的场合。近年来，我国城市轨道交通也逐渐在各线路广泛使用该技术。计轴器定位继承了轨道电路定位的诸多特点，和前述的轨道电路法一样，这种方法的定位安全性较高，精度较差，通常还需与测速装置结合起来使用。由于不依赖于轨道电路，对环境的适应性更强，维护量相对较小；但不能作为车-地信息传输的通道，也无法检测断轨故障。

3. 查询应答器定位

基于查询应答器的定位方法也是广泛采用的列车定位方式，它可以在设置查询应答器的相应点给出列车定位信息。一般由车载查询器、地面应答器和轨旁电子单元组成。应答器以一定间隔距离设置在轨道交通沿线上，列车每经过一个地面应答器，车载查询器就会读取存储其上的数据信息，实现列车的点式定位。作为列车定位系统，查询应答器的维修费用低、使用寿命长且能在恶劣条件下稳定工作，具有很高的定位精度，查询应答器安装点的列车定位精度为 $1\sim2m$（取决于查询天线的作用范围）。它同时还具有很高的可靠度，可以在任何气候、任何地点（包括GPS作用不到的地区）可靠地工作；并且还具有维修简便、运行费用较低等一系列优点。缺点是只能给出点式定位信息，存在设置间距和投资规模的矛盾。目前一般采用混合定位法，即用其他定位方法测距，以查询应答器纠正累计误差。这种混合定位法通常配合出现轮径变化、打滑或空转时，累计误差可能很大的定位方法使用。

4. 测速定位

轨道电路、计轴器定位技术的定位精度都比较低，在对列车运行速度、位移实施精确控制时是远远不够的。为了提高列车定位的精度，目前在现场比较广泛地使用测速定位作为辅助定位方式。

测速定位是通过不断测量列车的即时运行速度，对列车的即时速度进行积分（或求和）的方法得到列车的运行距离。由于测速定位获取列车位置的方法是对列车运行速度进行积分或求和，故其误差是积累的，而且测的速度值误差对最终距离值的影响也非常直接。因此，该方法的关键在于速度测量的准确性和求位移算法的合理性。

测速技术是城市轨道交通中进行列车测速定位的基础。列车的定位基于测速的定位、测速的精度和可靠性的反馈信息，进而保证列车的行车安全和提高行车效率。

但是，测速定位这种方法属于相对定位，它无法获取列车的初始位置，要获得列车的绝对位置仅仅依靠这种方法本身几乎是不可能的。为了提高测速定位的精度和系统的稳定性及可靠性，通常将轮脉冲速度传感器、多普勒雷达速度传感器、加速度计与查询应答器组合使用，进行多传感器信息融合列车测速定位。

5. 交叉感应回线定位

轨道电路在实现车-地通信时受钢轨、道床条件的限制较大，是制约列车提速、提高行车密度的"瓶颈"。通常采用的方法是在两根钢轨之间敷设等距交叉感应回线，一条线固定在轨道中间的道床上，另一条线固定在钢轨的颈部下方，它们每隔一定距离（25m或50m）做交叉，如图3-5所示。当列车经过每个电缆交叉点时，车载设备检测到回线内信号的极性变化，并对极性变化的次数进行计数，从而确定列车行驶过的距离，达到列车定位的目的。

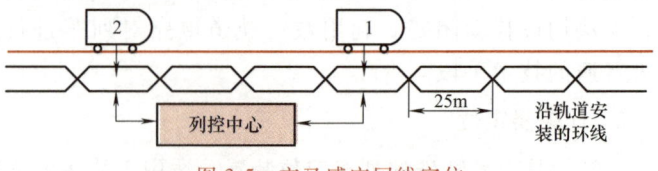

图3-5 交叉感应回线定位

交叉感应回线定位方式成本较低，实现也比较简单，但只能实现列车的相对定位，每隔一段距离就要对列车的位置进行修正，而且定位精度受交叉区长度的限制。如果交叉区比较窄，位置脉冲漏计的可能性增大。

6. 卫星定位

现在常用的卫星定位系统有全球定位系统（Global Positioning System，GPS）和全球导航卫星系统（Global Navigation Satellite System，GNSS）。

美国从20世纪70年代就开始研制GPS，历时20年，耗资200亿美元，于1994年全面建成，是具有海、陆、空全方位实时三维导航与定位能力的卫星导航与定位系统，可为全球提供完善的定位服务。

GPS由位于地球上空约20231km的24颗卫星和监视管理这群卫星的五个地面站组成。这些卫星用原子钟作为标准时间，每天绕地球两周，一天24h向地球连续播发精确的时间及位置信息。配有GPS接收机的用户，可在地球上任何地方、任何时刻收到卫星播发的信息，通过测量卫星信号发射和接收的时间间隔，计算出用户至卫星的距离，然后根据四颗卫星的数据，即可实时地确定用户所在地理位置，即经度、纬度和高度三维地点信息。系统包括GPS卫星（空间部分）、地面支撑系统（地面监控部分）和GPS接收机（用户部分）三个部分。

通过在列车上安装GPS接收机，接收太空中四颗以上卫星信号，根据这些信号及信号传输过程中的时间延迟或相位延迟，计算出三维空间中列车所处的绝对位置。一般民用接收机只能利用C/A码⊖，受SA⊖政策的限制，定位精度为100m。现在美国取消了SA政策，精度恢复为25m。采用差分GPS定位技术，精度可以达到3~5m。

利用GPS实现列车定位，优点是设备简单、接收机技术成熟、成本低、体积小、维护方便。但也存在不少缺点，目前运动定位精度远低于静止定位精度；在并行线路上易发生认错轨道的现象。而且，接收器处要求有开阔的天空，视场内阻碍物的高度仰角应小于12°~15°，以减弱对流层对卫星信号折射的影响。因为列车不可避免地要穿过隧道、密林和城市，在这些地方存在定位盲区，影响列车的定位精度，接收不到信号；在通过高楼林立的城市时，也会因视场不开阔而接收不到信号。另外，恶劣的天气也会对GPS的工作产生重大的干扰，而列车的运行却不能因为天气恶劣而停止。此外，还会受到国家卫星政策的影响，如美国的GPS导航系统是由美国军方为取得军事优势而发展的，本质上是一种军事系统，只有在所谓保障美国安全利益的前提下才提供给别国使用。GPS的导航服务分军用码和民用码两种，军用码精度高，为美军专用，民用码经过了频率抖动和星历偏差处理，精度降低了许多，民用码平时可为全世界共享，但在战时美国可以随时关闭该系统。由此可见，GPS的控制权掌握在美国军方手中，美国完全可以根据自己的需要，随意改变系统的民用精度和可用性。因此，在列车运行控制系统这类安全苛求系统中采用基于GPS的列车定位方法应当慎重。

我国自主研制的北斗三号卫星导航系统已正式投入运行，定位精度为10m，授时精度为50ns，测速精度0.2m/s。利用北斗三号进行列车定位的优点是具有自主知识产权，不受制于国外卫星系统；缺点是定位精度较低，定位响应时间较慢，且采用交互式定位，保密性不理想。总的来说，无论是美国的GPS定位系统还是我国的北斗三号卫星导航系统，在城市轨道交通中，列车处在林立的高楼之间，卫星定位的精度受到很大程度的影响，地铁更是在

⊖ GPS卫星发出的一种伪随机码，用于粗测距和捕获GPS卫星。

⊖ Selective Availability，选择可用性。

地面的遮蔽下，根本无法接收到卫星信号，无疑卫星定位技术在城市轨道交通特别是在地铁的列车定位系统中无法充当主要角色。

7. 无线扩频列车定位

无线扩频列车定位的基本原理是在地面沿线设置无线基站，无线基站不断发射带有其位置信息的扩频信号，列车接收到由无线基站发送的扩频信息后，求解列车与信息之间的时钟差，并根据该时钟差求出与无线基站之间的距离，同时接收三个以上无线基站的信息就可以求出列车的即时位置。可以看出，扩频无线定位与 GPS 定位原理几乎完全一样，只是将卫星"挪"到了地面，由无线基站实现了 GPS 卫星的功能。

它的特点是抗干扰性强、隐蔽性强，易于实现码分多址和抗多径干扰。扩频多址主要有跳频扩频和直接序列扩频两种方法。

8. 惯性列车定位

惯性列车定位系统（Inertial Positioning System，IPS）是根据牛顿力学定律，通过测量列车的加速度，将加速度进行一次积分得到列车的运行速度，再进行一次积分即可得到列车的位置（包括经度、维度和高度），从而实现对列车的定位。

IPS 定位的显著优点是环境适应性强，它不受天气、电磁场等影响，属于一种高安全性的定位方式。它随时可以采集列车的位置信息（连续采集、连续积分），在小范围内其测量精度也较高，而且该方法获取的信息种类较多，如列车的方向、位置、速度等。但是这种方法是一种相对定位方法，必须获得列车的初始位置信息后方可得到列车的即时位置。同时，与其他定位方法一样，也存在误差积累的缺陷，所以通常与其他定位方法结合使用，作为提高定位精度的手段或弥补某些定位方法的缺陷。

9. 航位推算系统定位

航位推算（Dead Reckoning，DR）系统由测量航向角的传感器和测量距离的传感器构成。典型的航位推算系统传感设备能够测量出正在行驶的车辆的运行距离、速度和方位，在短时间内这些传感器的精度较高，但如果时间长就需采取措施，以避免累计误差。

10. 其他

除上述常用的列车定位技术外，科技工作者在新型列车定位方法研究方面也做出了不懈的努力。近年来提出了一些各具特色的定位方法，例如，利用接触网定位器辅助列车定位、通过电涡流传感器检测铁路沿线由钢轨扣件和道岔产生的非均质特性随机信号进行列车的测速和定位。

但是由于城市轨道交通所处的特殊环境，决定了需要对上述多种定位方法的合理性和适用性综合比较进行慎重选择。

1）由于城市土地资源紧张，一般的城市轨道交通都是地下铁道，就是通常所说的地铁，列车运行于地面底下一定的深度，地面上的电磁波无法直接传播到地铁中。这种条件下，列车根本无法接收到 GPS 等的卫星信号，所以在城市轨道中，GPS 等定位技术已经无用武之地。

2）由于城市轨道交通中列车的运行路线比较固定，而且比较简单，基本上可以看作是一维的，只要测量出列车运行的距离就可以确定列车的位置。

3）城市轨道列车速度不是很高，通常在 80km/h 左右。但随着城市轨道交通中 CBTC 系统的应用和发展，移动自动闭塞的实现，列车之间的追踪间隔越来越小，一般能到 90s，未来会更小，测速定位的实时性和精度就显得更加重要。

4）城市轨道的路面情况虽然没有铁路复杂，但也有很多的不确定因素，对雷达测速有一定的随机干扰（白色和有色噪声）。城市轨道交通与铁路一样存在轮对空转和滑行等情况，轮脉冲测速传感器测速也因此受到影响。加速度计由于列车的振动等也会有测量误差，所以要进行多传感器信息融合，使各个传感器能互补缺陷。

经过上述分析，针对城市轨道交通对定位技术的精度和实时性要求，以及其所处环境的特殊性，选用基于测速的列车定位方法，并用查询应答器的定位方法对测速定位进行校正的方案比较理想。例如，在固定闭塞和准移动闭塞中用轨道电路或计轴器等设备作为闭塞分区列车占用的检查，就能粗略地进行列车定位，再配以测速、测距就能较精确地进行列车定位，最多再加上查询应答器校准坐标。在移动闭塞中，没有轨道电路等设备作为闭塞分区列车占用的检查，速度运行等信息，被控对象基本处于动态过程中，只有了解所有列车的具体位置、以何种速度运行等信息，才能实施对列车的有效控制，所以列车定位技术在移动闭塞中就显得更为重要，安全、可行、高效、经济的列车定位系统是列车运行控制系统的关键技术之一。

对列车的控制不仅需要掌握列车的位置信息，还需要检测列车的完整性。检测列车完整性的最好方法是在列车尾部也安装无线通信设备，它能不间断地发出无线信号给列车头部的车载设备，一旦头尾通信中断，则认为列车完整性出现了问题。

3.3 无线通信技术

城市轨道交通线长、点多、面广、变动因素多，有线通信能够保证在固定地点的工作人员和设备相互之间的通信联络便捷可靠，而为了使处于移动状态的列车，以及列车上的工作人员能够与车站、控制中心保持便捷可靠的通信联络，必须设置无线通信系统。

3.3.1 无线通信系统的组成与分类

无线通信（Wireless Communication，WC）是利用电磁波信号可以在自由空间中传播的特性进行信息交换的一种通信方式。近年来信息通信领域中，发展最快、应用最广的就是无线通信技术。

1. 组成

无线通信系统主要由发射机、接收机和天线等设备组成。图 3-6 所示为无线通信系统的基本组成框图，其中虚线以上为发送设备（发射机）的主要组成；虚线以下部分为接收设备（接收机）的主要组成；天线及天线开关为收发共用设备。信道为自由空间。话筒和扬声器代表通信系统的终端设备，分别为信源和信宿。

发射机发出的电信号经音频放大后与载波振荡器输出的高频信号一起送入调制器进行调制。调制器输出已调信号经变频器将频率提高到发射频率后输入到高频功率放大器进行功率放大；功率的高频已调信号送到天线，将其转变为无线电波发射到空间。

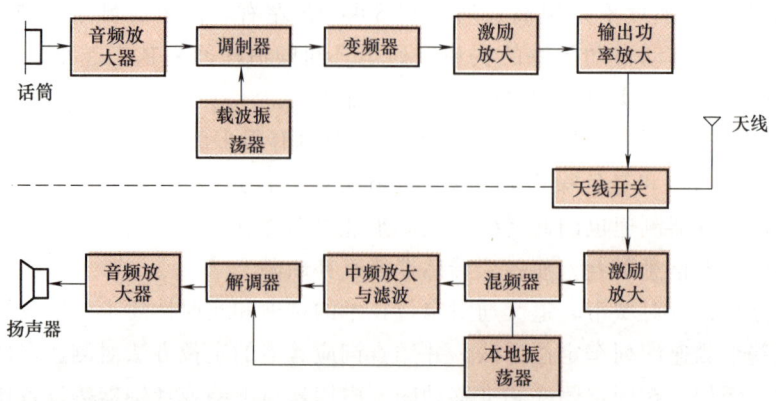

图 3-6　无线通信系统的基本组成框图

天线将接收到的电波转变为高频电信号，经高频放大后与本地振荡器输出的信号一同加入混频器，混频器输出的中频信号经中频放大器放大后由解调器将已调信号还原成音频信号，最后由音频放大器将音频信号放大后输出至接收机。

对于城市轨道交通，无线通信系统由控制中心内、车站内和车辆基地的基地台、车站的天线及射频电线，隧道内（或高架的线路旁）的漏泄同轴电缆（Leaky Coaxial Cable，LCX），列车无线电台设备，天线、控制板、电源及电缆，控制中心、各个车站和列车上的无线通信控制台，控制中心的自动指示设备，电源及带有电池及充电器的便携式无线电台等组成。

2. 分类

无线通信系统按照不同的分类方式可以分为不同的种类。

（1）**固定通信和移动通信**　无线通信主要分为两大部分，一类是固定点与固定点之间的通信，称为固定通信。例如，控制中心与车站、固定的轨旁设备之间的信息传输；另一类是固定点与移动点或移动点之间的通信，称为移动通信，例如，控制中心与运行列车的车载设备之间的通信。

（2）**公用移动通信和专用移动通信**　根据无线通信系统的覆盖范围，可以分为公用移动通信和专用移动通信两大类。由于城市轨道交通系统内部通信具有封闭性，所以通常采用专用移动通信系统。

（3）**单向通信和双向通信**　不论固定通信还是移动通信，都有两种通信方式，即单向通信和双向通信方式。在城市轨道交通专用移动通信系统中采用的都是双向通信方式。所谓双向通信是指通信双方能相互发送信息和接收信息。

（4）**单工制和双工制**　在双向通信方式的系统中无线电台有单工制和双工制两种。单工制电台在发送信号时不能接收，在接收信号时不能发送。双工制电台是指在发送信号的同时也能接收。在城市轨道交通中由于运输繁忙、车流密度高，一般采用双工制。

在城市轨道交通通信中，常用到的无线通信技术有无线局域网、漏泄波导通信技术、扩频技术等。

3.3.2　无线局域网

随着我国城市轨道交通的迅速发展和智能化程度的提高，为了实现城市轨道交通系统更加安全、高效地运行和以人为本、以服务乘客为中心的运营管理目标，城市轨道交通系统中车-地之间数据通信需求变得越来越重要。

无线局域网（Wireless Local Area Network，WLAN）是指以无线信号作为传输媒介的计算机局域网，它是在有线局域网的基础上发展起来的，使联网的计算机具有可移动性，能快速、方便地解决有线方式不易实现的连通问题。

1. WLAN 网络结构

WLAN 的网络结构有两种：一种是无中心网络（图 3-7），也称为对等网络。它覆盖的服务区域称为自主基本业务集（Independent Basic Service Set，IBSS），网络中各个移动终端之间相互通信，没有接入点也能与其他网络互联。这种网络结构简单、组网灵活，但不能与有线网络互联，一般用于临时性的网络。另一种是有中心网络（图 3-8），也称为结构化网络。它覆盖的服务区域称为基础结构基本业务集（Basic Service Set，BSS），网络中各个移动终端都与接入点（Access Point，AP）通信，通过接入点与网络内其他移动终端通信，也可以通过接入点与其他网络互联。AP 在网络中起着中心协调实体的关键作用，提供移动终端在 BSS 内的注册、认证和管理等功能。另外，根据组网要求，AP 还可以包括很多附加特性，如防火墙、网络地址翻译、动态主机配置协议服务器等。

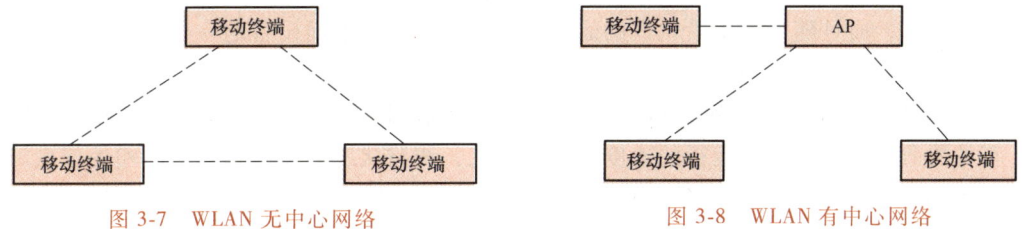

图 3-7　WLAN 无中心网络　　　　图 3-8　WLAN 有中心网络

典型的小型 WLAN 应用是由一个 AP 和多个移动终端构成的覆盖网络（BSS），允许移动终端在 BSS 内的移动。随着 WLAN 的扩大，也可以配置多个 BSS 来提供由骨干网连接的扩展覆盖网，由称为分布式系统（DS）骨干网连接的多个 BSS 集合构成的覆盖网络称为扩展的业务集（Extended Service Set，ESS）。分布式系统可以是任何类型的网络（有线、无线），一般采用 802.3 标准的以太网络。移动终端可以在 ESS 覆盖范围内的各个 BSS 之间移动，并且仍然能够接收和发送分组数据。移动终端不仅可以与 ESS 内的其他移动终端相互通信，也可以和与分布式系统相连的其他网络中的终端相互通信。典型的扩展业务集 WLAN 的基本结构如图 3-9 所示。

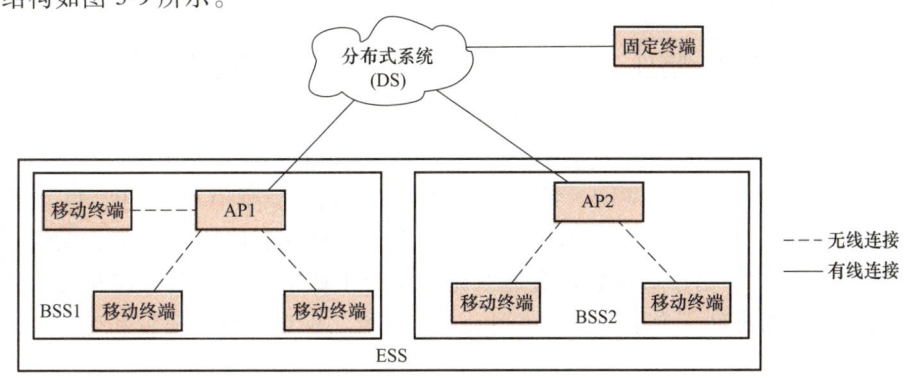

图 3-9　WLAN 基本结构

2. WLAN 在城市轨道交通中的实现

现代城市轨道交通系统是一个非常复杂的系统，现阶段 WLAN 主要应用于城市轨道交通系统中车-地之间数据通信。下面以乘客信息系统、列车控制系统为例介绍 WLAN。

(1) 乘客信息系统 乘客信息系统（Passenger Infomation System，PIS）是城市轨道交通系统以人为本运营理念的重要体现。它采用网络技术和多媒体信息传输技术、显示技术，以文字、语音、视频、图像等方式为乘客提供各类服务。在指定的时间，将指定的信息显示给相关的人群，即通过监视器将车厢内、站台上乘客乘车、候车情况的视频信息实时上传给相应的工作人员，为乘客创造优质乘车服务的同时，实现地铁安全、高效运营的目标。

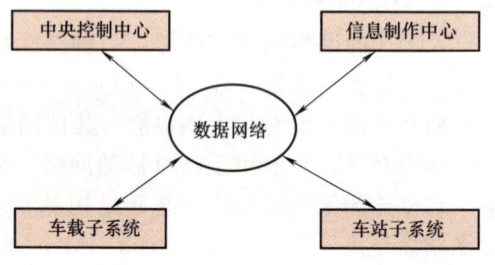

图 3-10 乘客信息系统构成

乘客信息系统一般由中央控制中心、信息制作中心、车载子系统、车站子系统和数据网络组成，如图 3-10 所示。

系统中车载子系统与系统中其他部分的车-地实时传送数据通道必须由相应的无线通信子系统来提供，而且随着列车沿轨道的运行，车载子系统与地面设备的一些重要信息的通信需要连续进行，不得中断。

(2) 列车控制系统 在列车运行过程中，需要车-地之间实时通信，交换来自控制中心、车站的命令信息，列车运行的速度、位置信息，线路状况以及前行列车的相关信息等。

从图 3-11 所示可以看到，系统中车载 ATC 单元与轨旁 ATC 单元之间的数据传输通道需要由相应的无线通信子系统来提供，而且需要解决车载 ATC 单元在移动中与轨旁 ATC 单元的通信问题，以及车载 ATC 单元在移动中不同位置与不同轨旁 ATC 单元的通信问题。

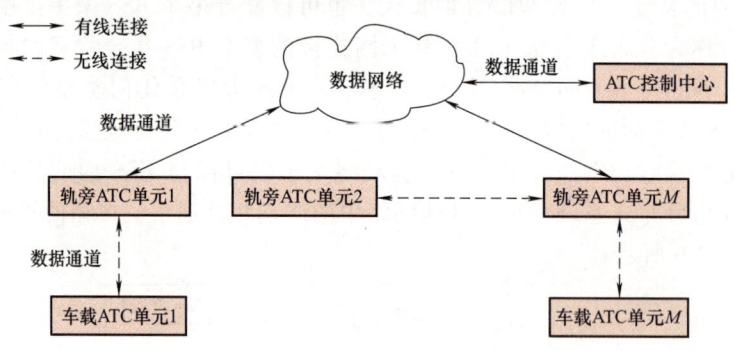

图 3-11 列车控制系统

无线电台是城市轨道交通 WLAN 的一种主要应用方式。根据 IEEE[①] 802.11 无线局域网的标准，目前广泛采用的是基于 2.4GHz 的 ISM（工业、科学和医用）频带，无线电台传输的最大距离约为 400m。由于城市轨道交通线路多穿行于城市区域，其弯道和坡道较多，增加了无线场强覆盖的难度。为了保证场强覆盖的完整性，保证通信的质量和可靠性，无线电

---

① Institute of Electrical and Electronics Engineers，电气与电子工程师协会。

台一般在地下线路 200m 左右设置一套，在地面和高架线路 300m 左右设置一套。无线电台主要包括车站无线电台、轨旁无线电台和车载无线电台，控制中心根据各个电台经过计算处理之后的信息再发出联锁信息，基于无线电台的通信系统框图如图 3-12 所示。

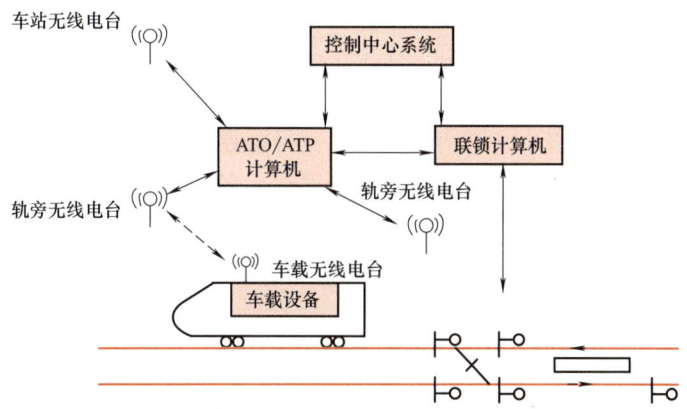

图 3-12 基于无线电台的通信系统框图

无线电台的体积较小，安装比较灵活，受其他因素的影响较小，可以根据现场条件和无线场强覆盖的需要进行设计和安装，且安装和维护较容易。无线电台在隧道内传输受弯道和坡道影响较大，同时隧道内的反射比较严重，需要考虑多径干扰等问题。无线电台在地面和高架线路安装比较容易，但线路周围不能有高大密集的建筑物，否则也会产生反射和衍射，从而导致质量下降和通信速率降低。

无线电台的传输距离小，为了保证在一个无线接入点（AP）出现故障时通信不中断，往往需要在同一个地点设置双网覆盖，这进一步缩短了 AP 布置间距。但这会使列车在各个 AP 之间的漫游和切换比较频繁，大大降低了无线传输的连续性和可靠性，同时相应地电缆使用量也会增加。

3.3.3 漏泄波导通信技术

20 世纪 90 年代以来 CBTC 系统应运而生，并且成为各国研究的热点。采用无线基站接入、基于漏泄波导的漏泄同轴电缆传输的无线传输方式，在设计上极为简单、费用较为低廉，技术上更为先进，施工更加简便，且能容纳多种体系，如 CSM、PCS、CDMA 以及当前流行的 4G/5G 通信方式，甚至还涵盖了 FM、DAB 等广播频段和视频信号等，因此凭借其在大型封闭空间的诸多优势，越来越多地应用于地铁系统。

1. 漏泄波导通信方式

（1）**地铁隧道内无线信号覆盖的需求** 目前，我国一些大城市的城市轨道交通发展已步入网络化运行阶段，多条地铁线路在地下形成一个巨大的封闭空间。在这种环境中，负责列车运行安全的列车控制系统需要大容量的地-车双向通信，一些专用通信系统，诸如公安集群无线通信系统等，也需要实时沟通地上与地下的通信联系。因此为了确保地铁的运行及乘客的安全，就需要高效、可靠的无线通信网络。

在国外，英吉利海峡海底隧道是一个独特的铁路隧道，它采用漏泄同轴电缆传输信息。新加坡地铁东北线采用的是波导信息网络系统，该系统是一个双向的连续微波传输系统，通过安装在轨旁的直角漏泄波导材料进行运行。目前在我国,上海市的轨道交通 1 号线、2 号线及 3 号线二期等,450MHz 频段专用调度无线系统均采用漏泄同轴电缆覆盖系统。

(2) 漏泄同轴电缆的特点 在地铁无线通信系统中,利用漏泄同轴电缆具有特殊的优势,主要表现在以下几方面。

1) 一根超宽频带漏泄同轴电缆可以在多个频段上同时实现调频、消防、报警、移动通信等多种通信。

2) 此种电缆的截面积很小,不会侵入地铁运行限界。

3) 从场强分布来看,通过漏泄同轴电缆辐射的信号场强在隧道区间内分布较均匀,其信号场强衰减受传输损耗、耦合损耗及空间路径损耗的影响较大,而受车体侧面穿透损耗和阴影效应的影响较小。通过选择合适的漏泄同轴电缆参数及输入功率,在地铁隧道内能保证较高的通信概率。

4) 在地铁列车控制系统中使用漏泄波导通信可以实现地-车之间的双向大容量即时通信,从而实现移动闭塞,缩短列车运行间隔,提高运营效率。

(3) 漏泄同轴电缆的工作原理 普通同轴电缆是将射频能量从一端传输到另一端,并且希望有最大的横向屏蔽,使信号不能穿透电缆,以避免传输过程中的射频能量的损耗。而漏泄同轴电缆的设计目的恰恰是特意减小横向屏蔽,使得电磁能量可以部分从电缆内穿透到电缆外,当然,电缆外的电磁能量也将感应到电缆内。这种特殊的电缆称为漏泄同轴电缆,简称漏缆。这种方式的通信称为漏泄通信。

按漏泄机理的不同,漏泄同轴电缆可以分为耦合型和辐射型两类。耦合型漏泄是指漏泄同轴电缆外导体上的表面波的二次效应,而辐射型漏泄是由外导体上的槽孔直接辐射产生。耦合型漏泄同轴电缆适合于宽频谱传输,漏泄的电磁能量无方向性,并随距离的增加迅速减小。辐射型漏泄同轴电缆与工作频率密切相关,漏泄的电磁能量有方向性,相同的漏泄能量可在辐射方向上相对集中,并且不会随距离的增加而迅速减小。因此,根据不同的应用场合可选择不同类型的漏泄同轴电缆。

2. 漏泄波导通信在城市轨道交通中的工作方式

城市轨道交通列车控制系统中漏泄波导通信示意图如图 3-13 所示。根据城市轨道交通列车控制系统的通信要求和漏泄波导通信的特点,其两条漏泄同轴电缆分别负责上行和下行的车-地通信,车上天线和漏泄同轴电缆之间的距离很近,约有 40cm 左右,漏泄同轴电缆还连接着基地台;通过漏泄同轴电缆,各种安全调度信息和语音信息可以在地面和车辆之间双向传输。

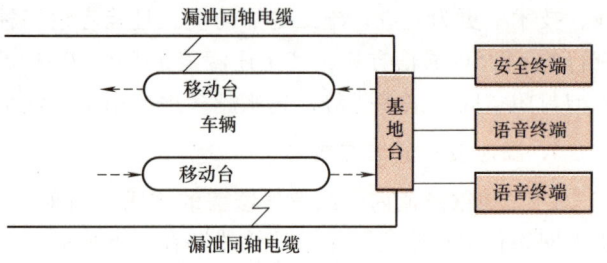

图 3-13 列车控制系统中漏泄波导通信示意图

在地铁隧道这种限定空间内,集成了移动、联通、电信、FM 调频广播系统等多种数字移动通信系统。要解决这种多制式、多信源以及由于漏泄同轴电缆间的相互耦合而造成的相互干扰的问题,就要在地铁专用无线通信系统中采取相关的方法和措施,诸如合理选定工作频率、合理分配辐射功率、减少各系统天线和漏泄同轴电缆间的相互耦合等。其中，在通信线路中合理设置滤波器，设置不同频率范围的带通或带阻滤波器，是抑制干扰的有效措施。图 3-14 所示为漏泄波导信息传输方式示意图。

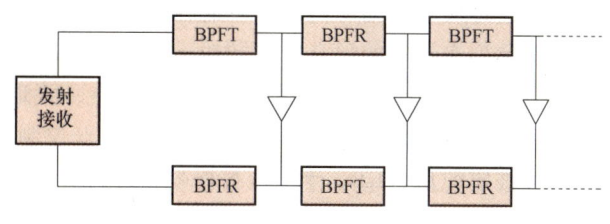

图 3-14　漏泄波导信息传输方式示意图

如图 3-14 中所示的连线均为漏泄同轴电缆；单向放大器上下连接；滤波器 BPFR 和 BPFT 分别为上行频带带通滤波器和下行频带带通滤波器。其工作过程如下：基站发出的信号或由基站接收机收到的上行信号，均可由基站发射机以下行频带发射进入漏泄同轴电缆，沿滤波器 BPFT 和单向放大器规定的方向向终端传输，供沿途移动车载无线通信设备接收，而车载设备发送的信号可耦合进入电缆，以上行频带频率沿滤波器 BPFR 和单向放大器规定方向向基站方向传输，最终进入基站接收机完成双工移动通信。可以使用两根漏泄同轴电缆，一根仅用于发射，另一根仅用于接收。

3. 基于漏泄波导通信的列车控制系统

（1）基于漏泄波导通信的列车控制系统组成　基于漏泄波导通信列车控制系统（图 3-15）主要由三部分组成：漏泄波导通信系统、列车定位子系统和列车控制系统。其中，列车控制系统又包括中央控制室、无线闭塞中心（Radio Block Center，RBC）和车载子系统。

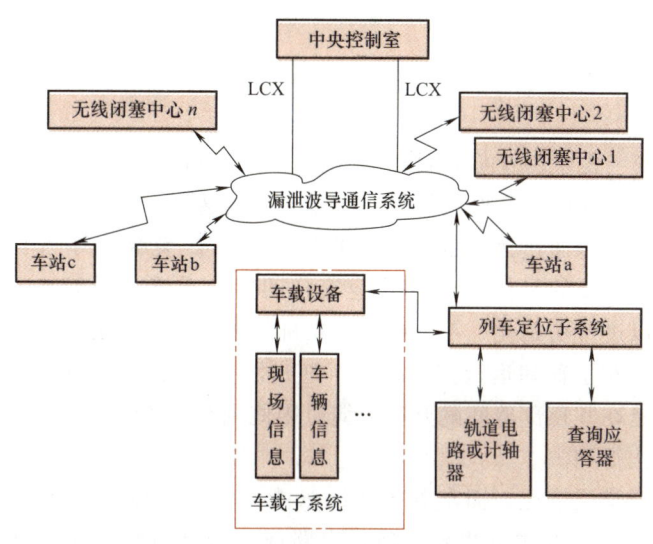

图 3-15　基于漏泄波导通信的列车控制系统

1）漏泄波导通信系统是 RBC、车载子系统和列车定位子系统的基础。该列车控制系统中的波导通信按功能分为两大模块：一部分是地铁轨道数字集群调度系统的专用漏泄同轴电缆，主要用于各种调度信息和语音信息的传输；另一部分是利用安装在轨道旁边周期性开有裂缝的中空铝质矩形方管，用于构成列车控制过程中的车-地无线双向信息传输的漏泄波导网络。

基于裂缝波导通信的列车自动控制系统，采用沿轨道铺设裂缝波导（缝隙天线）的方式，以波导信息网络、无线扩频电台为基础，实现列车与轨旁设备的双向连续通信及列车定位功能，最终实现移动闭塞信号控制系统。这两大模块在无线闭塞中心汇集交互，从而实现地面控制和列车控制的信息闭环传输，进而实现对列车的闭环控制。

中央控制室设置在区段中的一个固定地点，管理整个隧道内的列车运行，通过漏泄同轴电缆接收或查询各个 RBC 的数据。RBC 管理着控制区域内的列车运行。列车一旦进入该控制区域并被定位后，RBC 计算机根据列车运行计划及实际运行情况，计算相应的运行命令，通过漏泄波导通信网传达给列车。

2) 列车定位子系统是该列车控制系统的重要组成部分。此时列车定位子系统采用裂缝波导定位技术来实现，如果主检测系统（波导信息网络系统）出现失效的情况，传统的轨道电路、计轴器和查询应答器会被用作列车检测的备用设备。

采用裂缝漏泄波导通信的列车定位原理图如图 3-16 所示。裂缝波导是中空的铝质矩形方管，安装在轨道旁边，在其顶部每隔一定的距离开有窄缝，采用的连续波频率通过裂缝耦合出不均匀的场强；对连续波的场强进行采集和处理，并通过计数器确定列车经过的裂缝数，从而计算出列车行走的距离。

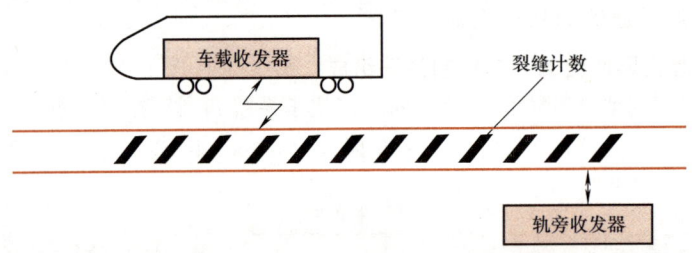

图 3-16　裂缝漏泄波导通信的列车定位原理图

列车的运行距离 = 波导裂缝间距 × 相对起始点开始检测到的裂缝数

根据位置信息及相应的运行时间计算出列车当前的速度，列车将速度信息和相对位置放入报文发给轨旁基站，再通过远程控制单元传给 RBC。裂缝波导除了传输用于裂缝计数的连续波频率外，更重要的是作为车-地信息交换的传输通道。列车通过车载收发器和读取轨旁信标的信息可以进行初始化、更新数据或精确停车。当列车通过时，使用安装在线路内的信标确定列车的绝对位置和运行方向，列车通过波导信息网向 RBC 发送其位置信息。由于采用的裂缝波导是在其顶部等间隔开有窄缝，因此列车的绝对位置可以通过对裂缝波导缝隙的计数和信标对比得到。

如果列车出现了错误情况，而车载子系统未能将自身具体位置报告给轨旁 RBC，此时 RBC 会自动降级备用检测方式（也就是轨道电路或计轴器检测）来检测其位置。如果列车未能报告列车在占用的轨道电路或计轴器区段的具体位置，RBC 会产生一个保护区段来覆盖整个占用的轨道电路或计轴器区段，而整辆列车会被该保护区段保护。依照轨道电路或计轴器进行列车检测时，如果前后列车处于同一区段，处在后面的列车由于缓冲区的限制，为保证安全需停车等候，只有当前列车驶出此区段，后续列车才能继续行驶。系统采用同时计算，预期列车在一个信息周期末的状态能否满足列车追踪间隔的要求，从而确定合理的驾驶策略。车载子系统包括无线电台、车载计算机等。列车将其各个子系统采集到的信息（如速度信息和位置信息等），通过波导通信网络发送给本地的 RBC，以协助完成运行决策。同时对接收到的 RBC 发来的速度命令进行确认并执行这些命令，按照速度命令和加速度命令自动控制列车的牵引和制动系统。

3）该列车控制系统将整个地铁线路按站分为若干个控制区域。每个控制区域的控制中心由计算机及无线电台组成，称为 RBC。列车通过漏泄波导移动通信网络，将自身的位置、车次、列车长度、实际速度、制动潜能、运行状况（诊断数据）等信息发送给 RBC，RBC 则开始追踪列车并发送移动权限、允许速度、限速、紧急停车等命令，因此漏泄波导通信网络取代了轨道电路的信息传输地位。需要特别说明的是，为了使列车从一个控制区域进入下一个控制区域之前，能够与下一个控制区域建立通信，会在控制区域之间设置转接区。列车在转接区，其无线装置向两个控制区域的 RBC 同时发送位置信息，两个 RBC 也周期性地交换有关数据，从而实现在转接区的位置跟踪与过渡。

地铁系统由于位于地下隧道中，通常的无线电信号无法传播较远的距离，所以地下移动通信只能借助于漏泄同轴电缆和中继放大器所构成的区域网络来完成。漏泄波导通信是一种半有线半无线式的移动通信。漏泄同轴电缆本质上是一种连续型天线，它同时具有天线和传输线的双重作用。一方面，将固定电台发射机的输出功率边传输边辐射到附近空间，以便移动台接收；另一方面，接收移动台天线的辐射功率，并传输给固定电台接收机。这样就实现了隧道中固定电台和移动台之间的无线通信。

(2) 基于漏泄波导通信的列车控制系统的优点　基于漏泄波导通信方式的城市轨道交通列车控制系统，上行线和下行线分别由两条漏泄电缆来传输，这样就避免了上行线和下行线之间信息的混合问题。同时该系统中可以实现语音通话功能，在基地台与移动列车之间进行语音通话，这样可以减轻列车驾驶员的工作量，不需看驾驶台的显示屏，通过语音即可得到有关列车的信息。

基于漏泄波导通信方式的城市轨道交通列车控制系统，其波导布置在物理上使得各控制区彼此重叠，以波导信息网作为传输媒介，站间可以被无线电可靠地覆盖，不会出现盲区，无论有无电磁干扰都可以实现连续信息的传输；它利用裂缝波导对列车进行定位，可以大幅度提高列车定位精度，从而实现移动闭塞，缩短列车运行间隔。如此，就可以精简列车编组，提高发车频率，从而提升城市轨道交通系统的客运能力。

3.3.4　扩频技术

扩展频率通信（Spread Spectrum Communication，SSC）简称扩频通信，是近年来发展迅速的一种技术，已成为无线局域网中不可缺少的一种技术，并且已经逐渐被应用到了通信的各个领域，如卫星通信、移动通信、无线定位系统、全球个人通信等。

1. 扩频通信的理论依据和基本特征

扩频通信技术来源于香农定理：

$$C = B \times \log_2\left(1 + \frac{S}{N}\right) \tag{3-3}$$

式中，C 是信息传输速率；B 是带宽；S 是平均信号功率；N 是平均噪声功率，所以 S/N 就是信噪比，通常用分贝（dB）表示。

如果信息传输速率 C 不变，则带宽 B 和信噪比 S/N 是相互制约的，就是说增加带宽就可以在较低的信噪比的情况下以相同的信息率来可靠地传输信息，甚至在信号被噪声淹没的情况下，只要相应地增加信号带宽，仍然能够保持可靠的通信，也就是可以用扩频方法以宽带传输信息来换取信噪比上的优势。这就是扩频通信的基本思想和理论依据。

扩频通信的基本特征是使用比发送的信息数据速率高许多的伪随机码把载有信息数据的基带信号的频谱进行扩展,以形成宽带的低功率频谱密度的信号来发射。

扩频通信技术具有强抗干扰能力、良好的安全保密性,还可以进行多址通信。扩频多址通信主要有两种方法:跳频法(Frequency Hopping)和直接顺序控制法(Direct Sequency)。跳频法是指信息发送者在规定时域改变传输载频率,依照发送者和收信者都知道的伪随机模式进行通信。直接顺序控制法是指由发送者在各数据位按明显的随机模式送出宽频信号,而接收者懂得这类模式,所以很容易将原信息复原。

2. 扩频通信在列车定位中的应用

扩频无线电列车定位系统由无线总站、无线分站(包括地面无线基站)和车载无线设备组成,如图3-17所示。

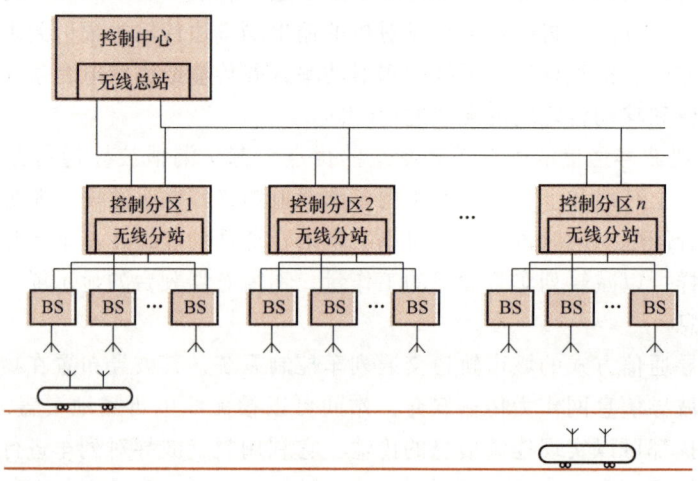

图 3-17 扩频无线电列车定位系统框图

无线总站设在控制中心,提供控制中心与控制分区之间的信息(如列车信息、调度命令、诊断数据、乘客信息等)通信接口,协调相邻无线分区的工作。在控制分区设置无线分站,实现地面与列车的通信、控制中心与控制分区的通信以及列车发送的定位信息。无线总站和无线分站之间通过两种方式连接:安全相关的信息通道(如数据传输网)和非安全相关的传输通道(如基础通信网)。定位信息和命令信息必须通过数据传输网传输。沿线路布置无线基站(Base Station,BS),通常基站的间隔为 14~116km,基站位置的选择要确保在沿线各点,至少能与四个基站建立无线联络,基站与自己的无线分站之间通过高速的双光缆环连接。在列车上装置车载无线设备,通过无线通道与 BS 通信,并使基站、列车时钟实现精确同步。

车载无线设备不断接收来自地面无线基站的信息,选取这些信息中的三个实现定位,其余的信息用于验证定位是否无误,确保运行安全。车载接收机将这些位置信息经过处理生成(向地面的)报告信息,经扩频、调试后由车载无线设备向地面发送。无线分站协调控制域内各个基站和列车的工作,并将通过基站内部从控制分区来的控制命令和存储在基站的自身位置信息及其他必要信息进行加工,然后在规定的时隙向列车发送。车-地通信采用时分-码

第3章 列车运行控制的技术与方法

分相结合或频分-时分相结合的方式，相邻的无线分站采用不同的伪随机序列进行扩频（或不同的载波调制）；而在无线分站控制区域内部的基站和列车被分配不同的时隙。

3.4 闭塞方式

3.4.1 闭塞的概念

为了确保列车在区间内的运行安全，列车由车站向区间发车时，必须确认区间内没有列车，并需遵循一定的规律组织行车，以免造成列车正面冲突或追尾等事故。这种为保证列车运行安全，在组织列车运行时，通过设备或人工方式控制，使连续发出的列车保持一定间隔安全行车的办法，称为行车闭塞法，简称闭塞。

区间行车组织的基本方法一般有以下两种：时间间隔法与空间间隔法。

(1) 时间间隔法 即列车按照事先规定好的时间由车站发车，使前行列车和追踪列车之间必须保持一定时间间隔的行车方法。19世纪40年代以前，列车运行采用时间间隔法，先行列车发出后，隔一定时间再发出同方向的后续列车。这种方法的主要缺点是不能确保安全，当先行列车在运行途中遇到突发情况停车或晚点等非正常情况时，后续列车依然按照既定时间间隔发车有可能会发生追尾事故。为了克服这种缺陷提出了空间间隔法。

(2) 空间间隔法 即把线路划分为若干个区间（或分区），在每个区间（或分区）内同时只准许一列车运行，使前行列车和追踪列车之间必须保持一定距离的行车方法。我国的轨道交通线路以车站为分界点划分为若干区间，采用区间作为列车运行的空间间隔。

时间间隔法因不能确保列车在区间的运行安全已不再使用，空间间隔法能严格地把列车分隔在两个空间，可以有效地防止列车追尾和正面冲突事故发生，确保列车运行安全。目前我国所采用的行车组织的基本方法均为空间间隔法，所以现在常说的闭塞可以默认为基于空间间隔的闭塞方法。

3.4.2 闭塞的种类与划分

1. 闭塞方式的种类

闭塞是指用信号或凭证，保证列车按照空间间隔法运行的技术方法。

空间间隔法是前行列车和追踪列车之间必须保持一定距离的行车方法。为保证列车运行安全，城市轨道交通根据各条线路的站间距离、行车密度等因素的需要，采用不同的闭塞设备，各条线路在基本设备正常时所使用的闭塞方式，称为基本闭塞法。当基本闭塞设备出现故障或由于其他原因不能使用时，为保证列车运行、达到闭塞区间同时只有一列列车运行的目的，而临时采用的闭塞法，称为代用闭塞法。

在运营线路上常采用的基本闭塞法为超速防护自动闭塞法；在非运营线路上常用的基本闭塞法为自动闭塞法、电话闭塞法和超速防护自动闭塞法。而自动闭塞法和电话闭塞法，是当超速防护自动闭塞法不能使用时所采用的代用闭塞法。电话闭塞法也是自动闭塞法不能使用时所采用的代用闭塞法。

2. 闭塞区间的划分

区间与车站的划分，是行车组织的一项重要工作，同时也是划定责任范围的依据。列车运行至不同地段时必须取得相应的凭证或许可。在我国，列车占用区间的凭证通常为车站出站信号机的允许显示或目标点和速度码。

在城市轨道交通线路上采用的闭塞方式不同，闭塞区间的划分也不尽相同。

采用站间闭塞时，在单线上以两个车站的进站信号机机柱的中心线作为车站与区间的分界线，如图 3-18 所示；在双线或多线上，分别以各线路的进站信号机机柱或站界标的中心线作为车站与区间的分界线。两站间的线路区段称为站间区间，如图 3-19 所示。

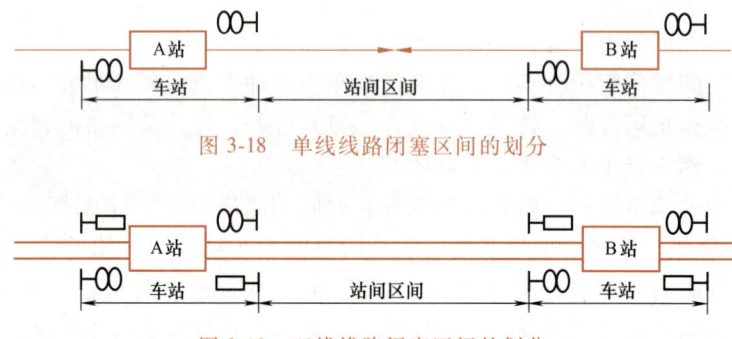

图 3-18　单线线路闭塞区间的划分

图 3-19　双线线路闭塞区间的划分

采用大区间闭塞时，通常根据作业需要将某些大站（或重要车站）设置为闭塞区车站，并非所有的车站都是闭塞分区的分界点。两闭塞区车站之间的线路区段称为大区间，其他车站则为大区间的闭塞分区分界点，如图 3-20 所示。

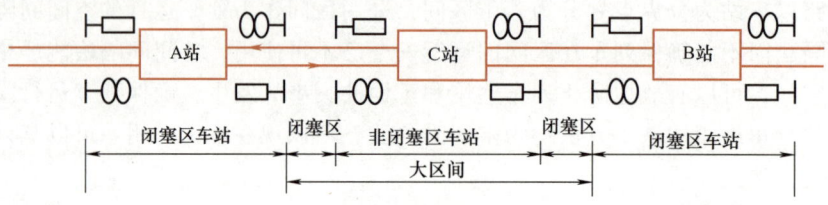

图 3-20　大区间闭塞的划分

当采用移动闭塞时，分界线为同方向能够保持最小行车间隔的前行列车尾部和追踪列车头部，这个闭塞区间是可以移动的，如图 3-21 所示。

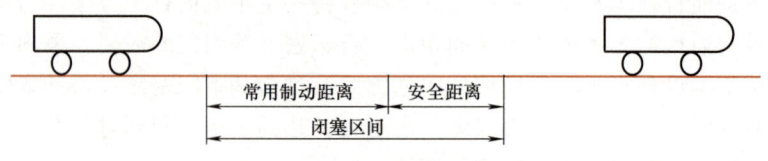

图 3-21　移动闭塞区间的划分

3.4.3　各种闭塞法介绍

1. 电话闭塞法

电话闭塞法被作为一种最终的备用闭塞，由人工办理。电话闭塞法是指相邻两端车站值班员利用行车专用电话办理联络手续，以电话记录的方式共同确认闭塞区间空闲后，方准列车进入该闭塞分区的行车闭塞法。电话闭塞不论单线或双线，均按站间区间办理，闭塞分区为车站出站信号机至前方相邻出站信号机之间。为保证同一区间在同一时间内不会用两种闭塞法，在停用基本闭塞法改用电话闭塞法或恢复基本闭塞法时，均需行车调度员下达调度命令后方可采用，行车凭证为由人工控制的出站信号机进行显示。

电话闭塞通过人工完成，所以闭塞区间的空闲需人工确认。一个电话闭塞区间需两个车站共同确认。电话闭塞区间分为接车区间、接车线路、发车区间三部分。接车站需确认接车区间、接车线路空闲，发车站需确认发车区间空闲。电话闭塞为代用闭塞法，只能由车站行车值班员办理。

用电话闭塞法的时机如下。

（1）基本闭塞设备发生故障

1） ATP 地面设备发生故障时。

2） 站间区间轨道电路发生故障时。

（2）基本闭塞设备不能使用时

1） 双线区间列车反方向运行时。

2） 列车推进运行时。

（3）自动站间闭塞不能使用时

1） 使用自动站间闭塞法时出站信号机因故仅能显示红灯或灭灯。

2） 使用自动站间闭塞法时分界点信号机因故仅能显示红灯或灭灯。

（4）特殊情况 在特殊区段运行等。

2. 自动站间闭塞法

自动站间闭塞法是指以车站进、出站信号机或指定的分界点信号机为分界线，能自动完成闭塞的行车闭塞法。自动站间闭塞是代用闭塞法的一种，当基本闭塞法因故不能使用时，通过车站值班员的操作人工转换为自动站间闭塞。如图 3-22 所示，闭塞分区位于出站信号机（或区间分界点信号机）与同方向相邻区间分界点信号机（或相邻前方站进站信号机）之间。地面信号系统依据列车前方站间区间的占用情况，自动控制后方站出站信号机的关闭和开放。当前次列车整列进入前方闭塞区间后，自动开放后方出站信号机或区间分界点信号机，出站信号机或区间分界点信号机显示闪动的绿色灯光（或闪动的黄色灯光），驾驶员根据地面的信号机显示驾驶列车。所以行车凭证为车站出站信号机或分界点信号机闪动的绿色灯光（或闪动的黄色灯光）。

图 3-22 自动站间闭塞

自动站间闭塞法作为一种代用闭塞法只能由车站值班员办理。列车到达前方站后，后方站出站信号机可自动开放，减少人工办理，提高运营效率。其通过能力低于超速防护自动闭塞，但通过能力及安全系数高于电话闭塞。

自动站间闭塞法在如下情况时运用：

1) ATP 车载设备发生故障时。
2) ATP 地面设备发生故障时。
3) 站线轨道电路发生故障时（对后方站出站信号机没有影响）。
4) 列车推进运行时。
5) 未安装 ATP 车载设备的列车运行时。
6) 进行 ATP 车载设备调试的列车。

3. 进路闭塞法

进路闭塞法是代用闭塞法的一种。当基本闭塞法因故不能使用时，通过设备自动转换或人工操作，使地面信号机由灭灯状态转换为点灯状态。进路闭塞法的闭塞区间为同方向相邻两架信号机间的区段（包括出站信号机、防护信号机、顺向阻挡信号机等），地面信号系统根据列车运行前方区间的占用情况、进路排列情况，自动控制后方信号机的关闭与开放，驾驶员根据地面的信号机显示驾驶列车。行车凭证为信号机稳定的绿色或黄色灯光。

进路闭塞可由行车调度员集中办理，也可将控制权下放由车站办理。列车到达前方相应区间后，后方信号机可自动开放，减少人工办理，提高运营效率。其通过能力低于超速防护自动闭塞，但通过能力及安全系数高于电话闭塞。由设备自动完成闭塞区间内信号机的点灯，无须人工操作。

4. 超速防护自动闭塞法

超速防护自动闭塞法是指将区间划分为若干个闭塞区段，借助列车自动防护系统完成列车运行自动闭塞功能的行车组织方式。它由两大部分组成：轨旁 ATP 和车载 ATP。轨旁 ATP 将当前的速度码发送到车载 ATP 中；车载 ATP 接收轨旁 ATP 发送来的速度码。若列车的实际速度超过目标速度，系统将实施制动来保证列车的运行安全。其闭塞区间即为超速防护闭塞分区，行车凭证为与车载信号的绿色灯光相对应的速度值。

超速防护自动闭塞为基本闭塞法，可由行车调度员集中办理，也可由车站下放办理。设备实现了闭塞分区最小运行间隔的列车追踪运行，提高了列车通过能力，进一步保证了行车安全。其优点是实现了行车指挥自动化和列车运行自动化，安全系数大大提高，保证列车按要求的时间间隔运行，减轻驾驶员的劳动强度，不需办理闭塞手续，为行调指挥调整提供了依据。缺点是不能使线路得到充分利用。

运行列车间必须保持的空间间隔首先是满足制动距离的需要，还要考虑适当的安全余量和确认信号时间内的运行距离。所以根据列车运行自动控制系统采取的不同控制模式会产生不同的闭塞制式。列车间的追踪运行间隔越小，运输能力就越大。所以从闭塞制式的角度，自动闭塞可以分为固定闭塞式超速防护自动闭塞、准移动闭塞式超速防护自动闭塞和移动闭塞式超速防护自动闭塞三种。

（1）固定闭塞式超速防护自动闭塞 固定闭塞式超速防护自动闭塞是指将列车运行线路划分为若干个区间，并安装轨道电路，借助轨道电路系统、地面应答器和车载设备，将地面闭塞分区占用（或空闲）情况、线路技术参数及联锁条件等信息翻译成限制速度码，以指导驾驶员按限制速度驾驶列车。速度码系统接收的地面传递给列车的限制速度码是阶梯分级式的，特别是轨道电路的限速值是跳跃的，这对于平稳驾驶、节能运行及提高行车速度是非常不利的。

固定闭塞式超速防护自动闭塞的分界线可以是进、出站信号机，防护信号机，分界点信号机或分界标。行车凭证为与车载信号绿色灯光相对应的速度值和出站信号机稳定绿色灯光。主体信号为与车载信号的绿色灯光相对应的速度值。

固定闭塞式超速防护自动闭塞将一个区间划分为若干个固定的闭塞分区，不论前、后列车的位置，还是前、后列车的间距都用固定的地面设备（如轨道电路或地面应答器等）检测和表示。根据列车运行和闭塞分区占用状态，自动变换信号的显示，驾驶员凭信号显示（与车载信号绿色灯光相对应的速度值和出站信号机稳定绿色灯光）行车。线路条件和列数等均需在闭塞设计过程中加以考虑，并体现在地面固定区段的划分中，如图3-23所示。

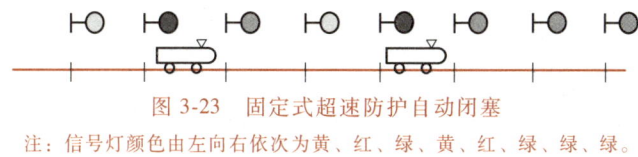

图3-23 固定式超速防护自动闭塞

注：信号灯颜色由左向右依次为黄、红、绿、黄、红、绿、绿、绿。

固定闭塞式超速防护自动闭塞为基本闭塞法，可由行调集中办理，也可将控制权下放由车站办理。设备实现了闭塞分区最小运行间隔的列车追踪运行。在设备正常情况下，列车应由车载信号ATP监督人工驾驶，此时人控为主，机控为辅，只要驾驶员不超速驾驶，车载ATP不会干预驾驶员操作。

由于列车定位是以固定区段为单位的（系统只知道列车在哪个区段中，而不知道在区段中的具体位置），所以固定闭塞的速度控制模式必然是分级的，即台阶式的。运行列车间的空间间隔是若干个闭塞分区，闭塞分区数依划分的速度级别而定。一般情况下，闭塞分区是用轨道电路或计轴装置来划分的，它具有列车定位和占用轨道的检查功能。固定闭塞式超速防护自动闭塞的追踪目标点为前行列车所占用闭塞分区的始端，后行列车以最高速开始制动作计算点并以其作为要求开始减速的闭塞分区的始端，这两个点都是固定的，空间间隔的长度也是固定的。在这种制式中，需要向被控列车安全系统传送的只是少数几个速度码。固定闭塞式超速防护自动闭塞无法满足提高系统能力、安全性和互用性的要求。

传统ATP的传输方式采用固定闭塞，通过轨道电路判别闭塞分区占用情况，并传输信息码，需要大量的轨旁设备，维护工作量较大。此外，传统方式还存在如下缺点。

1）轨道电路工作稳定性易受环境影响，如道床阻抗变化、牵引电流干扰等。

2）轨道电路传输信息量小。要想在传统方式下增加信息量，只能提高信息传输的速率。但是如果传输频率过高，钢轨的趋肤效应会导致信号的衰耗增大，从而导致传输距离缩短。

3）利用轨道电路难以实现车对地的信息传输。

4）固定闭塞的闭塞分区长度是按最长列车、满负载、最高速度、最不利制动率等不利条件设计的，分区较长，且一个分区只能被一列车占用，不利于缩短列车运行间隔。

5）固定闭塞系统无法知道列车在分区内的具体位置，因此列车制动的起点和终点总在某一分区的边界。为充分保证安全，必须在两列车间增加一个防护区段，这使得列车间的安全间隔较大，影响了线路的使用效率。

（2）准移动闭塞式超速防护自动闭塞 准移动闭塞式超速防护自动闭塞是基于轨道电路、应答器和无线传输系统，通过地面控制中心、轨间传输电缆和车载设备等，依据地面传至车上前方目标点的距离等一系列基础数据，由车载计算机实时计算出列车允许速度曲线，并按此曲线对列车的实际运行速度进行监控，实现列车超速自动防护，确保列车运行不越过前方目标点的安全距离。

准移动闭塞式超速防护自动闭塞突破了传统的以固定闭塞分区分段追踪运行的观念，只要实时了解前行列车所在的 ATP 区段，通过车载计算机实时计算确定列车停在前次列车所在 ATP 区段外的最佳制动时机，即可实现列车追踪运行。

准移动闭塞式超速防护自动闭塞中继续保留将线路分成若干个闭塞分区的概念，列车前方目标点的安全距离为固定闭塞分区，故称为准移动闭塞式超速防护自动闭塞。

准移动闭塞式超速防护自动闭塞可以是出站信号机、防护信号机、分界点信号机或分界标。行车凭证为与车载信号相对应的目标速度曲线值。主体信号为与车载信号的绿色灯光相对应的速度值，地面信号机不点灯。

准移动闭塞式超速防护自动闭塞为基本闭塞法，可由行调集中办理，也可将控制权下放由车站办理。设备实现了闭塞分区最小运行间隔的列车追踪运行。

准移动闭塞式超速防护自动闭塞是介于固定闭塞式超速防护自动闭塞和移动闭塞式超速防护自动闭塞之间的一种闭塞方式。它对前、后列车的定位方式是不同的。前行列车的定位仍沿用固定闭塞的方式，而后续列车的定位则采用连续的（或称为移动的）方式。目标距离控制模式根据目标距离、目标速度及列车本身的性能确定列车制动曲线，不设定每个闭塞分区速度等级，采用一次制动方式。准移动闭塞式超速防护自动闭塞的追踪目标点是前行列车所占用闭塞分区的始端，当然会留有一定的安全距离，而后行列车从最高速开始制动的计算点是根据目标距离、目标速度及列车本身的性能计算决定的。目标点相对固定，在同一闭塞分区内不依前行列车的走行而变化，而制动的起始点是随线路参数和列车本身性能不同而变化。空间间隔的长度是不固定的，显然其追踪运行间隔要比固定闭塞式小一些。

由于准移动闭塞式超速防护自动闭塞同时采用移动和固定两种定位方式，所以它的速度控制模式，必然既具有无级（连续）的特点，又具有分级（台阶）的性质。前行列车不动而后续列车前进时，其最大允许速度是连续变化的。当前行列车前进，其尾部驶过固定区段的分界点时，后续列车的最大速度将按"台阶"跳跃上升。

准移动闭塞式超速防护自动闭塞在控制列车的安全间隔上比固定闭塞进了一步。它通过采用报文式轨道电路辅之环线或应答器来判断分区占用并传输信息，信息量大；它可以告知后续列车继续前行的距离，后续列车可根据这一距离合理地采取减速或制动，列车制动的起点可延伸至保证其安全制动的地点，从而可改善列车速度控制，缩小列车安全间隔，提供线路利用效率。但准移动闭塞中后续列车的最大目标制动点仍必须在现行列车占用分区的外方，因此它并没有完全突破轨道电路的限制。

准移动闭塞的一种特殊方式——虚拟闭塞，不设轨道占用检查设备，采取无线定位方式来实现列车定位和占用轨道的检查功能。闭塞分区是以计算机技术虚拟设定的，仅在系统逻辑上存在有闭塞分区和信号机的概念。虚拟闭塞除闭塞分区和轨旁信号机是虚拟的以外，从操作到管理等，都等效于移动闭塞方式。虚拟闭塞方式非常有条件将闭塞分区划分得很短，当短到一定程度时，其效率就接近于移动闭塞。

（3）移动闭塞式超速防护自动闭塞 移动闭塞式超速防护自动闭塞是基于感应环线或无线传输系统，通过地面控制中心、轨间传输电缆和车载设备等，依据地面传至车上的前方目标点的距离等一系列基础数据，由车载计算机实时计算出列车最大允许速度曲线，并按此曲线对列车的实际速度进行监控，实现列车超速自动防护，确保列车运行不越过前方目标点的安全距离。

移动闭塞式超速防护自动闭塞中已经没有了将线路分成若干个闭塞分区的概念，列车监督运行间隔是动态的，并随前一列车的移动而移动。该间隔是按后续列车在当前速度下所需的制动距离加上安全余量实时计算和控制的，确保追踪运行不追尾，列车制动时机、制动起点和终点均是动态的，其目的是最大限度地利用机车车辆特性全速运行，尽可能缩短列车运行间隔，最有效、最合理地利用区间有限空间，提高区间通行能力。

移动闭塞式超速防护自动闭塞的分界线是由无线系统传输的列车移动授权终点划分的，其闭塞设备为无线通信系统、超速防护自动闭塞设备。行车凭证为与车载信号相对应的目标域度值，主体信号为与车载信号的绿色灯光相对应的速度值，地面信号机不点灯。

移动闭塞式超速防护自动闭塞为基本闭塞法，可由行车调度员集中办理，也可将控制权下放由车站办理。设备实现了闭塞分区最小运行间隔的列车追踪运行，提高了列车通过能力，进一步保证了行车安全。

根据我国《城市轨道交通信号系统通用技术条件》（GB/T 12758—2004），移动闭塞可解释为"前行列车与后续列车之间的最小安全追踪间隔距离单元不预先设定，并随列车的移动、速度的变化而变化的闭塞方式"。而日本定义为："根据连续检测列车的位置和速度，防止列车之间的冲突所必需的、可变的并能移动的闭塞区间"。从上述两个定义可知：移动闭塞必须是没有预先设定的闭塞分区，可以实现列车按最小安全运行间隔的一种闭塞方式，可以连续检测列车的位置和速度。因此，移动闭塞处理周期足够短，离散的采样可以视为连续处理。

移动闭塞是一种新型的闭塞制式。它不设固定闭塞区段，前、后两列车都采用移动式的定位方式。移动闭塞式的目标距离控制模式根据目标距离、目标速度及列车本身的性能确定列车制动曲线，采用一次制动方式。移动闭塞的追踪目标点是前行列车的尾部，留有一定的安全距离，后行列车从最高速开始制动的计算点是根据目标距离、目标速度及列车本身的性能计算决定的。目标点是前行列车的尾部，与前行列车的走行和速度有关，是随时变化的，而制动的起始点是随线路参数和列车本身性

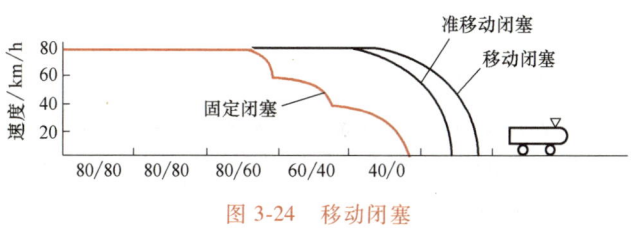

图 3-24 移动闭塞

能不同而变化的。空间间隔的长度不固定，其追踪运行间隔要比准移动闭塞更小一些。如图 3-24 所示。

移动闭塞具有如下特点。

1）线路没有固定划分的闭塞分区，列车间隔是动态的，并随前一列车的移动而移动。

2）列车间隔是按后续列车在当前速度下所需的制动距离，加上安全余量计算和控制的，确保不追尾。

3）制动的起点和终点是动态的，轨旁设备的数量与列车运行间隔关系不大。

4）可实现较小的列车运行间隔。

5）采用地-车双向传输，信息量大，易于实现无人驾驶。

移动闭塞可借助感应环线或无线通信的方式实现。早期的移动闭塞系统大部分采用基于感应环线的技术，即通过在轨道间布置感应环线来定位列车和实现车载控制器（Vehicle On Board Controller，VOBC）与车辆控制中心之间的连续通信。现今大多数先进的移动闭塞系统都采用无线通信系统实现各子系统间的通信，构成基于通信技术的移动闭塞（CBTC）。如今，上海轨道交通6、8、9号线，广州地铁4、5号线，北京地铁2号线、10号线、机场线、4号线、昌平线、亦庄线都采用了CBTC技术。

3.5　速度控制模式

城市轨道交通中，对列车运行的控制不仅需要掌握列车运行的即时速度信息，还需要结合从地面设备、前行列车获得的信息和控制中心的命令，科学合理地控制列车的速度，确保在安全的前提下实现最小列车运行间隔。

从列车速度控制的方式可以将速度控制模式分为两种：分级速度控制和速度-目标距离模式曲线控制。

3.5.1　分级速度控制

分级速度控制是指以一个闭塞分区为单位，每个闭塞分区设计一个目标速度，无论列车在该闭塞分区中什么位置都需要根据限定的速度判定列车是否超速。分级速度控制系统的列车追踪间隔主要与闭塞分区的划分、列车的性能和速度有关，而闭塞分区的长度是以最差性能的列车为依据并结合线路参数来确定的。分级速度控制又可分为阶梯式和分段曲线式两种。

1. 阶梯式分级速度控制

阶梯式分级速度控制方式不需要距离信息，只要在停车信号与最高速度间增加若干中间速度信号，即可实现，因此传输信息量较少，设备相对比较简单。阶梯式分级速度控制又可分为超前速度控制方式和滞后速度控制方式。一个闭塞分区的进入速度称为入口速度，驶离速度称为出口速度。

（1）**超前速度控制方式**　又称为出口速度控制方式。事先给出各闭塞分区列车的出口速度值，控制列车行驶至该闭塞分区出口前不得超过该出口速度值，如图3-25所示。该速度控制方式采用设备控制优先的方法，即列车驶出每个闭塞分区前均必须将超前速度降至出口限制速度控制线以下，否则设备就会自动启动制动，所以超前速度控制方式对出口速度进行了控制，不会冒出闭塞分区。

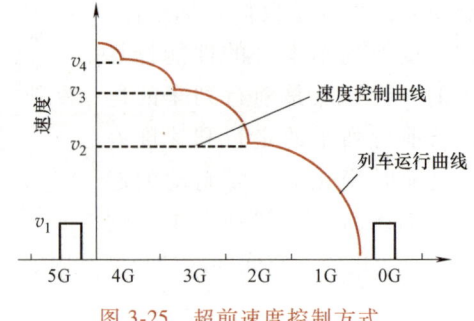

图3-25　超前速度控制方式

注：G表示闭塞区间。（后同。）

（2）**滞后速度控制方式**　又称为入口速度控制方式。事先给出列车进入某闭塞分区入口的速度值，监控列车在本闭塞分区运行的速度不得超过给定的入口速度值，采取人工控制优先的方法。在每个闭塞分区列车速度只要不超过给定的入口速度值,就不会触碰滞后式速度控制线,如图 3-26 所示。但是考虑到一旦列车失控,在本闭塞分区的出口,即下一闭塞分区入口处的速度超过了给定的入口速度值,碰撞了滞后速度控制线,即所谓的"撞墙",此时会触发设备自动引发制动,列车必然会越过第一红灯进入下一闭塞分区,因此有必要增加一个闭塞分区作为安全防护区段,俗称双红灯防护。

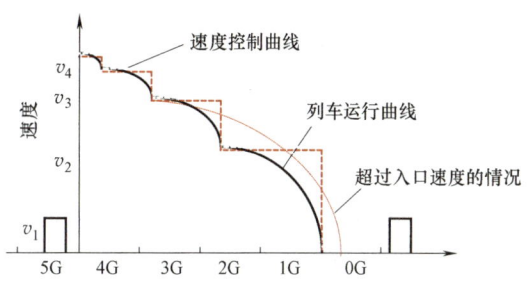

图 3-26　滞后速度控制方式示意图

2. 曲线式分级速度控制

曲线式分级速度控制要求每个闭塞分区入口速度和出口速度用曲线连接起来,形成一段连续的控制曲线。曲线式分级速度控制方式和阶梯式分级速度控制方式一样,每一个闭塞分区只给定一个目标速度,控制曲线把闭塞分区允许速度的变化连续起来,如图 3-27 所示。从最高速至零速的列车控制减速线为分段曲线组成的一条不连贯的曲线组合,列车实际减速运行线只要在控制线以下就可以了,万一超速碰撞了速度控制线,设备会自动引发制动。因为速度控制是连续的,所以不会超速太多,紧急制动的停车点不会冒出闭塞分区,可以不需增加一个闭塞分区作为安全防护区段,但设计时仍要考虑留有适当的安全距离。

列车控制设备给出的分段制动速度控制曲线是根据每一个闭塞分区的线路参数和列车自身的性能计算而定的,闭塞分区的线路参数可

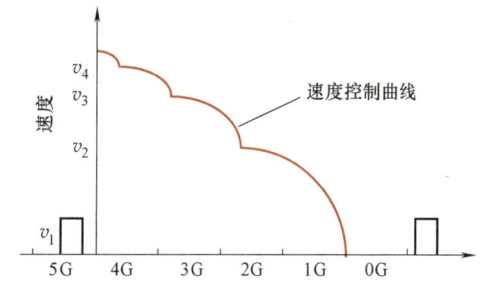

图 3-27　曲线式分级速度控制

以通过地对车信息实时传输,也可以事先在车载信号设备中存储,通过核对取得。地面设备传送给车载设备的信息是下一个闭塞分区的速度、距离和线路条件数据,不提供至目标点的全部数据,所以系统生成的数据是分级连续制动模式曲线。因为制动速度控制曲线是分段给出的,每次只需一个闭塞分区线路参数。

分段曲线式分级速度控制的一般制动速度控制曲线是不连贯和不光滑的,实际上是各闭塞分区入口速度控制值的连接线。该制动速度控制曲线不随列车性能和线路参数的变化而变化,具有唯一性。

3.5.2　速度-目标距离模式曲线控制

速度-目标距离模式曲线控制采取的制动模式为连续式一次制动速度控制方式,根据目标距离、目标速度及列车本身的性能确定列车制动曲线,不设定每个闭塞分区速度等级。连续式一次速度控制模式,如果以前行列车占用的闭塞分区入口为追踪目标点,则为准移动闭塞;若以前行列车的尾部为追踪目标点,则为移动闭塞。

如图 3-28 所示,0G 为前行列车所占用的闭塞分区。为保证后续列车在 1G 和 0G 的分界

点前停车，后续列车应在速度控制曲线容许速度下行驶、停车。该速度控制曲线是根据列车的目标速度、距目标点的距离及列车自身质量、长度、制动性能等参数计算出来的。

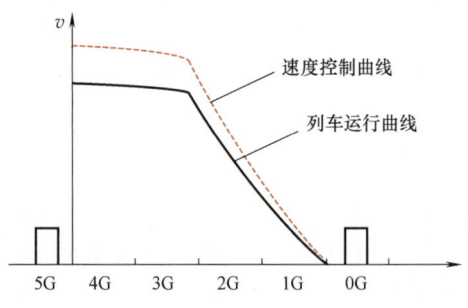

图 3-28　速度-目标距离模式曲线控制方式

当列车实际速度超过速度控制曲线容许速度时，自动实施制动，列车减速。列车速度低于容许速度后，制动缓解。与分级速度控制相比，闭塞分区滞后式控制方式需增加保护区段；而闭塞分区超前式速度控制方式在每一闭塞分区必须考虑制动空走距离，增加分区长度。因此采用速度-目标距离模式曲线控制方式，可以提高区间通过能力，但需要从地面向列车传递更多的信息，除了目标点速度信息外，还要有分区长度、坡度等信息。线路参数可以通过地对车信息实时传输，也可以事先在车载信号设备中存储，通过核对取得。因为给出的制动速度控制曲线是一次连续的，需要一个制动距离内所有的线路参数，地对车信息传输的信息量相当大，可以通过无线通信、数字轨道电路、轨道电缆、应答器等地对车信息传输设备进行传输。

速度-目标距离模式曲线控制的列车制动的起始点是随线路参数和列车本身性能不同而变化的，空间间隔的长度是不固定的，比较适用于不同性能和速度列车的混合运行，其追踪运行间隔要比分级速度控制小，减速比较平稳，旅客的舒适度也要好些。

思考题

1. 在城市轨道交通中，为什么列车的速度信息起着至关重要的作用？通常采用哪几种测速方式？简述每种测速方式的测速过程。

2. 列车的位置信息对列车运行有哪些重要作用？城市轨道交通中常用的列车定位方式有哪几种？优缺点如何？

3. 城市轨道交通列车运行系统通常采用哪几种无线通信技术？它们如何完成列车运行中的信息传输？

4. 举例说明 WLAN 在城市轨道交通中的应用。

5. 什么叫闭塞？行车闭塞都有哪些种类？

6. 列车控制模式有哪几种？速度-目标距离模式曲线控制方式与分区滞后速度控制方式相比，有哪些优势？

第4章　城市轨道交通联锁系统

【本章概述】

联锁是保证城市轨道交通行车安全的重要技术措施，是指信号设备与相关因素的制约关系。广义的联锁泛指各种信号设备所存在的相互制约关系；狭义的联锁一般指车站信号设备之间的相互制约关系。在城市轨道交通的车站和车辆段，为保证行车安全，联锁关系必须十分严密，并采用技术措施加以保证。

本章从联锁的基本概念出发，介绍了联锁的内容，阐述了进路控制的过程，详细介绍了6502电气集中联锁系统和计算机联锁（Computer Interlocking，CI）系统，使读者对城市轨道交通的联锁系统有一个全面的认识。

【学习重点】

1. 了解联锁的基本概念，掌握道岔、进路和信号机之间的基本联锁内容。
2. 掌握城市轨道交通进路控制过程。
3. 掌握6502电气集中联锁的主要技术特征。
4. 掌握计算机联锁系统的基本机构及其优势。

4.1　联锁基本概念

4.1.1　联锁与联锁设备

1. 联锁

列车或调车车列在站内运行时所经过的路径称为进路。进路由道岔的位置决定，根据道岔的不同位置可以构成不同的进路。建立进路就是把进路上的道岔转到进路所要求的位置上，然后再将该进路的防护信号机开放。列车或调车车列必须依据信号开放而通过进路。如果进路上道岔的开通位置不正确，或有车占用，或出现敌对进路已经建立等情况，相应的信号就不能开放。信号一旦开放后，所防护的进路不能变动，即此时进路内的道岔不能再转换，直至信号机关闭或列车、调车车列越过道岔为止。

为了保证行车安全，通过技术方法，必须使车站和车辆段内信号、道岔和进路三者之间存在一定的相互制约关系，这种关系称为联锁关系，简称联锁。

2. 联锁的基本内容与技术条件

（1）**联锁的基本内容** 防止建立会导致机车车辆相互冲突的进路；必须使列车或调车车列经过的所有道岔均锁闭在与进路开通方向相符合的位置；必须使信号机的显示与所建立的进路相符合。

（2）**联锁的基本技术条件**

1）进路上各区段空闲（无车占用）时才能开放信号。如果进路上有车占用，却开放信号，则会引起列车或调车车列与原停留列车发生冲突，这是绝对不允许的。所以，防护进路的信号开放前必须检查进路空闲情况。

2）进路上有关道岔在规定位置时才能开放信号。如果进路上有关道岔开通位置不对，却开放信号，则会引起列车或调车车列进入异线或挤坏道岔，从而造成行车事故。信号开放后，其防护的进路上的有关道岔必须被锁闭在规定位置且不能转换。所以，防护进路的信号开放前必须确保进路上道岔位置正确。

3）敌对信号未关闭时，防护该进路的信号机不能开放。信号机开放后，与其敌对的信号必须被锁闭在关闭状态，不能开放。否则列车或调车车列可能造成正面冲突，危及行车安全。所以，防护进路的信号开放前必须检查并确保敌对信号处于关闭状态。

3. 联锁设备

控制车站（或车辆段）的道岔、进路和信号，并实现它们之间的联锁关系的设备，称为联锁设备。

联锁设备是城市轨道交通的重要信号设备，用来在车站和车辆段实现联锁关系，建立进路、控制道岔的转换和信号机的开放以及进路解锁，以保证行车安全。联锁设备分为正线车站联锁设备和车辆段联锁设备。联锁设备有继电集中联锁和计算机联锁两大类。随着计算机技术、通信技术和控制技术的快速发展，计算机联锁已经成为联锁设备的主要发展方向。

（1）**联锁设备的功能** 联锁设备能够响应来自ATS的命令，在满足安全的前提下，控制进路、道岔和信号机，并将进路、轨道电路、道岔和信号机的状态信息提供给ATS和ATP/ATO。联锁设备的主要功能包括：

1）联锁逻辑运算。接收ATS或行车值班员的进路命令，进行联锁逻辑运算，实现对道岔和信号机的控制。

2）轨道电路信息处理。处理列车检测功能的输出信息，以提高列车检测信息的完整性。

3）进路控制。建立、锁闭和解锁进路。

4）道岔控制。解锁、转换和锁闭道岔。

5）信号机控制。信号机的开放、关闭。

（2）**联锁设备的基本要求**

1）确保信号、道岔和进路三者之间的联锁，联锁条件不符时，禁止进路开通。敌对进路必须相互照查，不得同时开通。

2）装设引导信号的信号机因故不能开放时，应通过引导信号实现列车的引导作业。

3）应能办理列车和调车进路，根据需要设置相应的防护进路。

4）联锁设备宜采用进路操纵方式。根据需要，联锁设备可实现车站有关进路（包括折返进路）自动排列。

5）进路解锁宜采用分段解锁方式。锁闭的进路应能随列车正常运行自动解锁、人工办理取消和限时解锁，并应能防止错误解锁。限时解锁时间应确保行车安全。

6）联锁道岔应能单独操纵和进路选择。影响行车效率的联动道岔宜采用同时启动方式。

7）车站站台及车站控制室应设站台紧急关闭按钮。站台紧急关闭按钮电路应符合故障-安全原则。

8）联锁设备的操纵宜选用单元控制台。控制台上应设有意义明确的各种表示，用以监督线路及道岔区段占用、进路锁闭及开通、信号机开放、挤岔、遥控和站控等。

9）车站联锁主要控制项目包括列车进路、引导进路、进路的解锁和取消、信号机关闭和开放、道岔操纵及锁闭、区间临时限速、扣车和取消、遥控和站控、站台紧急关闭和取消。

4.1.2 进路的种类及划分

1. 进路的种类

按作业性质，进路大体上可分为列车进路和调车进路两类。列车进路又可分为接车进路、发车进路和通过进路。凡是列车进站所经过的路径都称作列车接车进路；列车由车站发往区间所经过的路径称作发车进路；列车由车站通过所经过的正线接车进路和正线同方向发车进路组成的进路，称作通过进路；按方向来区分，调车进路可分为调车接车方向的进路和调车发车方向的进路。

进路的性质取决于作业的性质，一般地，从行车安全的角度来看待这一问题。因为列车上有乘客且行车速度快，故列车进路比调车进路更为重要，在技术要求上更为严格。以接车进路为例，列车由区间以最大允许速度驶向车站时，为了保证行车安全迫切需要了解列车是否接近车站、是否允许接车、进站后列车经由直股道还是弯股道等。这些有关信息通知驾驶员的时机越早越好，因为它不仅涉及行车安全，而且直接影响运输效率。

列车进路一般由信号机防护，但列车在进路中的运行安全则由 ATP 系统负责，这为城市轨道交通高密度行车提供了前提和安全保障。在设计中，ATP 系统与计算机联锁功能的结合，使计算机联锁功能得到了加强。

根据城市轨道交通运营特点，城市轨道交通进路可分为以下几种：

（1）多列车进路 进路分为单列车进路和多列车进路。这主要是因为城市轨道交通运行间隔小，车流密度大，列车的运行安全由 ATP 系统保护，所以在一条进路中可能出现多列列车在运行。

图 4-1 所示为多列车进路示意图。S1→S2 为多列车进路，只要监控区段空闲，以 S1 为始端的进路便可以排列，S1 信号机开放。

对于多列车进路，当列车 1 离开进路始端信号机内方的监控区段后，可以排与列车 2 相同

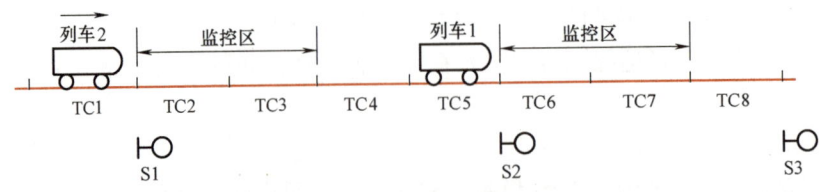

图 4-1　多列车进路示意图

终端的进路。列车 2 进路排列，列车 1 通过后进路中的轨道区段直到列车 2 通过后才解锁。

多列车进路排列后，如果进路中有列车运行，则人工取消进路时，只能取消最后一次排列的进路至前行列车所在位置的进路，其余进路由前行列车通过以后解锁。人工取消多列车进路的前提是进路的第一个轨道电路必须空闲。

多列车进路排列如图 4-2 所示。S5→S6 为多列车进路，列车 1 通过 TC2、TC3、TC4 以后，这三个轨道区段正常解锁。这时可以再次排列 S5→S6 进路，S5 开放绿灯信号。

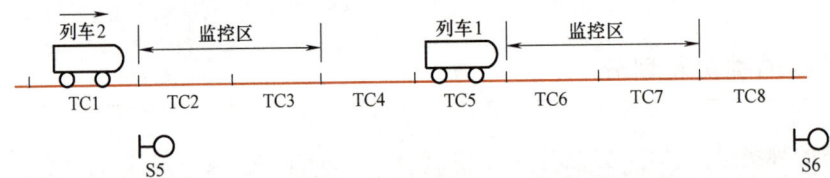

图 4-2　多列车进路排列

如果列车 1 继续前进，则通过区段 TC5、TC6、TC7 后，这三个区段不解锁，只有在列车 2 通过这三个区段后才解锁。如果第二次排列的进路需要取消，这时只能取消从信号机始端 S5 到列车 1 之间的进路，其余的进路会随着列车通过后自动解锁。

（2）**追踪进路**　追踪进路是联锁系统本身的一种自动排列进路功能。这种进路的防护信号机具有自动信号属性。当列车接近信号机，占用触发区段⊖时，列车运行所要通过的进路自动排列。追踪进路排列的前提除了满足进路排列的条件外，进路防护信号机还必须具备进路追踪功能。

图 4-3 所示为追踪进路示意图。S7、S8 具有追踪功能，TC1、TC5 分别是以 S7、S8 为始端的进路的触发区段。列车占用 TC1 时，S7→S8 进路自动排列，S7 开放。列车占用 TC5 时，S8→S9 进路自动排列，S8 开放。

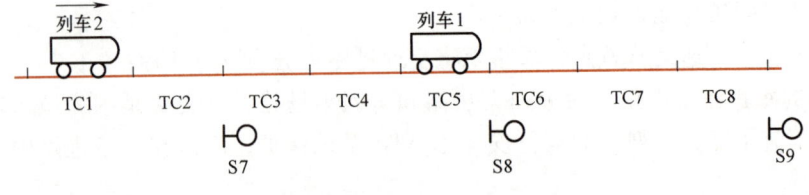

图 4-3　追踪进路示意图

⊖　触发区段是指列车占用区段时引起进路排列的区段。触发进路可能是信号机前方第一个接近区段，也可能是第二个接近区段。触发区段根据信号机布置和通过能力而定。

当一信号机被预定具有追踪进路功能时,则对其规定的进路命令便通过接近指示自动产生。调用命令被存储,一直到信号机开放为止。接近指示由确定的轨道区段的占用而触发。

当信号机接通自动追踪进路时,也可以实行人工操作。若接收到接近指示之前已人工排列了一条进路,则自动调用的进路被拒绝,重复排列进路也不能被存储。

假如排列的进路被人工解锁,则该信号机的自动追踪进路功能会被切断。

(3) **折返进路** 列车折返进路作为一般进路纳入进路表。通常,通过列车自动选路、追踪进路或人工排列的折返进路均从指定的折返线开始。

(4) **连续通过进路** 连续通过进路由联锁系统自动排列进路。当信号机被设置为连续通过信号时,该信号机防护的进路将被自动排列出来。在 ATS 显示界面上,该架信号机图标的前方会出现绿色箭头,如图 4-4 中所示的 X7F。X7F 是一架连续通过信号机,其所防护的进路范围是绿色光带显示的 3F 区段(图中用粗线表示)。连续通过信号机平时点亮允许灯光(绿灯),其所防护的进路处于锁闭状态。当列车进入信号机内方时,信号自动关闭,显示禁止灯光(红灯)。一旦列车离开该进路,进入 TC34F 区段,则该进路自动锁闭,并使连续通过信号机再次开放允许灯光,指引后续列车进入进路。

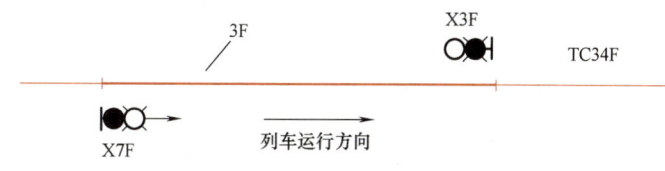

图 4-4 连续通过进路

在城市轨道交通进路中,还涉及一些概念,具体如下:

(1) **联锁监控区段** 在装备准移动闭塞的城市轨道交通中,开放信号机前联锁设备不需检查全部区段,只需检查部分区段,这些被检查的区段称作联锁监控区段。

联锁监控区段即排列进路时信号机开放所必须空闲的区段,一般为信号机内方两个区段。如监控区段内有道岔,则在最后一个道岔区段后加一区段作为监控区段。监控区段的长度,应满足驾驶模式转换的需要。

进路设有监控区段时,只要监控区段空闲,进路防护信号机便可正常开放。列车通过监控区段后自动将运行模式转为 ATO 自动驾驶模式或 SM(Safety Mode)模式(ATP 监督人工驾驶模式),列车之间的追踪保护由 ATP 系统来实现。

(2) **保护区段** 为了保证列车的安全运行,避免列车由于某种原因不能在信号机前停住而导致事故的发生,充分考虑列车的制动距离及线路等因素,在停车点前设置了保护区段,即终端信号机后方的一至两个区段为保护区段。

进路可以带保护区段或不带保护区段排列。如进路短,排列进路时带保护区段;多列车进路无保护区段时,进路防护信号机可以正常开放。

根据设计,保护区段可以在主体信号控制层内受到监督,也可以不在主体信号控制层内受到监督。此外,也有可能在进路排列时直接征用保护区段,或进路先排列,保护区段设置延时直至进路内的接近区段被占用。延时的保护区段设置是一种标准方式,即为多列车进路内的每个列车提供保护区段条件。

当排列的运行进路无法成功地进行保护区段设置或延时保护区段设置没有成功时,保护区段可稍后设置。只要到达线和指定保护区段之间的轨道区段空闲，并且设置保护区段的条件得以满足，便可重新设置。

在设定的时间（预设值为30s）截止以后，保护区段便解锁。延时解锁从保护区段接近区域被占用时开始。在列车反向运行情况下，保护区段的延时解锁仍将继续。

（3）侧面防护　城市轨道交通的道岔控制全部为单动，不设双动道岔，所有的渡线道岔均按单动处理，也不设双动道岔。这些都需要采取侧面防护来防止列车的侧面冲突。

城市轨道交通侧面防护可以避免其他列车从侧面进入，与列车发生侧面冲突。根据防护对象的不同，侧面防护可分为主进路的侧面防护和保护区段的侧面防护两种。

列车进路需要侧面防护是为了保证其安全的运行路径，侧面防护由防护道岔确保，或通过显示红色信号来确保。道岔为一级侧面防护，信号机为二级侧面防护。排列进路时先找一级侧面防护，再找二级侧面防护。侧面防护必须进行超限绝缘的检查。

侧面防护的任务是通过操作、锁定和检测邻近分歧道岔，使通向已排进路的所有路径均不能建立。侧面防护也可通过具有停车显示和位于有侧面防护要求的运行进路方向的主体信号机来实现。在进路表中已经为每条运行进路设计了侧面防护区域。

如果采用的是一个道岔的侧面防护，而道岔的实际位置和所要求的位置不一致时，应发出转换道岔位置的命令。当命令不可执行（如道岔因封锁而禁止操作）时，该操作命令被存储直到到达要求的终端位置为止；否则需通过取消或解锁该运行进路来取消该操作命令。

排列进路时，除检查始端信号机外，还应检查终端信号机和侧面防护信号机的红灯灯丝，只有这两种信号机的红灯功能完好，信号机才可开放。

当要求侧面防护的运行进路解锁时，运行进路侧面防护区域也将解锁。

2. 进路的划分

进路的划分即确定各种进路的始端和终端。将进路的范围划分明确，信号机所防护的范围也就明确了。进路的始端处应设置信号机加以防护，而其终端处，也多以同方向的信号机为界。在进路的终端处无信号机时，以车挡、站界标或警冲标（不设出站信号机的车站）为界，具体划分进路方法，如图4-5所示。

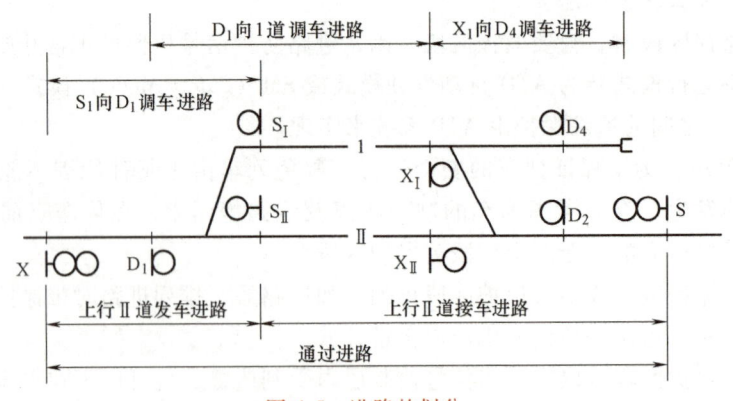

图4-5　进路的划分

对图4-5所示的进路划分说明如下：

1）上行Ⅱ道接车进路的始端是上行进站信号机S，终端是上行Ⅱ道上的出站信号机$S_Ⅱ$，接车进路的范围是从S~$S_Ⅱ$，其中包括Ⅱ道。

2）上行Ⅱ道发车进路的始端是 $S_Ⅱ$，终端是 X，上行Ⅱ道发车进路的范围是由 $S_Ⅱ$ ~ X（不包括该股道）。

3）上行通过进路的始端是 S，终端是 X，通过进路的范围是从 S~X（包括该股道）。

4）由 D_1 向 1 道调车进路的始端是 D_1，终端为下行 1 道的出站兼调车信号机 X_1，调车进路的范围为 D_1 ~ X_1，其中包括 1 道。

5）由 X_1 ~ D_4 信号机的调车进路的始端是 X_1（出站兼调车信号机），终端是车挡，该调车进路的范围是从信号机 X_1 至车挡，其中包括牵出线。

6）由 S_1 向 D_1 的上行调车发车方向进路的始端是 S_1（出站兼调车信号机），终端是下行进站信号机 X，其中包括无岔区段。

3. 列车进路的划分原则

1）进路的始端一般是信号机。
2）进路范围内包括道岔和道岔区段。
3）一架信号机同时可防护几条进路，即它可作为几条进路的始端（如进站信号机等）。
4）发车进路的终端可以是信号机、站界标及警冲标。
5）调车进路和列车进路一样，也要有一定的范围（与列车进路相比较短），才能对它进行防护。调车进路的始端是防护该调车进路的调车信号机或出站兼调车信号机，终端则视具体情况而定。

4.2 联锁内容

为了保证列车在车站（或车辆段）范围内的运行安全，在进路、道岔和信号之间存在某种联锁关系。

联锁存在于两个对象之间，如道岔和信号机之间有联锁、上行信号机与下行信号机之间有联锁等。联锁既然存在于两个对象之间，且又是相互制约的，所以在一般情况下是互锁的。例如，道岔不在规定位置，必须把信号机锁在禁止状态，而一旦信号机开放，信号机又把道岔锁在规定位置上。这样做的理由很简单，若信号机不锁道岔，在信号机开放后，道岔仍可变换位置，则道岔锁信号机就没有意义了。因为在信号机开放以前，道岔位置虽然正确，但信号机开放以后，道岔仍可能动作到错误的位置上去。

也存在不是互锁的情况，如进站信号机红灯灯丝不完好时，不允许它开放。若进站信号机开放，则不能把红灯锁在点亮的位置上，而是要求红灯灭灯，才能点亮绿灯或黄灯。这里的进站信号机的红灯与进站信号机开放的关系，即是单面锁而不是互锁关系。这种单面锁的联锁关系存在的较少，因此本节所说的基本联锁内容都是指互锁。

下面介绍存在于道岔、进路和信号机之间的基本联锁的内容。

4.2.1 道岔与进路之间的联锁

道岔有定位和反位两个工作位置；进路有锁闭和解锁两个状态。道岔位置正确，进路才能锁闭；进路解锁后，道岔才能改变其工作位置。这就是存在于道岔和进路之间的基本联锁关系，这种关系可以用图 4-6 和表 4-1 来表示。

表 4-1　道岔和进路之间的基本联锁关系

进路号	进路名称	道岔	含义
1	1 道下行接车进路	(1)	进路 1 与道岔 1 之间有反位联锁关系
2	Ⅱ道下行接车进路	1	进路 2 与道岔 1 之间有定位联锁关系

从表 4-1 中可以看出：

1) 进路 1 是 1 道下行接车进路，道岔带括号表示道岔在反位。进路 1 与道岔 1 之间有反位联锁关系，即道岔 1 不在反位，进路 1 就不能锁闭，反过来进路 1 锁闭后，把道岔 1 锁在反位位置上，不准道岔 1 再转换位置。

2) 进路 2 是Ⅱ道下行接车进路，道岔不带括号表示道岔在定位。进路 2 与道岔 1 之间有定位锁闭关系，即道岔 1 不在定位，进路 2 就不能锁闭，反过来进路 2 锁闭后，把道岔 1 锁在定位位置上，不准道岔 1 再转换位置。

有时，进路范围以外的道岔也与该进路有联锁关系，把这样的道岔称作防护道岔，如图 4-7 和表 4-2 所示。

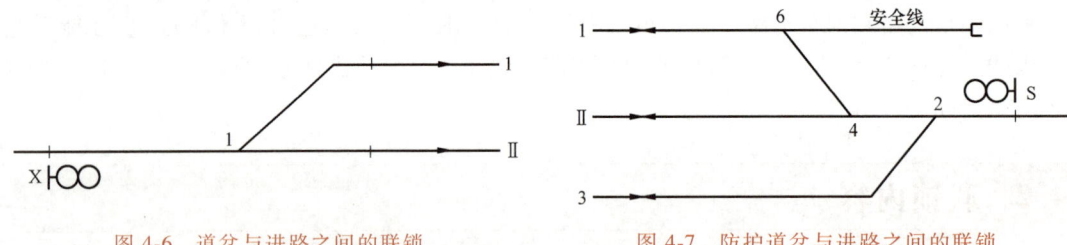

图 4-6　道岔与进路之间的联锁　　　　图 4-7　防护道岔与进路之间的联锁

表 4-2　防护道岔与进路之间的联锁

进路号	进路名称	道岔	含义
1	1 道上行接车进路	2,(4/6)	进路 1 与道岔 2 之间有定位联锁关系，与道岔 4/6 之间有反位联锁关系
2	Ⅱ道上行接车进路	2,4/6	进路 2 与道岔 2、4/6 之间有定位联锁关系
3	3 道上行接车进路	(2),[4/6]①	进路 3 与道岔 2 之间有反位联锁关系，与防护道岔 4/6 之间有定位联锁关系

① 防护道岔与进路的联锁关系用中括号表示。[4/6] 表示防护道岔 4/6 与进路 3 之间为定位锁闭关系，若是反位锁闭，则用 [(4/6)] 表示。

如图 4-7 所示的安全线是为 1 道下行接车进路而设置的。因下行进站信号机前方制动距离内有较大的下坡道（0.6% 以上），列车进站后可能停不住车，设置安全线以防止与上行Ⅱ道（或 3 道）接车进路上的列车发生侧撞事故。

道岔 4/6 虽不在 1 道下行接车进路上，但如果在允许道岔 4/6 反位的情况下，建立上行 3 道接车进路，当列车进站，行驶在 2 号道岔期间，有可能与下行 1 道的列车（列车进站后可能停不住车）相撞，这是很危险的。因此，道岔 4/6 虽属上行 3 道接车进路以外的道岔，也要求道岔 4/6 与上行 3 道的接车进路发生联锁关系，即道岔 4/6 不在定位，禁止进路 3 锁闭（即禁止防护进路 3 的信号机开放）。一旦进路 3 锁闭后，禁止道岔 4/6 转换位置，即把道岔 4/6 锁在定位位置上。很显然，把道岔 4/6 锁在定位后，就使进路 1 与进路 3 隔离开来，消除了可能的危险性。

4.2.2 道岔与信号机之间的联锁

因为进路是由信号机防护的，故道岔与进路之间的联锁，也可以用道岔与信号机之间的联锁来描述。

如图 4-6 所示，信号机 X 防护着两条进路：一条是 1 道下行接车进路，要求 1 号道岔在反位；另一条是 Ⅱ 道下行接车进路，要求 1 号道岔在定位。因此信号机 X 与道岔 1 之间的联锁关系，既有定位锁闭关系，又有反位锁闭关系，称作定、反位锁闭，记做"1,（1）"，见表 4-3。

表 4-3 道岔与信号机之间的联锁

信号机	信号机名称	道岔	含义
X	下行进站信号机	1,(1)	信号机 X 与道岔 1 之间有定、反位联锁关系

定、反位锁闭意味着道岔 1 在定位时，允许信号机 X 开放，在反位时也允许信号机 X 开放，但是这并不意味着可以不采取锁闭措施，因为道岔除定位和反位以外，还有一种非工作状态，既不在定位也不在反位的状态，即四开状态。就是说，道岔在非工作状态，不允许信号机开放。

4.2.3 进路与进路之间的联锁

进路与进路之间存在着两种不同性质的联锁关系：一是抵触进路；二是敌对进路。

1. 抵触进路

如图 4-8 所示，下行接车进路有三条，即进路 1、进路 2 和进路 3。这三条进路因为要求道岔位置各不相同，故在同一时间只能建立起一条进路。任何一条进路锁闭以后，在其未解锁以前，因为有关的道岔被锁住了，就不可能再建立其他两条进路了。这样互相抵触的进路称为抵触进路，见表 4-4。

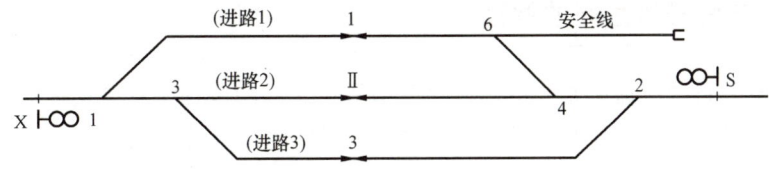

图 4-8 进路与进路之间的联锁

表 4-4 进路与进路之间的联锁抵触进路

进路号	进路名称	抵触进路	迎面敌对进路	有条件敌对进路
1	1 道下行接车进路	2,3	6	无
2	Ⅱ 道下行接车进路	1,3	5	4,6
3	3 道下行接车进路	1,2	4	5,6

(续)

进路号	进路名称	抵触进路	迎面敌对进路	有条件敌对进路
4	3道上行接车进路	5,6	3	2
5	Ⅱ道上行接车进路	4,6	2	3
6	1道上行接车进路	4,5	1	2,3

抵触进路不能同时建立，因此在抵触进路之间，不需要采取锁闭措施。但是，也有一种例外的情况。若信号机与道岔均由扳道员在两个咽喉区分别操纵，车站值班员仅仅用电话指挥，那么肩负行车安全责任的车站值班员无法对扳道员进行有效地控制和监督。因此，在上述情况下值班员室，需安装一种用来发送建立进路命令的设备。当值班员操纵一个控制元件，即发出一个电信号。这样扳道员只能按照车站值班员的意图（即按照接收到的电信号）来建立进路，从而受到了控制和监督。而设在值班员室内的设备必须具备一种功能，即不允许值班员即可同时发出两个有抵触进路的命令。因为车站值班员若能同时发出两个有抵触进路的命令，如建立进路 1 和进路 3，则最后决定权取决于扳道员，这就失去了设置此设备的目的。因此，在值班员室内的设备上要求在抵触进路之间，应采取一定的锁闭措施，实施抵触进路之间的联锁。这时在联锁表中必须把抵触进路也列出来。

2. 敌对进路

用道岔位置不能间接控制的两条进路，这两条进路又存在着敌对关系，称为敌对进路。如图 4-8 所示，进路 2 是Ⅱ道下行接车进路，进路 5 是Ⅱ道上行接车进路，它们是同一股道不同方向的接车进路，不能用道岔位置间接控制，若允许同时接车有正面冲撞危险，所以很明显进路 2 和进路 5 是敌对进路。有时把进路 2 和进路 5 这两条敌对进路称为迎面敌对进路，见表 4-4。

进路 5 和进路 3 虽不属于同一股道的接车进路，但从 1 股道的上行端设有安全线这一点上来看，可知下行列车进站后，因为下坡道的坡度大（6‰以上），有可能到达轨道后停不住车，因此，当考虑进路 5 与进路 3 是否是敌对进路时应考虑上述不安全因素。很明显，若下行进 3 股道的列车停不住车，势必与进入Ⅱ道的上列车相撞。因此，进路 5 和进路 3 也是敌对进路，称它们为有条件敌对进路，见表 4-4。

4.2.4 进路与信号机之间的联锁

进路与进路之间的联锁关系，可用进路与信号机之间的联锁关系来描述。因为进路较多时，这样描述较明显，不需要从进路号码中查找进路名称。如图 4-9 和表 4-5 所示，进路 1 是从 D_{21} 信号机至无岔区段 W 的调车进路，D_{23} 信号机所防护的进路与上述进路为敌对进路，所以把 D_{23} 称为进路 1 的敌对信号，在联锁表进路 1 的"敌对信号"栏内记做"D_{23}"。

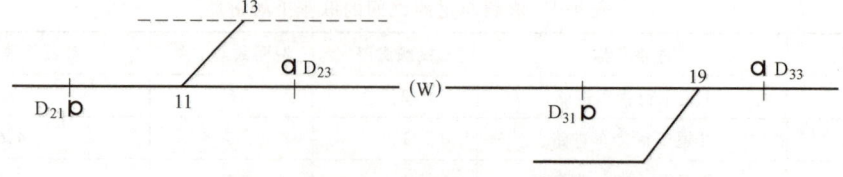

图 4-9　进路与信号机之间的联锁

表 4-5 进路与信号机之间的联锁

进路号	进路名称	敌对信号
1	D_{21} 至 W 调车进路	D_{23}，$<19>D_{33}$
2	D_{33} 至 W 调车进路	D_{31}，$<11/13>D_{21}$

D_{33} 信号机防护两条进路：一条经由道岔 19 反位；另一条经由道岔 19 定位至无岔区段 W。由于无岔区段一般较短，故禁止同时由两个方向向该无岔区段内调车，即 D_{21} 至 W 的调车进路与 D_{33} 至 W 的调车进路是敌对进路。但这两条敌对进路，只有当道岔 19 在定位时才能构成；反之则构不成。这种有条件的敌对进路，在进路 1 的"敌对信号"栏中记做"$<19>D_{33}$"。如果记做"$<(19)>D_{33}$"，则说明是反位条件。

同理，进路 2 与调车信号机 D_{21} 也存在着条件敌对关系，故在进路 2 的"敌对信号"栏内，记有"$<11/13>D_{21}$"。凡是两对象间存在着一个或多个条件才构成锁闭关系的，就是条件锁闭，而这里的条件一般是指道岔位置。

既然进路与进路之间联锁可以用进路与信号机之间的联锁关系来描述，当然也可以用信号机与信号机之间的联锁关系来描述。以图 4-9 中所示的四架调车信号机为例，这四架信号机之间的联锁关系可这样描述：D_{21} 与 D_{33} 之间的关系是条件联锁，条件是道岔 11/13 定位和道岔 19 定位，详见表 4-6。

表 4-6 信号机与信号机之间的联锁

信号机	信号机名称	敌对信号	
		条件(道岔位置)	锁闭
D_{21}	调车信号机		D_{23}
		19	D_{33}
D_{23}	调车信号机		D_{21}
D_{31}	调车信号机		D_{33}
D_{33}	调车信号机		D_{31}
		11/13	D_{21}

4.3 进路控制

4.3.1 进路状态

根据进路是否建立，可以将进路状态分为锁闭和解锁两种状态。进路锁闭是指进路已经办理，进路上的所有道岔都被锁闭在规定位置不能转换，且敌对信号机被锁闭在未建立状态；进路解锁是指进路没有办理，或使进路上的所有道岔都处于位置可以转换且敌对信号机处于未被锁闭的状态。

建立了进路，即指利用某一路径排列了进路，此时进路处于锁闭状态。没有建立进路，即指没有利用该路径排列进路，此时进路处于解锁状态。

进路处于锁闭状态时，进路上的所有道岔都被锁闭在规定位置上且不能转换位置，之后，防护该进路的始端信号机开放，随后列车或调车车列才能在该进路上运行。进路锁闭，且防护该进路的始端信号开放后，该进路处于安全状态。

当列车或调车车列运行并通过锁闭的进路后，该进路将被解锁而处于解锁状态。解锁状态下，进路上道岔随时有转换位置的可能，处于不安全状态，列车在其上运行将处于不安全状态，因而不允许列车或调车车列在没有锁闭的进路上运行。

4.3.2 进路控制过程

进路控制过程是指一条进路从办理到列车或调车车列通过进路的全过程。进路控制过程是信号、道岔和进路之间的联锁过程，体现了对安全控制的要求，反映了联锁逻辑关系。无论是列车进路还是调车进路，它们的控制过程基本一样。

进路控制过程可分为进路建立和进路解锁两个过程。进路建立过程是指从车站值班人员开始办理进路到防护该进路的信号开放，进路由解锁状态变为锁闭状态；进路解锁过程是指列车或调车车列驶入进路到越过进路中全部道岔区段，或值班员解除已建立进路，进路由锁闭状态变为解锁状态。

1. 进路建立过程

进路建立过程可进一步分解为进路选择、进路锁闭和开放信号三个阶段，每个阶段应完成的基本任务如下：

（1）**进路选择** 在办理进路时，车站值班员按压进路的始端和终端按钮，确定进路的范围、性质和方向；根据已确定的进路范围，从多条进路中自动选出一条要办理的进路，选择进路中所有的道岔；当选出的道岔实际位置不符合进路要求，且道岔处于解锁状态时，将道岔转换到所需的规定位置。

（2）**进路锁闭** 当与进路有关的道岔位置符合进路要求、进路处在空闲状态以及没有建立敌对进路等条件满足时，实现进路锁闭，为下一步开放信号创造条件。

（3）**开放信号** 在进路锁闭后，通过检查开放信号有关联锁条件，使防护进路的信号机开放，指示列车或调车车列驶入进路。列车一旦驶入进路后，信号立即自动关闭。在信号保持开放期间，需要不断检查进路空闲状态、道岔位置正确与否等开放信号的联锁条件，如果出现有非法车辆进入进路，或道岔位置发生变化等危及行车安全的因素，信号应立即关闭。

2. 进路解锁过程

进路解锁是指对已建立的进路解除锁闭。当列车或调车车列通过道岔区段后，应解除对道岔和敌对进路的锁闭。

进路的锁闭和解锁是一个问题的两个方面，两者比较起来，进路解锁尤为重要。因为进路因故不锁闭，信号不开放，这是安全的。而进路解锁过程一般是在信号开放之后进行的，被锁闭的进路一旦错误解锁，意味着进路上的道岔可以转换，敌对进路可建立。如果在信号开放后，在列车或调车车列已接近进路的情况下，出现进路错误解锁，这是非常危险的。另外，当列车或调车车列正在进路中运行时发生了错误解锁事故，同样是非常危险的，都将危及行车安全。因此，对于进路解锁的重点是防止错误解锁。

进路解锁与列车或调车车列是否接近进路有密切关系。为了反映列车或调车车列是否接近进路,原则上在每架信号机的前方都应设置一段轨道电路作为进路的接近区段。列车进路的接近区段长度不小于制动距离(如800m),调车进路的接近区段长度不小于一节钢轨的长度25m。

根据进路的解锁条件和时机的不同,有五种解锁方式:取消进路、人工解锁、正常解锁、调车中途折返解锁及故障解锁。

(1) 取消进路 当进路锁闭,且信号机开放后,如果列车未驶入接近区段,这时进路锁闭称为预先锁闭。如果采取措施关闭信号机,锁闭的进路可立即解锁。因为列车远离进路,即使道岔和敌对进路解锁,也不至影响行车安全。

进路建立后,由于某种原因需要解锁时,只要进路在预先锁闭状态且进路空闲,操作人员即可办理取消手续,立即解锁进路。

(2) 人工解锁 当进路锁闭,且信号开放后,如果列车已驶入接近区段,这时进路锁闭称为接近锁闭。进路在接近锁闭的状态下,由于某种原因需要解锁时,在操作人员的人工解锁规范操作后,首先关闭信号机,从信号机关闭时算起,延时一定时间且进路在空闲状态下才能解锁。延时的目的在于使驾驶员看到禁止信号后,能够在延时期间内将车停在信号机前(车未进入进路),停车后再使进路解锁是安全的。延时的时间不小于制动时间,一般规定接车进路和正线发车进路的延时时间为3min,侧线发车进路和调车进路的延时时间为30s。在城市轨道交通中,由于列车运行速度较慢,因此延时时间一般采用30s或1min。

在人工解锁时,由于驾驶员突然看到禁止信号而采取紧急制动措施,可能造成行车事故,因此不应轻易办理人工解锁。为了引起操作人员的重视和防止因误操作而引起严重后果,对人工解锁需要采取一定的限制和记录措施。

(3) 正常解锁 正常解锁是指列车或调车车列通过进路中的道岔区段后,进路自动解锁。正常解锁分为一次解锁和逐段解锁两种方式。

一次解锁是指列车或调车车列出清了进路中全部道岔区段后,各个道岔区段和敌对进路同时解锁的方式;逐段解锁是指列车或调车车列每驶过一段道岔区段,该道岔区段以及与该道岔区段有关的敌对进路自动解锁的方式。一次解锁能减少设备投资,逐段解锁有利于提高线路的利用率,在我国广泛采用逐段解锁方式。无论一次解锁还是逐段解锁方式,都必须检查列车或调车车列确实通过了被解锁的区段后才能解锁。在采用逐段解锁方式时,目前广泛采用三点检查法构成区段解锁条件。

以图4-10所示区段B为例,要想解锁区段B,必须检查:列车占用并出清前方区段A;列车占用并出清本区段B;列车占用后方区段C。

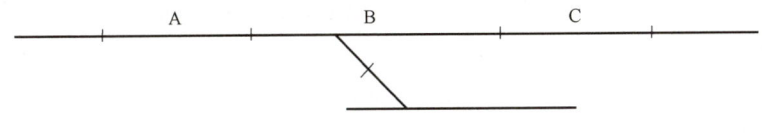

图 4-10 逐段解锁

(4) 调车中途折返解锁 调车中途折返解锁是调车进路的一种自动解锁方式。在进行转线调车作业时,整个调车作业过程可分为牵出作业和折返作业两个过程。为牵出作业而建立的进路称为牵出进路,为折返作业而建立的进路称为折返进路。

当调车车列驶入牵出进路后,往往在牵出的中途由于折返进路信号机开放而使调车车列折返。由于车列没有完全通过牵出进路上的所有道岔区段而中途折返，以至牵出进路上的部分道岔区段不能按正常解锁方式解锁。因此，需要用一种特殊的解锁方式，使牵出进路上未能正常解锁的区段予以自动解锁，这种特殊的自动解锁方式称为调车中途折返解锁。

(5) **故障解锁**　随着列车或调车车列通过进路，各道岔区段应按正常解锁方式自动解锁，然而由于轨道电路发生故障等原因，工作不正常，破坏了三点检查自动解锁的条件，而使进路因故障不能自动解锁，需由操作人员介入采用特殊的方法使进路解锁。故障解锁是以道岔区段为单位实施故障解锁。

在故障解锁时，必须判断解锁是否会危及行车安全，需要对故障解锁的操作加以限制，以避免发生行车事故。

4.4　6502 电气集中联锁系统

用电气方式集中控制和监督全站的道岔、进路和信号，并实现它们之间联锁关系的设备称为电气集中联锁。6502 电气集中联锁系统是通过电磁继电器及其电路来实现车站联锁逻辑控制功能的控制系统，由于实现联锁的元件是继电器，故又称为继电集中联锁。

电气集中联锁把全站的道岔、进路和信号集中起来控制和监督，在一定程度上实现了站内行车指挥的自动控制，能准确、及时地反映现场行车情况，具有操作简便、办理迅速、表示完善、安全可靠等优点。

电气集中联锁电路曾有过多种制式，但经使用并几经改进和完善，6502 电气集中联锁（1965 年开发的第二代产品）被认为是较好的定型电路，并且在我国铁路车站中得到广泛应用。上海地铁 1 号线车辆段、北京地铁 1 号线车辆段、广州地铁 1 号线车辆段等均采用 6502 电气集中联锁系统。

4.4.1　主要技术特征

6502 电气集中联锁的主要技术特征如下：

1）采用组合式电路。将各种组合按站场形状拼装起来即成为组合式电路。组合式电路具有简化设计、加速施工、工厂预制、便于维修等优点。6502 电气集中联锁几乎都是用定型组合拼成的，只需设计少量零散电路。

2）采用双按钮选路方式。排列进路时只需按压两个进路按钮就能转换道岔、开放信号，而且不论进路中有多少组道岔均能一次转换，简化了操作手续，提高了效率。

3）采用逐段解锁方式。6502 电气集中联锁把进路分为若干段，列车或调车车列出清一段就解锁一段。

4）电路动作层次清晰，各网路线和继电器用途明确。

4.4.2　设备组成

6502 电气集中联锁分为室内设备和室外设备两大部分，其组成如图 4-11 所示。室内设备有控制台、区段人工解锁按钮盘、继电器组合及组合架、电源屏、分线盘等。室外设备有信号机、转辙机、轨道电路以及连接室内、外设备的电缆线路等。室外设备前面已有讲述，这里重点介绍其室内设备。

1. 控制台

控制台是车站值班员指挥列车运行和调车作业的控制中心，用来控制和监督全站的道岔、进路和信号机，并供信号维修人员分析、判断控制系统的故障。控制台设在信号楼车站值班员室。

控制台采用单元拼凑式，由各种定型的标准单元拼装而成，便于生产和站场变更时的改建。控制台的盘面按照车站站场的实际情况布置，模拟站场线路、接发车进路方向、信号机和道岔，与站场实际位置相对应。控制台上设置有各种按钮和表示灯。

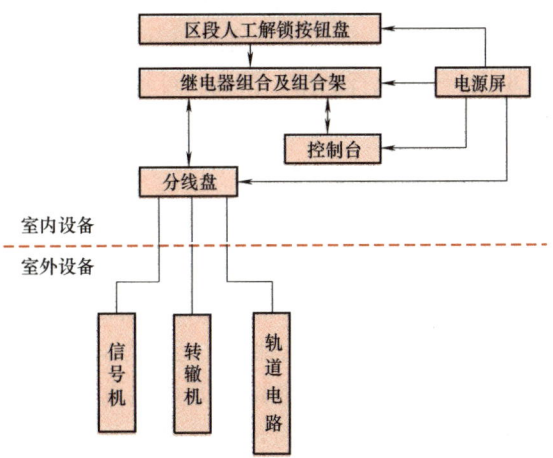

图 4-11　电气集中联锁的设备组成

2. 区段人工解锁按钮盘

在离开控制台一定距离的室内墙面上，装设有区段人工解锁按钮盘。在区段人工解锁按钮盘的盘面上，对每个道岔区段和无岔区段均设置一个带铅封的事故按钮。操作时需一人按控制台上的按钮，另一人按区段人工解锁按钮盘上的按钮，以免单人操作而危及行车安全。

区段人工解锁按钮盘是控制台操作时的辅助设备，当区段因故障不能正常解锁时，用它实现区段的故障解锁；当更换继电器或停电后恢复时，可用它恢复设备正常状态；当用取消进路办法不能关闭信号时，可用它关闭信号。

3. 继电器组合及组合架

继电器组合及组合架是 6502 电气集中实现联锁处理功能的主要设备。6502 电气集中联锁需要大量继电器，这些继电器以组合的形式放置在组合架上，组合架设置在继电器室内。把具有相同控制对象的继电器按照定型电路环节组合在一起，称作继电器组合，简称组合。

6502 电气集中定型组合根据车站信号平面布置图上的道岔、信号机和轨道电路区段设计，共有 12 种定型组合。采用继电器定型组合的形式设计电路，不仅简化了设计、加快了设计过程，而且组合可在工厂预制，从而缩短了工期。

4. 电源屏

电源屏是电气集中联锁的供电设备，一般要求有两路可靠的电源，即主电源和副电源。电源屏要保证不间断供电，电压波动能自动调整，并且要有短路和过载保护措施。电源屏的容量可根据车站规模的大小选用。

5. 分线盘

电气集中联锁的室内与室外联系导线都必须经过分线盘端子。分线盘是室内、外设备的连接设备，实现室内、外电缆汇接。

4.4.3　工作原理

6502 电气集中联锁电路的动作层次是：先选择进路，再锁闭进路，然后开放信号，最后解锁进路。

6502电气集中联锁电路是继电逻辑电路，包括网路电路和局部电路。网路电路的形状与站场形状相似。6502电气集中联锁的主要电路由15条网路线构成，其中1~7线为选路电路，8~15线为执行电路。据此，可将6502电气集中联锁电路分为选择组电路和执行组电路两大部分。

1. 选择组电路

选择组电路由记录电路和选路网路组成，主要用来记录车站值班员按压按钮的动作，按要求自动选通所需进路，并将操作意图传给执行组电路。

在记录电路中，由按钮继电器电路记录按压进路按钮的动作，由方向继电器根据所按压进路的顺序来区分进路的性质和运行方向。

选路网路包括选岔电路和开始继电器励磁电路。在七条网路线中，1~6线是道岔操纵继电器动作网路线，组成六线制选岔电路，用来在排列进路的过程中自动选出进路上的各有关道岔所需的位置；第7线是开始继电器励磁电路，用以检查所选进路和所排进路的一致性。

进路选定后，即将车站值班员的操作意图传达到执行组电路，构成执行组的动作条件。

2. 执行组电路

执行组电路的作用是检查所有联锁关系，包括检查进路中的道岔位置、区段空闲、是否建立敌对进路，实现道岔区段锁闭和开放信号，以及检查各种解锁条件，以完成进路的解锁。执行组电路可分为信号检查、区段检查、信号开放、锁闭及解锁等环节。

执行组电路主要由八条网路线组成。

1）8线是信号检查继电器电路，用来检查开放信号的可能性，即检查进路空闲、没有建立敌对进路、道岔位置正确。

2）9线是区段检查继电器和股道检查继电器电路，用来检查区段是否空闲，实现进路锁闭。

3）10线是区段检查继电器自闭电路，用来防止进路迎面错误锁闭。

4）11线是信号继电器电路，用来检查开放信号的联锁条件，即检查进路上各区段空闲、道岔位置正确且锁闭、敌对进路未建立且锁闭在未建立状态，符合条件即可开放信号。

5）12、13线是进路继电器电路，用来实现进路的锁闭，完成进路的正常解锁、取消、人工解锁、调车中途折返解锁及引导锁闭等。

6）14、15线是控制台光带表示灯电路。

除了八条网路线外，执行组电路还包括一些局部电路，如道岔控制电路、信号灯点灯电路、取消继电器电路、接近预告继电器电路、照查继电器电路、传递继电器电路、锁闭继电器电路以及控制台的各种表示灯电路、报警电铃电路等。

4.5 计算机联锁系统

4.5.1 计算机联锁系统概述

随着计算机技术的迅速发展，尤其是对可靠性技术和容错技术的深入研究，计算机联锁逐步取代了继电集中联锁。根据各国对计算机联锁的研究和试用情况来看，计算机在逻辑和信息处理方面具有很强的功能，非常适用于车站联锁。计算机联锁系统是以计算机技术为核心，综合采用通信、控制、容错、故障-安全等技术，实现车站联锁要求的实时控制系统。计算机联锁利用计算机对车站作业人员的操作命令及现场表示的信息进行逻辑运算，从而实现对道岔、进路和信号机的集中控制与监督，使其达到相互制约的目的。

计算机联锁安全可靠，处理速度快，与继电集中联锁相比具有十分明显的优势，无论在安全性、可靠性还是在经济性等方面都是继电集中联锁无法比拟的，而且在设计、施工、维修和使用上更为方便，大大提高了车站自动化程度和作业效率。

1. 计算机联锁系统的发展概况

车站联锁设备是一个很复杂的自动控制系统，它经历了从机械联锁到继电联锁，再到计算机联锁的发展过程。随着电子技术的飞速发展，20世纪60年代，人们开始尝试采用电子器件取代继电器来构成铁路信号电子联锁控制系统。1978年由瑞典ABB公司研制的世界上第一套计算机联锁控制系统在瑞典哥德堡站成功应用，掀开了车站联锁控制系统研究与应用的新篇章。

20世纪80年代，中国铁道科学研究院、中国铁路通信信号集团有限公司等单位相继展开了计算机联锁控制系统的研制工作。1984年，中国铁路通信信号集团有限公司研制生产出了国内第一套计算机联锁控制系统，并成功地应用于地方铁路（南京梅山铁矿地下运输线），填补了我国计算机联锁控制系统的空白。1989年，中国铁道科学研究院研制生产的计算机联锁控制系统在郑州北编组站开通使用，使计算机联锁控制系统首次应用于国有铁路。20世纪90年代，计算机联锁控制系统逐步在车站推广使用。

计算机联锁是车站联锁设备的发展方向，在城市轨道交通正线上绝大部分都采用计算机联锁系统。目前，中国铁道科学研究院通信信号所研制的TYJL-Ⅱ型计算机联锁已经运用于北京、广州、南京等地铁，卡斯柯公司研制的VPI型计算机联锁已经运用于上海地铁，中国铁路通信信号总公司研究设计院研制的DS6-11型计算机联锁已经运用于大连快速轨道交通3号线。另外，广州地铁1号和2号线正线、深圳地铁1号线正线、南京地铁1号线正线等采用了德国西门子公司的SICAS型计算机联锁系统，上海2号线正线采用了美国US&S公司的MicrolokⅡ型计算机联锁系统。

2. 计算机联锁系统的特点

计算机联锁系统与传统的继电集中联锁系统相比，主要有以下特点：

1）利用计算机对车站值班员的操作命令和现场监控设备的表示信息进行逻辑运算后，可以完成对信号机、道岔及进路的联锁和控制。

2）计算机发出的控制信息和现场发回的表示信息，均能由传输通道串行传送，可节省大量的干线电缆，并使得采用光缆成为可能。

3）用CRT、LCD屏幕显示代替继电联锁的表示盘，大大缩小了体积，简化了结构，方便了使用，提供了比较友好的人机交互环境，可提供比继电集中更丰富的信息和表现形式（如光带、图形、音响和语音等）。

4）采用积木式的模块化软件和硬件结构，便于站场变更，并容易实现故障控制、分析等功能。

与继电集中联锁系统相比，计算机联锁具有以下显著优点：

1) 进一步提高了安全性和可靠性。继电集中联锁只能在元器件的可靠性上下工夫，系统的可靠性受到了限制。例如，轨道电路不良，只能对轨道继电器提出种种要求，系统仅能做到三点检查。而计算机联锁就灵活得多。它能连续检查列车头部和尾部的位置，可以防止由于轨道电路分路不良造成的错误动作和漏解锁。计算机联锁采用冗余技术，增加了系统的安全性和可靠性。

2) 增加和完善了联锁系统的功能。继电集中联锁系统虽然不断改进和完善，但受到继电器电路的限制或由于费用昂贵等原因，在联锁功能方面仍然存在不足。例如，由于轨道电路的误动而造成进路错误解锁的可能性仍然存在，以至于妨碍进路的预排。再如，当一条进路在人工解锁延时时，本咽喉其他进路就无法进行人工解锁，即使对正在延时解锁的进路，剩余的延时时间也无法显示在控制台上，只能靠值班人员自己看表来掌握。这些缺点，在计算机联锁系统中，可以用较少的硬件投资和发挥软件的作用加以克服。

因为计算机联锁具有工作速度快、信息量大的特点，所以计算机联锁系统很容易实现自动控制功能，还能安全地实现自动选路和存储进路等继电集中联锁无法完成的功能。计算机联锁不仅适合于中、大规模车站，而且可以扩大控制范围，实现区域联锁，即将本站周围的一个或几个小站纳入本站来实现集中控制。同时，还可以利用计算机进行站内行车业务管理，以提高工作效率。

计算机联锁系统还能简化操作手续和减少人工直接干预，以减少和防止操作失误，提高作业效率。例如，继电联锁系统在预排进路后，进路道岔在一定时间内转换不到位情况下，值班人员想反转该道岔时必须先办理取消该进路的手续，然后才能反转该道岔，而在计算机联锁系统中则可以简化该手续。计算机联锁系统为提高办理列车进路的自动化程度创造了条件，较方便与 ATC 系统相结合。

在行车信息管理和运营调度方面，计算机联锁系统可以向乘客服务系统（如广播、车次到发显示牌等）、列车运行监视系统以及行车指挥系统提供信息。由于这类系统日趋计算机化，系统之间很容易结合。

计算机联锁系统还能很方便地进行自身的管理，包括对操作人员的操作、设备工作情况实现实时记录和打印等，对系统中的电子器件、信号设备进行故障检测、诊断和定位等，并具有保存、查询、打印记录信息和站场历史运行的再现等功能，有助于站内信号设备的维护和维修，借助于广域网后还能实现远程诊断功能。

3) 方便设计和站场的改扩建。计算机联锁系统一般采用模块结构，同时引入各种联锁辅助软件，这些都使得联锁设计标准化程度高，设计方便。同时，投入使用的计算机联锁系统在采集/驱动层上大多有一定的预留空间，在站场进行小规模的改建和扩建时，对系统中硬件和软件只需做少量扩充即可满足联锁要求，使得站场改造更为方便。

4) 省工省料且降低造价。继电集中联锁全部采用继电器，组合间配线复杂，而计算机联锁采用微型计算机及其电子器件取代了继电集中联锁中的大量继电器，其价格日益低廉。计算机联锁室内设备的体积小于继电联锁，可大大节约占地面积，也降低了工程造价。计算机联锁减少了设计、施工和维修的工作量，也降低了造价。计算机联锁易于实现标准化，可缩短设计和施工周期，降低了设计、施工和维护费用，并且由于施工、改建和故障修复时间的缩短，也有助于减少对运输的干扰。

最重要的是，计算机联锁系统为铁路信号向网络化、信息化和智能化方向发展创造了条件。例如，通过与调度集中系统的接口与信息交互，为调度指挥系统的实现提供了可能。再如，通过与区间闭塞设备、调度集中系统和列车运行控制系统的接口与信息交互，为调度集中、车站联锁、区间闭塞和列车运行控制的一体化管理和控制提供了发展空间。

4.5.2 计算机联锁系统的基本结构

根据计算机联锁系统各主要部分的功能和设置位置的不同，硬件上一般采用分层结构形式，分为人机对话层、联锁运算层、执行表示层和室外设备层，其基本结构如图 4-12 所示。

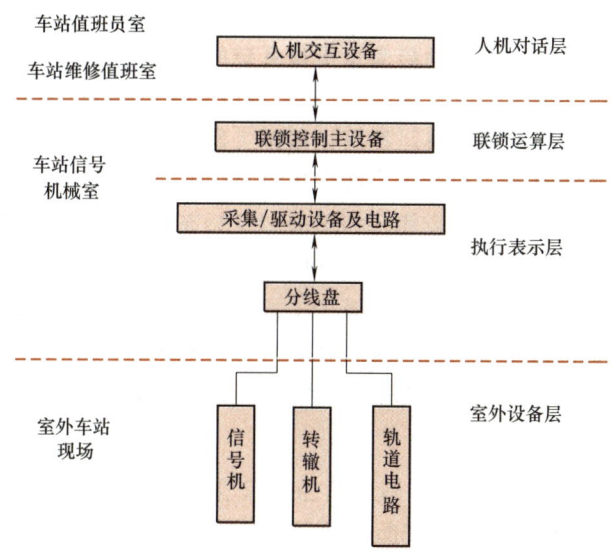

图 4-12 计算机联锁系统的基本结构

(1) **人机对话层** 人机对话层的设备，一部分设置于车站值班员室，另一部分设置于车站维修值班室内。人机对话层的功能是接收车站值班员下达的进路操作命令，并将操作命令传送到联锁运算层；接收联锁运算层输出的反映设备工作状态和行车作业情况的表示信息，进行车站站场的动态实时显示。此外，对车站联锁设备的运行情况和故障情况进行显示、记录和回放，以便车站维修人员对故障设备进行及时维修。

(2) **联锁运算层** 联锁运算层是车站联锁系统的核心，联锁运算层设备设置在车站信号楼的机械室内。联锁运算层的基本功能是实现联锁逻辑控制。联锁运算层接收来自人机对话层的操作命令，依据从执行表示层接收到的反映室外信号机、道岔和轨道电路实时状态的信息，并结合内部的中间信息，进行联锁逻辑运算，产生相应的输出信息，以实现联锁逻辑控制功能。

(3) **执行表示层** 执行表示层为联锁运算层和室外设备层的中间层，在二者之间起信息交互、硬件电路的转换等功能，同时在硬件上进行隔离，以保证室内设备的安全性。例如，接收从联锁运算层来的操纵道岔到定位的信息后，控制继电器动作，为室外转辙机电路提供电源以接通转辙机电路，驱动室外道岔向定位转换；实时检测道岔是否转换到定位，转换到定位后向联锁运算层反馈相应的道岔位置信息。联锁运算层和执行表示层是联锁控制的实际执行机构，必须具有故障-安全性。

(4) 室外设备层 室外设备层包括室外的信号机、转辙机和轨道电路等设备及其相应的动作电路，用于驱动室外信号设备的直接动作。例如，信号机的室外点灯电路、转辙机的电缆盒及转辙机内部接点电路等。

4.5.3 计算机联锁系统的冗余结构

计算机联锁系统是保证列车或调车车列在站内安全、稳定运行的关键设备，一旦出现故障就会对行车安全和运输效率产生不利影响，因此，计算机联锁系统必须具有高度的可靠性和故障-安全性。

为了保证计算机联锁系统的高度可靠性和故障-安全性，计算机联锁系统的核心硬件结构一般都采用冗余结构。冗余结构是指为了提高系统的可靠性、安全性而增加的结构。

图 4-13 所示为可靠性冗余结构。模块 A 和模块 B 经或门输出，两个模块只要有一个模块正常输出即可保证整个系统不停机，提高了系统工作的可靠性。在实际应用中，对安全性要求不高、处理人机对话信息的上位机一般采用可靠性冗余结构。

图 4-14 所示为安全性冗余结构。模块 A 和模块 B 经与门输出，两个模块同步工作，只有两个模块输出一致才能保证整个系统不停机，只要有一个模块故障，系统将不能正常输出。这种结构提高了系统工作的安全性，减少了危险侧输出的概率。在实际应用中，对安全性要求较高的联锁控制机采用安全性冗余结构。

目前，计算机联锁为了提高可靠性和安全性，主要采用了三种冗余方式：双机热备冗余、三取二冗余、二乘二取二冗余。

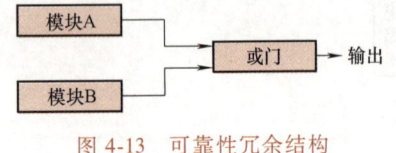

图 4-13 可靠性冗余结构

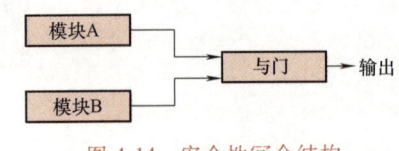

图 4-14 安全性冗余结构

1. 双机热备冗余

双机热备冗余的基本结构如图 4-15 所示。它由两台计算机同时进行逻辑运算，但仅有一台能向输出电路输出控制命令。在双机热备系统中，一台为主机，另一台为备机。平时由主机工作，备机处于待机状态，主机执行故障检测、逻辑运算和系统输出。当主机出现故障时，通过人工或自动方式切换到备机，备机将升为主机（原来的主机降为备机），继续执行故障检测、逻辑运算和系统输出。

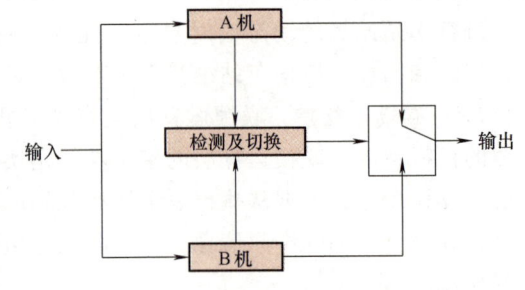

图 4-15 双机热备冗余的基本结构

双机热备冗余结构虽然能保证系统的不间断运行，有助于提高系统的可靠性，但主机必须频繁地进行故障检测，尤其是要检测自身是否出现故障，而要完全检测出所有部件是否出现故障是一件非常困难的事情。

2. 三取二冗余

三取二冗余的基本结构如图 4-16 所示。它由三台计算机同时工作，并对运行结果进行表决,当三台计算机中任意两台计算机的运行结果一致(包括三台结果一致),则认为系统工作正常。当其中一台计算机发生故障时,它将从系统中被隔离出来(此时,系统将采用双机表决,即相当于一个二取二系统)进行维修,维修好后重新加入到系统中,系统又重新组成三取二形式。从这个意义上讲,三取二冗余在没有降低系统安全性的前提下提高了系统的可靠性。

三取二系统在保证安全的前提下,使计算机故障对行车几乎没有影响(两台计算机同时发生故障的概率极低),因此,三取二冗余构成的安全型计算机在城市轨道交通信号系统中得到了普遍的应用。

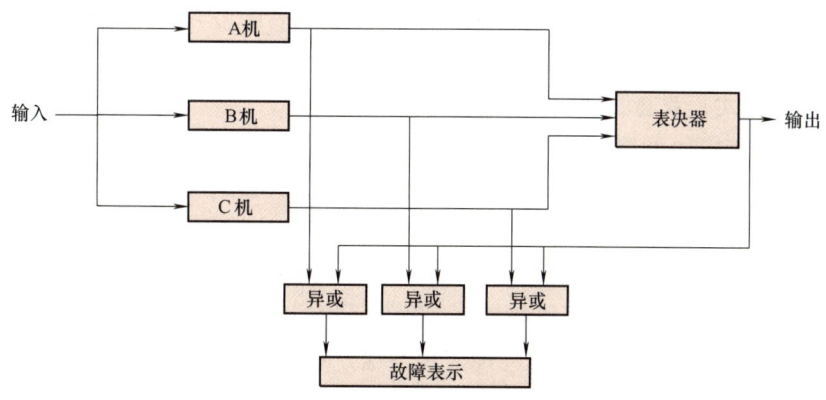

图 4-16　三取二冗余的基本结构

3. 二乘二取二冗余

二乘二取二冗余的基本结构如图 4-17 所示。它采用四台计算机,一般分为系统Ⅰ和系统Ⅱ,两个系统互为热备关系。两个系统中的每一单系统均包括两台计算机实时校核工作,只有双机工作一致才能对外输出。当处于主用地位的系统发生故障时,备用系统自动替换故障系统,其替换机理与双机热备系统基本相同。

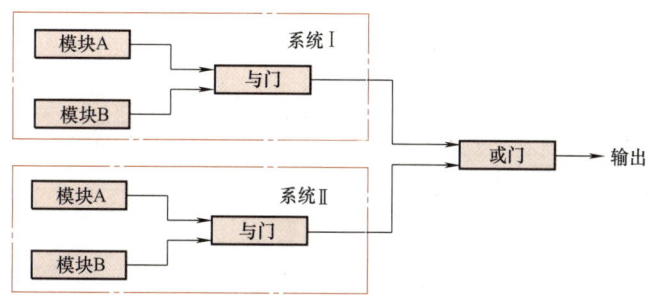

图 4-17　二乘二取二冗余的基本结构

二乘二取二冗余系统通过"单系保安全,双系提高可靠性",实现整体系统的安全性和可靠性。

4.5.4　计算机联锁系统举例

1. TYJL-Ⅱ型计算机联锁系统

TYJL-Ⅱ型计算机联锁系统是中国铁道科学研究院通信信号所研制的双机热备系统。目前，已经投入运用的项目包括北京地铁1号线四惠车辆段、广州地铁2号线车辆段、深圳地铁车辆段、南京地铁1号线车辆段、大连轻轨车辆段、重庆单轨交通、北京地铁13号正线车站计算机联锁以及车辆段计算机联锁等。

(1) 系统特点

1) 系统具有高安全性。为提高系统的安全性，系统采用闭环控制，对输出控制命令分层双重回读；信息采集采用动态检查方式，动态输出；采用软件冗余技术。采用专用的、无任何"黑箱"部分的软件平台和全部软件固化后"就地运行"的工作方式，提高了系统软件的安全性。联锁总线采用专门研发的安全信息通道。

2) 系统具有高可靠性。为提高系统的可靠性，系统采用基于总线和网络通信的分布式计算机集中控制方式，双套联锁软件。

3) 系统具有很好的可用性。系统采用成熟的工业总线、双机热备结构。双机热备时，任何一套设备故障，均不影响正常使用。故障设备在脱机状态下进行维修，系统的维修不影响使用。软件采用模块化结构，只要改变相应数据，而联锁软件不做任何变动，就能适应不同站场的需要。

4) 系统具有可扩充性和远程控制能力。系统采用专门开发的联锁总线，可根据系统容量方便地增加执行表示机，并可通过光缆实现远程分布控制，即具有区域联锁功能。增加相应的通信模块，可以通过广域网、局域网的通信连接实现集中监视、场间联系功能。

5) 系统具有良好的可维修性。系统具有完善的在线、快速和完备的自检测、自诊断能力，能及时发现故障，快速做出反应。发生故障时有语音、文字和故障码提示。系统具有完善的记录和复现功能及远程诊断功能。

(2) 系统结构　TYJL-Ⅱ型计算机联锁系统为分布式多计算机系统，主要由监控机（又称上位机）、控制台、联锁机、执行表示机（简称执表机）、接口系统、电务维修机（简称维修机）、电源和应急台等组成，系统框图如图4-18所示。其中控制台和维修终端是单套配置，监控机、联锁机、执表机均为双套。联锁机、执表机具有热备和自动切换功能，监控机是双机工作、人工切换。各备用计算机构成备用子系统，与工作子系统同步工作，也可脱离

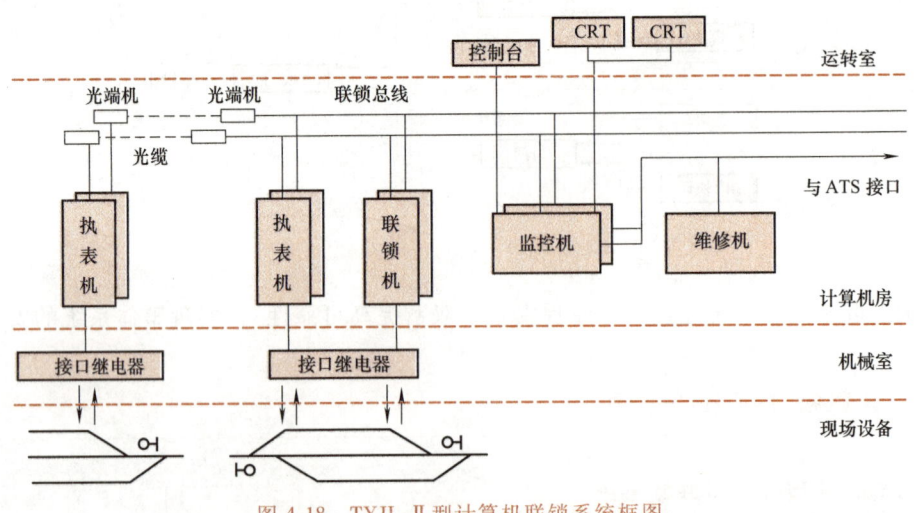

图 4-18　TYJL-Ⅱ型计算机联锁系统框图

工作子系统独立工作（备用子系统对继电部分永远无控制权），故备用子系统还可作为软件修改时模拟联锁试验用。

1）监控机。监控机是监控系统的核心，采用标准的通用工业控制计算机。监控机一般安装在计算机房的机柜中，通过引出的视频线、语音线等线缆与车站值班室内的控制台相连。系统的人机界面软件安装在监控机中。

监控机的主要功能如下：

① 接收车站值班员的有效操作命令，提供站场图像显示和语音、文字提示与时钟信息，以及系统的工作状态、报警和故障信息。

② 与联锁机进行通信，向联锁机传送初选的进路控制命令及其他操作命令信息，接收联锁机发送的道岔、信号机、轨道电路等表示信息。

③ 自动存储信息，将车站值班员所有操作、道岔、信号、轨道表示信息及联锁系统的工作状态等信息，自动存盘，形成以日期为文件名的信息记录文件。

④ 同 ATS 通信，为控制中心提供站场信息。

2）控制台。控制台是系统使用的直接人机界面部分。主要功能有：显示站场状态，接受操作命令；将站场表示、进路状态、操作结果用彩色监视器或单元表示盘的光带显示给操作人员；将操作人员的操作命令传输给监控机。

控制台的操作方式有数字化仪操作盘、鼠标操作、单元按钮控制台三种；显示有两种，即彩色监视器和单元表示盘。当前利用计算机联锁制作的控制台，均采用多种操作并用，以防操作设备出现故障造成系统瘫痪。

3）联锁机。联锁机的主要功能：实现与监控机和执表机的通信；实现信号设备的联锁逻辑处理功能；采集现场信号设备状态；输出动态控制命令等。

联锁机主要由计算机层、电源层、采集层、驱动层、零层等组成。

① 计算机层采用 STD 总线标准的工业控制计算机，由 CPU 板、通信板、V/O 板等构成。各板有各自固定的安装位置，机柜上都已标明，槽位不能互换。联锁程序固化在 CPU 板的两个 Flash 芯片上，是系统的中枢神经，负责联锁关系检查及联锁运算。

② 电源层由计算机用电源、采集电源、驱动电源等组成。系统对计算机电源的要求很高，其电压不能低于 4.9V，否则可能会出现死机或无故脱机。采集和驱动电源要求其直流电压的输出值>10V，一般在 11~12V。

③ 采集层用来安装采集板，采集板包含电源测试板及 32 芯采集端子。每块采集板可以采集 32 位信息，并以红色采集指示灯指示，红灯亮表示有采集信息送到采集板。

④ 驱动层用来安装驱动板，驱动板包含电源测试板及 32 芯采集端子。每块驱动板有 32 位驱动信息，对应每一个驱动信息，驱动板上有一个绿色的指示灯，有驱动信息时指示灯应以 3~6Hz 的频率闪烁。

⑤ 零层位于机柜最下层，主控系统最为重要的连接线缆从这里引入和引出的。

4）执表机。执表机只负责表示信息的采集和控制命令的执行，不参与联锁运算，类似于简单的逻辑系统。执表机柜结构与联锁机柜相似，只是没有计算机层。不是所有的车站都有执表机，只有当联锁机柜的容量不能满足车站监控对象数量的需要时才设执表机。

5）接口系统。接口系统可分为两大部分：一部分基本上保留了 6502 继电集中联锁对室外设备的控制和表示电路（如道岔控制电路、信号点灯电路等）；另一部分是计算机联锁所特有的，分为采集电路、驱动电路和专用防护电路。接口电路必须符合故障-安全原则。

6）维修机。为了方便电务维修人员更好地维护计算机联锁系统，系统中增加了维修机。维修机通过与主、备监控机连接，接收计算机联锁系统中的实时信息，存储记录系统的全部运行信息。维修机是计算机联锁系统的重要辅助设备，为维修人员提供人机界面，与其他系统的连接一般也是通过维修机来实现的。

维修机采用标准的工业控制计算机，配备维修网卡、远程诊断通信时终端、彩色监视器、键盘和打印机。

7）电源。TYJL-Ⅱ型联锁系统计算机部分所使用的电源主要由机柜电源、动态电源两部分组成。计算机房内的设备采用两路各自独立的供电方式。当设计有应急台时，该电源与应急台的工作电源可相互切换。

计算机系统的电源由配电柜提供，配电柜的输入来自电源屏，经 UPS 电路稳压，再分配到计算机系统中的各种设备。

8）应急台。应急台作为计算机联锁系统的附属人机界面设备，在计算机联锁系统失效时，用以控制道岔和引导信号。应急台有直观、清晰的站场图形表示，并有道岔位置及引导信号开放的表示。应急台没有联锁条件，安全要由人来保证。

(3) **系统软件** TYJL-Ⅱ型计算机联锁系统的软件按照硬件的结构划分为三个层次：人机对话层、联锁逻辑运算层和执行层，每层又可以根据功能划分为几个模块，系统软件的结构如图 4-19 所示。各种软件包之间由专用通信软件实现沟通。

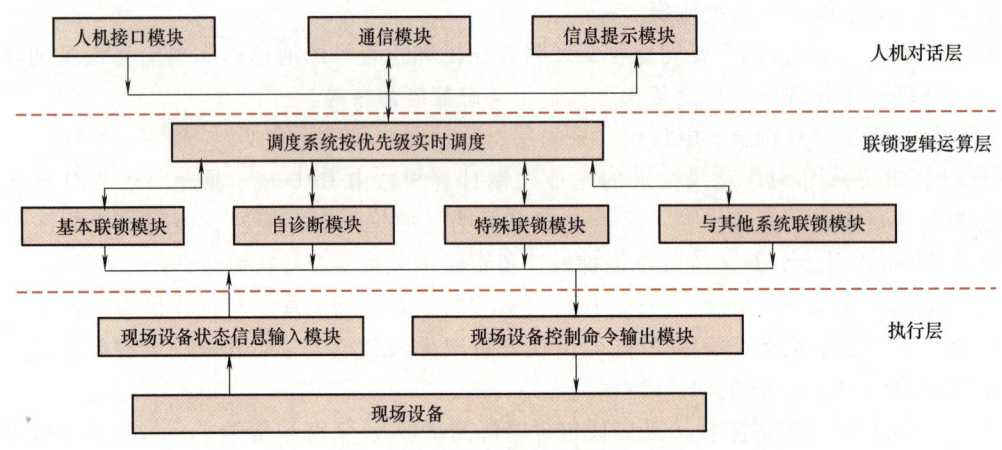

图 4-19 系统软件的层次结构

人机对话软件主要包括按钮命令处理和进路初选软件、屏幕显示软件和联锁系统实时信息记录、存储、打印等软件，这类软件因不涉及行车安全，可采用单套程序。

联锁逻辑运算软件分成基本联锁模块、自诊断模块、特殊联锁模块、与其他系统联锁模块等。联锁软件设计必须满足故障-安全原则，系统内两套独立版本的联锁程序同时运行，联锁逻辑运算结果在控制命令输出级进行比较，若一致，则向外发出驱动命令。

执行表示软件主要包括现场设备状态信息输入和控制命令输出执行等程序模块。在程序设计中，同样要求具有相当高的可靠性和故障-安全性。

(4) **与其他设备的结合**

1）与 ATS 系统的结合。联锁系统可与 ATS 设备互联，以便向 ATS 系统提供车辆段的进路状态、信号机状态、道岔位置、轨道电路状态、股道状态等信息。

计算机联锁系统与 ATS 设备之间，采用可靠的隔离措施，以确保不影响联锁设备正常工作。

2）与试车线设备的结合。试车线的联锁受车辆段计算机联锁设备统一控制，当需要对列车进行动态试验时，计算机联锁设备按非进路调车方式下放对试车线的控制权；试车完毕后，经试车线控制室交权，信号楼控制室重新收回对试车线的控制权，有关信号机关闭，道岔延时 30s 解锁。

3）与正线联锁设备的结合。正线车站与车辆段之间的出、入段按列车方式办理；车辆段与正线车站间的接口电路需要考虑出段和利用转换轨调车时的联锁敌对照查条件，以及对方防护信号机的状态；进、出段作业（转换轨至段内停车库）按列车方式办理。

2. VPI 型计算机联锁系统

安全型计算机联锁（Vital Processor Interlocking，VPI）系统是一种故障-安全的、以多处理器为基础的车站联锁信号控制系统。该系统是中法合资卡斯柯信号有限公司（CASCO）从阿尔斯通信号（美国）公司引进，结合中国铁路运营技术条件，经过二次开发而成的一种安全型计算机联锁产品。

上海地铁 2 号线车辆段、上海地铁 3 号线车辆段、上海地铁 1 号线北延伸线均采用了 VPI 型计算机联锁系统，上海地铁 3 号线正线还采用了其升级替代产品 VPI2 型计算机联锁系统。同时，VPI 系列产品也广泛应用于国铁、停车场、港口等需要联锁设备的站点。

（1）系统特点

1）高安全性。安全型计算机联锁系统的逻辑电路是由安全型逻辑组成的。它能把传统的由继电器实现的联锁逻辑和控制逻辑"写"成一系列逻辑表达式（即布尔表达式），这些逻辑表达式的正确实施是通过一个设计过程和原则来得到保证的。这个设计过程和原则称为数字集成安全保证逻辑，该数字集成安全保证逻辑确保了联锁逻辑按要求实现，并使系统具有故障-安全特性。

2）高可靠性和高可用性。VPI 系统具有很高的可靠性，从人机界面（Man Machine Interface，MMI）、网络系统、电源系统到联锁机等设备均按冗余设计，在主机发生故障的情况下，将自动无缝地切换到备机工作。VPI 系统实现了软件标准化，硬件模块化，采用开放的系统结构，能与调度集中（CTC）系统、超速防护（ATP）系统、数字轨道电路等信号系统接口，并能与其他信息管理系统交换数据。系统能保证在各种恶劣的环境下长时间稳定、可靠地工作。

3）高防雷性能和抗干扰能力。系统采用多处理器、相互独立的计算机电源、防浪涌和双重电源防雷、机箱屏蔽接地分区滤波等技术，使设备具有较高的防雷和抗干扰能力。

4）系统维护简便。VPI 联锁机具有全面的自诊断功能。电务维修人员可以通过系统维护台查询错误信息，更换发生故障的模块或插件，在短时间内修复故障。同时，联锁机柜中的各种印制电路板上都设有表示灯，以便及时了解各印制板工作状态。VPI 的系统维护台用户界面友好，能够在线诊断、故障回放、查询联锁运算参数。

（2）系统结构　VPI 系统是在一般的双系热备结构的基础上，增加了独立的故障-安全校验模块，实现双系并行控制的热冗余计算机联锁系统。

VPI 的双机热备按照下列原则设计：联锁机双机热备、MMI 双机（多机）热备；UPS 双机热备，双机发生故障后自动旁路；双网冗余。只要任一 UPS、网络设备、联锁机和 MMI 正常，都能保证系统自动重组时，系统仍可以继续工作。

VPI 系统由联锁处理子系统（IPS）、人机界面子系统（MMI）、值班员台子系统（GPC）、诊断维护子系统（SDM，含微型计算机检测）、冗余网络子系统（RNET）和电源子系统（PWR）六个子系统组成，其基本结构如图 4-20 所示。

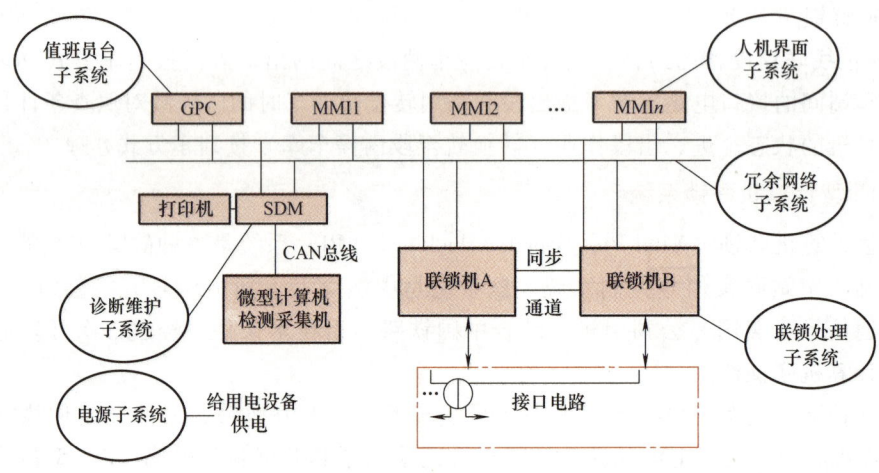

图 4-20　VPI 系统的基本结构

1）联锁处理子系统（IPS）。

① IPS 组成。IPS 是整个 VPI 系统的核心，它由两套双系热备冗余组合故障-安全加反应故障-安全专用联锁机（IPSA 和 IPSB）组成，根据需要可以设置中央逻辑控制（CLC）和区域逻辑控制（ZLC）两个分层结构。

IPS 包括下面几种印制电路板：安全数据处理板（CPU/PD1）、安全校验板（VPS）、输入/输出总线接口板（IOBUS1）、输入/输出总线扩展板（I/OBE）、安全型输入板（VIB）、安全型单断输出板（VOB）、安全型继电器驱动器板（VRD）等。

② 联锁机的故障-安全。VPI 是信号公司设计的专用于铁路信号联锁控制的专利产品，采用了多重故障-安全技术，获得了国际上的安全认可。根据 EN50129 标准的定义，VPI 综合运用了反应故障-安全、组合故障-安全和固有故障安全技术。

故障-安全结构框图如图 4-21 所示。

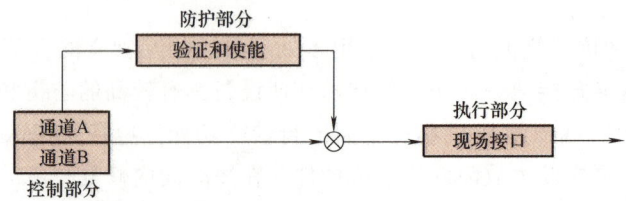

图 4-21　故障-安全结构框图

联锁机从硬件上分通道 A 和通道 B 两部分进行联锁运算。对同一信号设备，在通道 A 和通道 B 中采用了独立相异的两组编码来表示，运行各自独立的软件，使联锁机从硬件到软件均构成二取二的组合故障-安全体系结构。

在联锁运算采用二取二模式的基础上，通道 A 和通道 B 每执行一行程序，均分别构成校核字的一部分，被实时地送到以 VPS 板为核心的、独立的安全防护（校验）部分进行校核，以监督系统是否完好，且每行程序均得到正确执行。VPS 板还对各安全型输出端口进行实时动态校核（校核周期为 50ms），确保防护电路能在系统可能发生错误输出之前即切断输出通道的电流，以实现故障-安全目的。在这里，VPI 系统应用了反应故障-安全技术。

VPI 系统中的 VPS 板、安全型输入/输出板以及安全型输出板中的 AOCD（无电流检测器）等元器件，均像安全型继电器一样具有固有故障-安全特性。

③ 带独立故障安全校验的双系热冗余结构。VPI 系统有基于模块化设计的完整的冗余系统的构造，它由两套独立的系统板、输入/输出板和以之为基础的转换逻辑电路构成，保证系统在切换时不丢失信息。由于系统按动态冗余的原则设计，系统的主用和备用只是表明系统的工作状态，与设备的物理概念无关。主系统和备用系统分别执行同一工作，经同步检查，确保主、备系统同步工作，实现真正的热备冗余。联锁机 IPS 的硬件框图如图 4-22 所示。

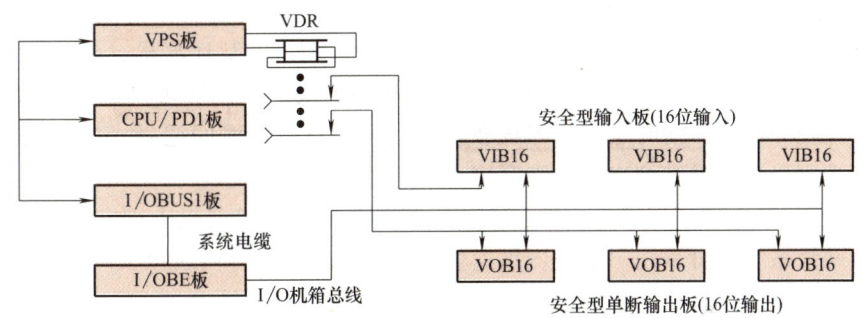

图 4-22　联锁机 IPS 的硬件框图

VPS 实际上是 IPS 的动态安全监视器，它与 CPU/PD1 板一起，构成 IPS 的安全检查核心。也可以说，VPS 是独立于 CPU/PD1 板以外的、本身具有故障-安全特性的安全校验模块。

VPS 在精确的周期间隔内接收一组校验码的，分别代表系统采集正常、系统 CPU 运行正常、内存刷新正常、安全通信正常、各输出板状态正常的校验信息。当且仅当校验信息均正确时，VPS 才能输出一个安全的数字信号，该信号通过安全型的谐波检查后，作为系统安全校验继电器的励磁电源。更为重要的是，这种电源只在每次系统安全校验通过后才能产生，并只能维持 50ms，如下一个 50ms 安全校验周期有任何出错的报警，则立即切断该电源，此时，也就意味着给各个输出端口供电的 KZ-KF 同时被切断。

系统的这种快速的反应故障-安全机制，保证了即使输出端口有出错的可能性，VPS 也能在该错误产生实际的效果之前，可靠切断 IPS 的安全输出电源，保证系统输出控制的安全。

④ 并行驱动。在 IPSA 和 IPSB 双系实时同步、安全控制的前提下，两个联锁机采集信息共享，输出并行控制，充分发挥热系冗余系统（不同于普通的双机热备或其他双系冗余系统）的高可靠性特点。

2) 人机界面子系统（MMI）。人机界面子系统是 VPI 与用户之间的人机接口模块。通常情况下，MMI 采用彩色显示器作为计算机联锁系统的人机交互界面，用来供操作员通过鼠标办理各种作业，显示站场信号设备，给予明确的语音提示。

MMI 采用 Windows NT 操作系统，对每个车站，采用 N+1 热备工作方式，使用高可靠性的工业控制计算机，通过高速网口或串口与其他子系统交换信息。MMI 可以完成以下功能：

① 操作员发送控制命令和接收现场表示信息。

② MMI 之间、MMI 与 SDM 子系统和仿真测试系统之间通过高速网络交换信息。

③ 完成非安全联锁逻辑功能（如选路判断、表示等）。

④ 数字式道岔动作电流显示。

⑤ 通过串口提供 VPI 系统与 DMIS 系统交换信息的接口。

⑥ 用户所要求的其他表示与报警功能。

⑦ 较大车站（一般为 25 组道岔以上车站）根据用户需要设置值班员台（GPC）。

3) 值班员台子系统（GPC）。GPC 采用 Windows NT 操作系统，界面与 MMI 完全相同，为车站值班员提供车站作业情况的实时显示。

4) 诊断维护子系统（SDM）。SDM 模块作为计算机联锁的子系统，主要为计算机联锁完成系统维护及接口设备监测的功能。该模块包括一台工业控制计算机、一台彩色显示器、一台激光打印机、鼠标、键盘。作为联锁计算机系统的模块，它实现了对 VPI 设备和接口设备的在线监视和记录，同时也可打印设备操作信息、日期和时间记录。根据顾客的要求，电务维护终端可以与信号维护支持网络联网，具有远程诊断功能。

5) 冗余网络和电源子系统。VPI 系统采用基于高速交换机的以太网冗余网络结构，进一步加强了网络系统的可靠性。通过网络通信的子系统均安装有两块以太网接口卡，将其接入冗余网络，一条网络故障，各子系统可以自动通过另一条网络通信，并在 SDM 子系统中提供故障诊断信息，便于及时维护。

为保证联锁系统安全、稳定工作，各子系统的电源均由不间断电源 UPS 供电。VPI 系统采用双 UPS 热备的冗余供电方式，来自电源屏的单相交流电经过二级单元防雷输入在线式 UPS，UPS 输出净化 220V 交流电，经过电源柜配电端子排供给 VPI 各子系统。

正常情况下，整个系统由 UPSA 供电。当 UPSA 不能正常工作时，电源切换电路可自动切换至 UPSB 供电；当两个 UPS 均不能正常工作时，电源切换电路自动切换至电源屏直接供电。当一个或两个 UPS 发生故障时，将同时在 MMI 和 SDM 上给出报警提示及 UPS 的工作状态，如是电池供电还是外电源供电、电池工作是否正常等，都能在 SDM 上方便查看。电源切换不影响系统正常工作。

(3) VPI 软件 VPI 是计算机硬件和软件的独特结合，并在故障-安全方式下工作。VPI 软件包括系统软件和应用软件两部分。

VPI 系统软件包含 VPI 的主任务软件和仿真测试接口、系统诊断等软件。这些软件不随具体应用环境和应用对象而改变，即除非选用不同系列的 VPI 系统，否则每个站的系统软件都是相同的。VPI 系统软件有五个主要功能：输入、联锁运算、输出、系统校核（主校核）和输出校核。

应用软件能够完成所有的联锁功能，此外，还包括仿真测试数据安全切出、切入设计。

系统软件和应用软件放在不同的、能避免在线擦除或更改的存储介质中，有利于系统软件和应用软件的管理。

（4）与其他系统的接口　VPI 系统可与室外信号设备、区间闭塞设备、场间联系电路等设备接口，联锁机通过驱动普通安全型继电器和采集安全型继电器接点与继电电路接口，实现计算机联锁设备与现场设备的电路衔接和安全隔离。

VPI 系统各站（场）之间的常见联系、站间列车运行方向电路均实现了完全数字接口，与继电半自动闭塞接口时仅保留个别继电器相比，简化了场间联系及区间自动闭塞、半自动闭塞的接口设计。

由于 VPI 系统采用 NISAL 专利技术，计算机输出控制只需采用普通安全型继电器，不需要采用昂贵的、其性能得不到计算机系统支持的、直接检查的动态继电器/动态组合电路。这不仅大大降低了室内接口电路的工程造价，也简化了接口电路结构，确保了输出驱动电路的可靠性，节约了用户的维修成本，更重要的是彻底消除了动态继电器/动态组合电路的安全隐患。

VPI 系统还可以预留与其他系统的接口，如 ATS 系统、DMIS 系统等。可根据用户的需求决定系统的接口功能。

3. SICAS 型计算机联锁系统

西门子计算机辅助信号（Siemens Computer Aided Signalling，SICAS）型计算机联锁是德国西门子公司研制的计算机联锁系统，是一种模块化的、灵活的联锁系统，可以通过单独操作、进路设置等方式实现对道岔、轨道电路、信号机等室外设备的监督和控制。SICAS 型计算机联锁被广泛地应用在干线铁路、城市轨道交通中。

（1）系统结构　计算机联锁设备普遍分为操作显示层、联锁逻辑层、执行表示层、设备驱动层及现场设备层五层。SICAS 型计算机联锁设备分别对应 LOW（现场操作工作站）、SICAS（联锁计算机）、STEKOP（现场接口计算机）、DSTT（接口控制模块）以及现场的道岔、信号机和轨道电路，其总体结构如图 4-23 所示。

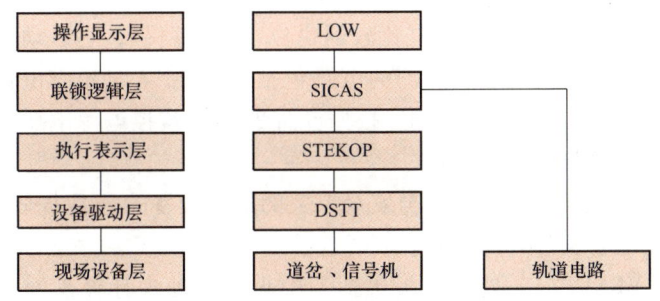

图 4-23　SICAS 型计算机联锁总体结构

1）LOW（现场操作工作站）。LOW 是人机操作界面，将设备和列车运行情况图形化显示，接受操作人员的操作指令并传递给联锁计算机进行处理。

2）SICAS（联锁计算机）。SICAS 根据需要可采用二取二结构或三取二结构，主要功能是接收来自 LOW 的操作指令和来自现场的设备状态信息，联锁逻辑运算，排列、监督和解锁进路，操作和监督道岔，控制和监督信号机，防止同时排列敌对进路，向 ATC 发出进入进路的许可，并将产生的结果状态和故障信息传送至 LOW。

3）STEKOP（现场接口计算机）。STEKOP 采用二取二结构，实现联锁计算机与 DSTT

间的连接，控制的最大距离为 100km。STEKOP 的主要功能是：读入轨道空闲表示信息和开关量信息，根据 SICAS 发出的命令和 DSTT 的结构，分解命令，输出并控制 DSTT，实现对转换设备、显示单元的控制，并将开关量信息回传给 SICAS。

4) DSTT（接口控制模块）。DSTT 是分散式元件接口模块，经由并行线与 SICAS 相连，根据 SICAS 的命令控制现场设备，如道岔、信号机或轨道空闲检测系统。从联锁计算机到 DSTT 的最大距离是 30m，DSTT 与轨旁元件间最大距离为 1km。

系统中联锁计算机对现场设备的控制有三种基本配置：

1) 带 DSTT 的系统，SICAS 直接经 DSTT 控制现场设备。
2) 带 DSTT 和 STEKOP 的系统，SICAS 经 STEKOP 和 DSTT 控制现场设备。
3) 带 ESTT（电子元件接口模块）的系统，SICAS 直接经 ESTT 控制现场设备。

(2) SICAS 的硬件配置 SICAS 联锁计算机是为了控制联锁而设计的计算机，它基于西门子公司的 SIMIS-3216 故障-安全微型计算机系统，按三取二的冗余配置。

STCAS 联锁计算机有三个完全相同的通道，分别称为 A、B、C 通道。三个通道同时进行工作，并进行同步，每个通道所用的电源由独立的供电模块提供。当其中一个通道故障时，另外两个通道继续工作，不影响正常的行车及行车安全。同时在服务与诊断计算机的 MMI 上提出报警，提醒工作人员进行维修。

每一个 SICAS 联锁通道均由以下设备组成：同步比较板、处理器板、中断板、总线控制板、开关量输入模块板和开关量输出模块板。

1) 同步比较板（VESUV3）。三个计算机通道内计算的信息要进行同步和比较。同步比较板是 SIMIS-3216 硬件操作系统的组成部分，不同的计算机通道之间同步由同步比较模块来实现，它使三个计算机通道实现同步。它能自动比较本计算机通道与相邻通道的输出数据；监控供电电压在允许误差范围内；协调中断请求的输入；使超时模块完成对计算机的同步校核；通过切断与安全相关外设的电源来保证相关计算机通道的安全关闭。

通过输入分配器和中断分配器来协调输入请求和中断。该模块包括了所有必需的监控功能。SIMIS 的关键功能器件之一——硬件比较器也位于该电路板，它自动地进行本通道的输出数据与相邻通道输出数据的比较。监测的电路包括过电压/欠电压继电器、定时器监督单元。过电压/欠电压继电器进行电压监测，按照允许的范围监控电源电压；定时器进行时间监测，监督单元检查计算机的同步。

发现一项故障后，该模块通过切断与安全有关的外部设备的电源来安全地关闭相应的计算机通道，切断与安全有关的外部设备。

2) 处理器板（VENUS2）。处理器板包括了中央逻辑处理计算机的核心功能部分，由 CPU、EPROM 和 RAM 等组成。可以对输入的外围设备数据在系统中进行处理计算，将处理过的信息（针对轨旁设备的控制命令）输出，并指示状态信息。此外，处理器板还有支持过程功能的单元，如中断控制器和定时器。

3) 中断板（VESIN）。中断板用于中断控制。中断板最多可以从 32 个中断请求中产生中断，这些中断通过同步比较板产生或重新传输一组中断给 SIMIS-3216 计算机，使其进入同步状态。中断板中包括一套在计算机通道内检测所有电路板寻址故障的测试装置。

4) 总线控制板（BUMA）。总线控制板作为一种通信模块，位于连接联锁系统不同层次间的中央位置，每三个（三取二计算机中）总线控制板构成一个故障-安全微型计算机系统。

也就是说，计算机联锁中的总线控制板系统本身就构成一个独立的故障-安全计算机，可以是二取二计算机或三取二计算机。通过总线控制板前面板的两个接口可与相邻的总线控制板连接。

STEKOP 系统的接口模块经由总线控制板与联锁计算机相连。通过总线主控模块，总线控制板可以使其他计算机与联锁计算机相连。ESTT 系统中的元件接口模块与联锁计算机之间通过总线控制板连接，利用光缆作为传输介质，能保证它们之间的电气隔离。

BUMA 在城市轨道交通信号系统中，用于与列车自动控制系统等设备的连接。系统中一共有五块板（根据控制数量可以增加），从左到右为 BUMA0、BUMA1、BUMA2、BUMA3 和 BUMA4，分别连接到 ATP 轨旁计算机、诊断计算机、操作设备（ATS 的车站设备和 LOW）、用于控制道岔的 STEKOP 板和用于控制信号机的 STEKOP 板。

每个总线控制板可控制多达 16 个电子元件接口模块；每个总线控制板通过最多 16 块接口板，可以控制多达 24 个元件。

5）开关量输入模块板（MELDE2）。元件接口模块的信息和轨道空闲检查单元的状态信息通过开关量输入模块板传输到联锁计算机，传输的最大距离为 30m。由两个前端连接器（2×16 开关量输出）连接多达 64 个开关量输入，开关量输入模块板实现了光耦输入端和联锁计算机之间耐压 2kV 的电气绝缘；通过联锁计算机软件的确认，可检查独立的光耦输出端；通过面板前的 LED，可显示读过程的状态。

MELDE 在系统中用于采集轨道电路的状态，一共有四块板。其中两块用于采集轨道继电器的前接点，另外两块用于采集轨道继电器的后接点。只有当前接点闭合和后接点断开时系统才认为轨道区段是空闲的，其他情况则认为是占用的。

6）开关量输出模块板（KOMDA2）。联锁计算机状态信息通过开关量输出模块板输出至控制元件接口模块，总共可以驱动 32 个数字输出，传输的最大距离为 30m。由两个前端连接器（2×16 开关量输出）连接多达 32 个开关量输出。32 位输出寄存器通过光耦与计算机隔离，光耦输出端和联锁计算机之间耐压 2kV 的电气绝缘。晶体管的导通和寄存器的输出通过光耦由联锁计算机的软件来检查。通过面板前的两个 LED，可显示写入和回读过程的状态。

（3）SICAS 软件　SICAS 软件有基本软件和应用软件之分。

1）基本软件。基本软件的功能是保持应用软件独立于硬件，并提供高性能服务。基本软件包括测试程序、多通道中断和在线校核程序、计时器程序、信箱和管道程序、接口驱动器程序和安全数据传送程序等。

① 当系统启动时，存储器初始化，测试程序运行一遍，处理过程以规定的顺序开始。

② 多通道中断和在线校核程序有助于确保一个故障-安全系统的实现。在维修后，通过加载，系统便可更新，并继续按三取二的方式高可用性运行。

③ 计时器程序可以用作特殊的应用软件，由基本软件管理。

④ 信箱和管道程序，两个通信服务器支持过程处理间的信息交换。

⑤ 接口驱动器程序，控制联锁计算机与相应接口之间的信息交换。

⑥ 安全数据传送程序，鉴定确保仅有需要的参与者之间的通信。

2）应用软件。应用软件由操作和显示接口、状态管理、安全测试等部分组成。

操作和显示接口构成通向联锁运算的故障-安全端口，即所有从操作控制系统传送到联

锁的信息都要通过语法和格式的正确性校核。

状态管理可以存储中央处理图像。来自操作控制系统的指令经由解释程序传到联锁逻辑。要素状态的改变（如轨道空闲、道岔位置等）可更新要素专用存储器，此后，操作控制系统的部件也会得到更新。

安全测试 COSPAS 软件作为 SICAS 联锁计算机的操作系统使用，包括核心部分和扩展模块。这些扩展模块涉及通信软件和所用模块的当前驱动器。核心部分为与系统无关的规则解释程序。

（4）有关设备的接口

1）与车辆段联锁的接口。正线车站与车辆段的信号接口设有相互进路照查电路，操作人员只有确认设置于控制台或计算机屏幕的照查表示灯显示后才能开放信号。主要联锁关系包括以下几个：

① 不能同时向敌对联锁区排列进路。

② 当进路中包含有敌对轨道电路时，必须根据敌对相关轨道电路空闲信息进行进路检查，进路排列后须将排列信息传送至敌对并要求敌对排列进路的另一部分。

③ 列车入段时，车辆段必须先排接车进路，正线车站才能排列入段进路，以减少对咽喉区的影响。

2）与洗车机的接口。只有得到洗车机给出同意洗车信号后，才能排列进入洗车线的进路；否则，不能排列进路。

3）与防淹门接口。防淹门的主要作用是，当水涌进地铁车站等意外事故发生时，闸门能根据信号在短时间内自动紧急关闭，防止事态扩大。

在特殊情况发生时，SICAS 联锁通过与防淹门的接口保证列车运行安全。联锁设备与防淹门间传递的信息包括防淹门"开门状态"信息"非开状态"信息"请求关门"信号以及信号设备给出的"关门允许"信号。

其基本联锁关系主要表现如下：

① 只有检测到防淹门的"开门状态"信息，而且未收到"请求关门"信号时才能排列进路。

② 信号机开放后，收到防淹门"非开状态"信息时，立即关闭并封锁信号机。

③ 信号机开放后，收到防淹门"请求关门"信号时，关闭并封锁始端信号机，并取消进路（接近区段有车时延时 30s 取消进路），通过轨道电路确认隧道内没有列车后立即发出"关门允许"信号；否则需要防淹门操作人员人工确认列车运行情况并根据有关规定人工关门。

4）与 ATC 的接口。SICAS 联锁与 ATC 的连接通过逻辑的连接来实现，响应来自 ATS 的命令，进行联锁逻辑运算，在满足安全的前提下，控制进路、道岔和信号机，并将进路、轨道电路、道岔、信号机的状态信息提供给 ATS、ATP 和 ATO。

5）与相邻联锁系统的接口。城市轨道交通正线车站被划分为数个联锁区，各联锁区的相互连接经由联锁总线通过连接中央逻辑层实现，联锁边界处的每个设备均以其进路特征反映至相邻联锁系统。

思考题

1. 什么叫联锁？联锁有哪些基本条件？

2. 联锁设备有哪些功能？有哪些基本要求？
3. 什么叫进路？如何划分？
4. 城市轨道交通进路可分为哪几种？
5. 说明道岔、进路和信号机之间的基本联锁的内容。
6. 什么叫进路控制过程？
7. 进路有哪些解锁方式？
8. 6502 电气集中联锁的主要技术特征有哪些？
9. 6502 电气集中联锁由哪些设备构成？
10. 什么叫计算机联锁系统？有哪些优越性？
11. 说明计算机联锁系统的基本结构。
12. 计算机联锁系统有哪些冗余结构？
13. 查阅资料，简述各城市地铁线路采用的计算机联锁系统。

第5章　列车自动控制系统

【本章概述】

随着工业化程度的提高，世界城市人口急剧膨胀，对城市轨道交通的载客能力提出了越来越高的要求。设想如果能将最小列车间隔从 4min 缩短为 2min，就可使运输能力提高一倍。列车自动控制（ATC）系统能最大程度地确保列车运行安全，缩短行车间隔，提高运输效率。ATC 系统运用了当代许多重要的科技成果，技术含量高。

本章主要介绍 ATC 系统的历史沿革、组成和功能，对 ATC 系统的分类和控制方式进行较为详细的讲述，使读者对 ATC 系统有一个较为深刻的认识。

【学习重点】

1. 了解 ATC 系统的历史沿革。
2. 掌握 ATC 系统的组成、功能、分类和选用原则，并做到能使 ATC 的类型与城市轨道交通的运输需求相一致。
3. 掌握 ATC 系统的控制模式。

5.1　ATC 系统综述

5.1.1　ATC 系统的历史沿革

列车自动控制系统（ATC）是将先进的控制技术、通信技术、计算机技术与轨道交通信号技术融为一体的具有行车指挥、控制、管理功能的自动化系统。它是保障轨道交通行车安全、提高运输效率的核心，也是标志一个国家轨道交通技术装备现代化水准的重要组成部分。ATC 系统能替代驾驶员的部分甚至全部作用，大大地提高了行车的效率和安全性，使得因人为疏忽、设备故障而产生的事故率降至最低。

列车运行控制技术随电子技术的发展于 20 世纪 60 年代开始出现。苏联于 1958 年首次研制成功了较低级的行车自动化系统，1962 年在莫斯科地铁使用。美国于 1960 年在纽约地铁试运行列车自动驾驶系统。20世纪70年代以来，各国地铁都开始向着综合自动化的方向发展。美国于1972年9月在旧金山海湾采用城郊快速运输系统（BART），该系统的控制中心安装了两台计算机（一主一备），能同时指挥和控制105列列车执行运行图。1971年7月23日英国在维多利亚线上实现行车自动化，开通线路全长22.4km。1972年法国在巴黎地铁东西快车线上实现自动调度，利用列车自动操纵设备实现了自动驾驶，较全面地实现了列车行车指挥和列车运行自动化。我国于1975年在北京地铁线路开始试用自己研制的行车自动化系统，1976年开始采用国产电子计算机，初步实现了轨道交通行车指挥自动化。

城市轨道交通行车自动化的功能包括低级阶段功能和高级阶段功能。低级阶段的基本功能是由自动闭塞、自动停车、车站联锁和调度集中控制来完成的；高级阶段的基本功能则叠加了行车指挥自动化和列车自动驾驶系统及若干自动检测设备。为了保证行车安全，在行车自动化系统中还配置了列车无线调度电话，使行车调度员和驾驶员之间可以随时进行通话。

由于城市轨道交通运送的全是乘客，所以对列车运行控制系统的安全性、可靠性要求较高。列车运行控制系统构成中最基本的是人工控制信号设备，叠加自动控制信号设备，再叠加行车的全自动控制系统。这样在高级系统失灵时，低级系统仍能完成运转。此外，在自动化控制系统中都要相应地增加安全可靠措施，例如，在应用计算机时尽可能增加多机冗余系统。

5.1.2 ATC系统的组成和功能

1. ATC系统的组成

目前，ATC系统已经成为城市轨道交通运行控制系统中最重要的组成部分，由列车自动防护（ATP）、列车自动驾驶（ATO）和列车自动监控（ATS）三个子系统组成，简称"3A"子系统，但在有些情况下ATS子系统可以利用调度集中（CTC）代替。各子系统之间相互支持，实现对列车的控制，保障列车行驶的安全和运输效率的提高。

ATC系统按地域分为5部分：控制中心设备、车站及轨旁设备、车辆段设备、试车线设备、车载ATC设备。其构成框架如图5-1所示。

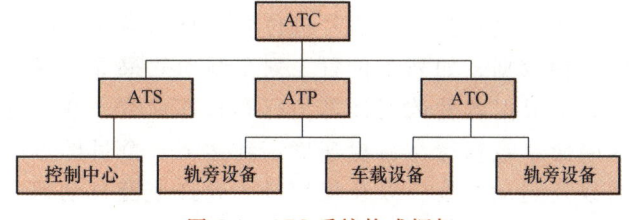

图5-1　ATC系统构成框架

城市轨道交通ATC系统是根据列车在线路上运行的客观条件和实际情况，对列车运行的速度与控制方式等状态进行监督、控制和调整的技术装备。ATC系统包括地面与车载两部分，地面设备生成并传递对列车控制所需要的全部基础数据，例如，列车运行的限制速度、线路信息等。车载设备通过传输媒介将地面设备传来的信号进行信息处理，形成列车速度控制数据及列车制动模式，并不断监督和控制列车安全运行。ATC系统改变了传统的信号控制方式，可以连续、实时地监督列车的运行速度，自动控制列车的制动系统，实现列车的超速防护。列车控制方式可以由人工驾驶，也可以由设备实行自动控制，使列车根据其本身条件自动调整追踪间隔，提高线路的通过能力。

ATC 系统需设置行车指挥中心，沿线各车站设计为区域性联锁，其联锁设备放在控制站（一般为有岔站，有时也称集中站）。列车上安装有车载控制设备。行车指挥中心与控制站通过有线数据通信网络连接，行车指挥中心与列车之间可采用无线通信进行信息交换。ATC 系统直接与列车运行有关，因此 ATC 系统中对数据传输的要求比一般通信系统的安全性、可靠性、实时性更高。

ATC 系统设备分布于运行控制中心（Operation Control Center，OCC；简称控制中心）、车站和轨旁设备及列车上。ATC 系统框图如图 5-2 所示。

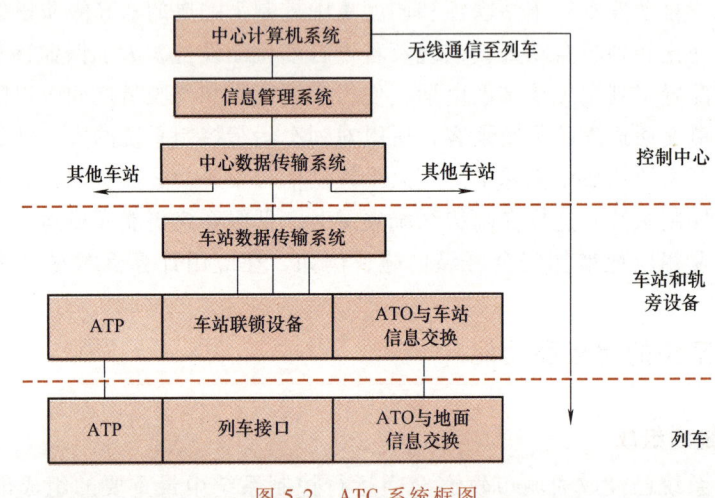

图 5-2　ATC 系统框图

在控制中心内，设置有中心计算机系统、中心数据传输系统、信息管理系统等。

中心计算机系统通过内部冗余结构完成全部数据处理和行车指挥功能，这种结构符合故障-安全原则和可靠性要求；数据传输系统可以对所辖车站及运行中的列车实现双向高速数据传递。

在中心计算机系统中存有固定的被控区域的各种数据，如线路坡度与曲线数据及当前线路允许速度，还包括轨道电路状态、信号机位置及显示状态、应答器位置及工作状态等。运行中的列车的各种数据，如列车位置、列车制动效果等，将通过各站分机传送到中心计算机。中心计算机根据各种数据计算出行车指挥命令，并通过数据传输设备传送到车载计算机中。这些命令包括行车目标速度、到达下一个目标点的行车距离、车载计算机应使用的速度曲线及制动曲线，以及根据最大允许速度自动驾驶列车。线路设备的变化，如轨道电路反应的各种状态，都是通过数据传输系统输送到控制中心的。因此，数据传输系统是轨旁设备与列车、列车与车站以及各车站间、车站与控制中心间的闭环式地-车信息交换的通道。

2. ATC 系统的功能

ATC 系统包括五个功能：ATS 功能、联锁功能、列车检测功能、ATC 功能和列车识别（Positive Train Identification，PTI）功能。

(1) **ATS 功能**　可自动或人工控制进路，进行行车调度指挥，并向行车调度员和外部系统提供信息。ATS 功能主要由位于 OCC（控制中心）内的设备实现。

（2）**联锁功能** 响应来自 ATS 功能的命令，在满足安全准则的前提下，管理进路、道岔和信号机的控制，将进路、轨道电路、道岔和信号机的状态信息提供给 ATC。联锁功能由分布在轨旁的设备来实现。

（3）**列车检测功能** 一般由轨道电路或相应的计轴器等装置完成。

（4）**ATC 功能** 在联锁功能的约束下，根据 ATS 的要求实现对列车运行的控制。ATC 功能有三个子功能：ATP/ATO 轨旁功能、ATP/ATO 传输功能和 ATP/ATO 车载功能。ATP/ATO 轨旁功能负责列车间隔和报文生成；ATP/ATO 传输功能负责发送感应信号，它包括报文和 ATC 车载设备所需的其他数据；ATP/ATO 车载功能负责列车的安全运营、列车自动驾驶，并给信号系统和列车驾驶员提供接口。

（5）**PTI 功能** 通过多种渠道传输和接收各种数据，在特定的位置传给 ATS，向 ATS 报告列车的识别信息、目的号码和乘务组号及列车位置数据，优化列车运行。

3. ATC 系统的特点

1）是将先进的控制技术、通信技术、计算机技术与轨道交通信号技术融为一体的安全控制系统。

2）能够对线路空闲/占用进行检测。

3）车载信号属于主体信号，可以直接给驾驶员指示列车应遵循的安全运行速度。

4）具有对运行中的列车测速、定位的功能。

5）自动监控列车运行速度，有效地防止由于驾驶员失去警惕或错误操作可能酿成超速运行、列车颠覆、冒进信号或列车追尾等事故，是一种行车安全控制设备。

6）为满足行车安全控制需要，给驾驶员指示安全可靠的速度指令，它通过安全可靠的大容量的地-车之间信息传输系统传输安全控制信息。

5.2 ATC 系统的分类

5.2.1 按闭塞制式分类

城市轨道交通 ATC，按闭塞制式可以分为固定闭塞式 ATC、准移动闭塞式 ATC 和移动闭塞式 ATC。

1. 固定闭塞式 ATC

固定闭塞将线路划分为固定的闭塞分区，前后车的位置都用固定的地面设备来检测；闭塞分区用轨道电路或计轴装置来划分。由于列车定位是以固定区段为单位的（系统只知道列车在哪一个区段中，而不知道在区段中的具体位置），所以固定闭塞的速度控制模式是分级的，需要向被控列车传送的信息只有速度码。

固定闭塞的闭塞长度较大，并且一个分区只能被一辆列车占用，所以不利于缩短行车时间间隔。除此之外，因为无法知道列车的具体位置，需要在两辆列车之间增加一个防护区段，这使得列车间的安全间隔较大，影响了线路的使用效率。图 5-3 所示为固定闭塞式 ATC 示意图。

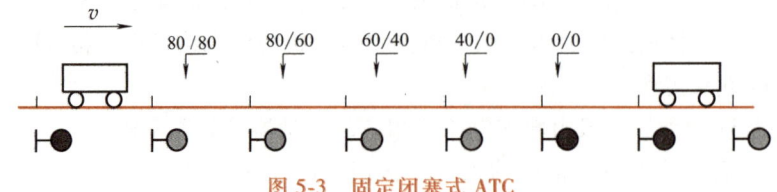

图 5-3 固定闭塞式 ATC

注：图中×/×表示区段的入口/出口速度

2. 准移动闭塞式 ATC

准移动闭塞式 ATC 对前后列车的定位方式是不同的，如图 5-4 所示。前行列车的定位仍然沿用固定闭塞方式，而后续列车的定位则采用连续的方式，即后续列车可以定位更加精准。为了提高后续列车的定位精度，目前各系统均在地面每隔一段距离设置一个定位标志（即轨道电路的分界点、信标或计轴器等），列车通过时提供绝对位置信息。在相邻定位标志之间，列车的相对位置由安装在列车上的轮轴测速装置连续测得。

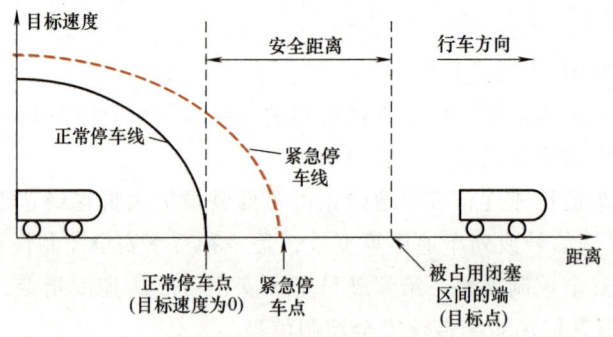

图 5-4 准移动闭塞式 ATC

由于准移动闭塞采用了固定和移动两种定位方式，所以其速度控制模式既有连续的特点，又有阶梯的性质，当前行列车出清原占有闭塞区间时，目标点前移一个闭塞区间，本列车的制动曲线随着目标点的移动而发生跳变，如图 5-5 所示。但是与"固定"性质相对应的设备，必须在工程设计和施工阶段完成设置。由于被控列车的位置是由列车自行实时（移动）测得的，所以其最大允许速度的计算最终是在车载设备上实现的。

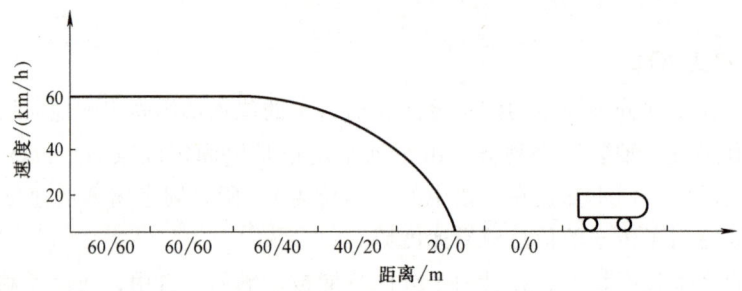

图 5-5 准移动闭塞式 ATC 的速度控制模式

准移动闭塞式 ATC 在控制列车安全间隔方面比固定闭塞提高了一步，可以告知后续列车继续前行的距离，后续列车也可以通过这一距离合理地采取减速或制动，从而可以改善列车控制，缩小时间间隔，提高线路使用效率。但准移动闭塞中后续列车的最大目标制动点仍必须在先行列车占用分区的外方，因此它没有完全突破轨道电路的限制。

3. 移动闭塞式 ATC

移动闭塞式 ATC（图 5-6）的特点是前后两车均采用移动式的定位方式，即前后两辆列车均可精确定位，列车之间的安全追踪间距随着列车的运行而不断移动且变化。

图 5-6　移动闭塞式 ATC

4. ATC 系统的选用原则

1）ATC 系统应采用安全、可靠、成熟、先进的技术装备，具有较高的性能价格比。

2）城市轨道交通运营线路宜采用准移动闭塞式 ATC 系统或移动闭塞式 ATC 系统，也可以采用固定闭塞式 ATC 系统。因为城市轨道交通具有客流量大、行车密度高的特点，而准移动闭塞式和移动闭塞式 ATC 系统可以实现较大的通过能力，对于客运量变化具有较强的适应性，可以提高线路利用率，具有高效运行、节能等特点，并且控制模式与列车运行特性相近，能较好地适应不同列车的技术状态，其技术水平较高，具有较大的发展前景。虽然固定闭塞式 ATC 系统技术水平相对较低，但由于可满足 2min 行车间隔的行车要求，且价格相对低廉，因此也可选用。根据实际情况，因地制宜选择三种不同制式的 ATC 系统是可行的。

5.2.2　按通信方式分类

按照通信方式可以分为点式 ATC 和连续式 ATC。

1. 点式 ATC

点式 ATC 系统因其主要功能是列车超速防护，所以又称为点式 ATP 系统。它用点式设备传递信息，用车载计算机进行信息处理。该系统的优点是设备简单，安装灵活，维护方便，可靠性高，价格明显低于连续式 ATC 系统。缺点是自动化程度不高，不利于列车的平稳驾驶，行车间隔较大，难以胜任列车密度大的情况。例如，后续列车驶过地面应答器时，因前方区段有车占用，所以需要对其进行速度控制，但是前行列车驶离之后，后续列车得不到新的信息仍需要执行限速控制，直到前行列车抵达下一个地面应答器，这种限速才能解除，因而会造成行车间隔增大。

（1）点式 ATC 系统的基本结构　点式 ATC 系统由地面设备和车载设备组成，其中地面设备主要是地面应答器和轨旁电子单元（LEU，有时称信号接口）等。图 5-7 所示为点式 ATC 系统的基本结构。

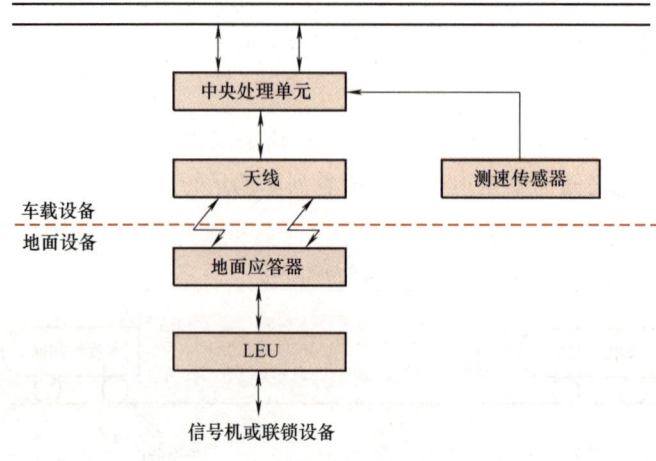

图 5-7　点式 ATC 系统的基本结构

1）地面应答器。地面应答器通常设置在信号机旁或者设置在一段需要降速的缓行区间的始端或终端。它接收车载设备发射的能量，内部寄存器按协议以数码形式存放实现列车速度监控及其他行车功能所必需的数据。置于信号机旁的地面应答器，用以向列车传递信号显示信息，因此需要通过接口电路 [即轨旁电子单元（LEU）] 与信号机相连，地面应答器内所存储的部分数据受信号显示的控制。置于线路上的地面应答器有时不需与任何设备相连，所存放的数据往往是固定的。

2）轨旁电子单元。轨旁电子单元是地面应答器与信号机之间的电子接口设备，其任务是将不同的信号显示转换为约定的数码形式。轨旁电子单元是一块电子印刷板，可根据不同类型的输入电流输出不同的数码。

3）车载设备。车载设备由车载应答器、测速传感器、中央处理单元和驾驶台上的显示、操作与记录装置等部分组成，如图 5-8 所示。

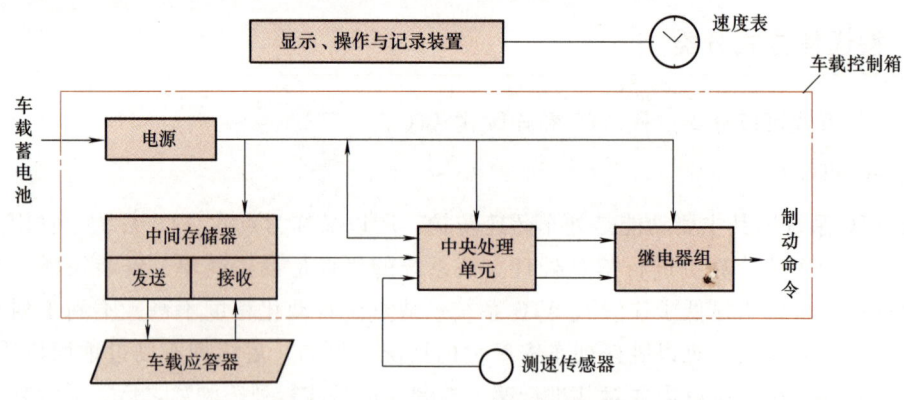

图 5-8　点式 ATC 系统车载设备组成

① 车载应答器：完成车-地的耦合联系，将能量送至地面应答器，接收地面应答器所存储的数据并传送至中央处理单元。

② 测速传感器：通常装在轮轴上，根据每分钟车轮的转数与车轮直径在中央处理单元内换算成列车目前的速度。

③ 中央处理单元：核心是安全型计算机，负责对所接收到的数据进行加工处理，形成列车当前允许的最大速度，将此最大允许速度值与列车现有速度值进行比较，以决定是否给出启动常用制动乃至紧急制动的命令。从车载应答器传向地面应答器的高频能量也是由它产生的。

④ 驾驶台上的显示、操作与记录装置经过一个接口，即可将中央处理单元内的列车现有速度及列车最大允许速度显示出来。这种显示可以是指针式或液晶显示屏方式，按照需要，还可显示出其他有助于驾驶员驾驶的信息，如距目标点的距离、目标点的允许速度等。对于出现非正常的情况，如出现超速报警、启用常用或紧急制动，都可以由记录仪进行记录。

(2) 点式 ATC 系统的基本原理 点式 ATC 系统的车载设备接收信号点或标志点的应答器信息，还接收列车速度和制动信息，输出控制命令并向驾驶员显示。地面应答器向列车传送每一信号点的允许速度、目标速度、目标距离、线路坡度、信号机号码等信息。

图 5-9 所示为车载中央控制单元根据地面应答器传至列车上的信息以及列车自身的制动率（负加速度），计算得出的两个信号机之间的速度监控曲线。

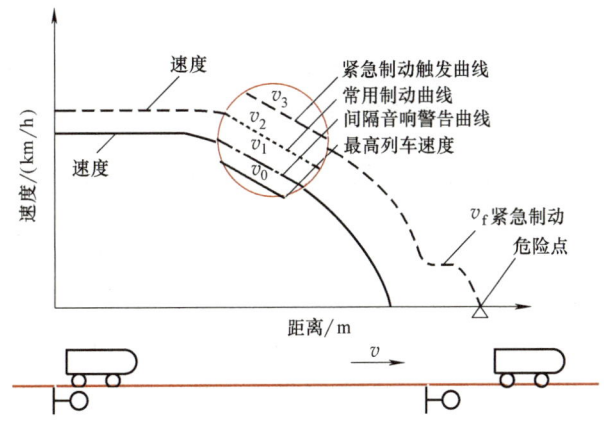

图 5-9 点式列车超速防护系统的速度监控曲线

图 5-9 所示中，v_0 为所允许的最高列车速度。当列车车速达到 U_1 时，车载中央处理单元给出间隔音响报警，如果此时驾驶员警惕降速，使车速低于 v_0，则一切趋于正常。当列车车速达到 U_2 时，车载中央处理单元给出启动常用制动（通常为启动最大常用制动 v_0）的信息，列车自动降速至 v_0 以下。若列车制动装置具有自动缓解功能，则在列车速度降至 v_0 以下时，制动装置即可自动缓解，列车行驶趋于正常；若列车制动装置不具备自动缓解功能，则常用制动使列车行驶一段路程后停下，列车由驾驶员经过一定的手续后重新人工起动。当列车车速达到 U_3 时，车载中央处理单元给出启动紧急制动的信息，确保列车在危险点的前方停住。

2. 连续式 ATC

按地-车信息所用的传输媒体分类，连续式 ATC 系统可分为有线和无线两大类，前者又可分为利用轨道电路和利用轨间电缆两类。

(1) 利用轨道电路的连续式 ATC 系统 该 ATC 系统有速度码系统（Speed Code System）和距离码系统（Distance Code System）两种。不论是速度码系统还是距离码系统，其轨道电路都被用作双重通道：当轨道电路区段无车占用时，轨道电路发送的是轨道电路检测信号或检测码；当列车驶入轨道区段时，立即转发速度信号或有关数据电码。

1）速度码系统。速度码系统通常使用频分制方法，采用的是移频轨道电路，即用不同的频率来代表不同的允许速度。由控制中心通过信息传输媒体将列车最大允许速度直接传至列车上，这类制式在信息传递与列车上信息处理方面比较简单，速度分级是阶梯式的。但是，由于速度码系统从地面传递给列车的允许速度（速度值）是阶梯分级的，所以在轨道电路区段分界处限速值也是阶梯式（图 5-10）的，这对于平稳驾驶、节能运行及提高行车效率都是非常不利的。因此，速度码系统已逐渐被能实时计算限速值的距离码系统所取代。

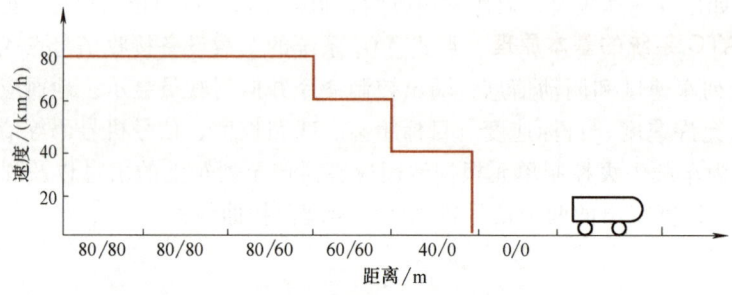

图 5-10　阶梯式限速曲线

注：图中"80/80"表示区段"入口/出口"限制速度，余同。

2）距离码系统。距离码系统由于采用的信息电码存在多样性和复杂性，所以必须使用时分制数字电码方式，按协议来组成各种信息。距离码系统采用数字编码音频轨道电路，是目前使用较广泛的 ATC，我国大多数城市轨道交通的 ATC 都采用这种系统。

距离码系统从地面传至列车上的是（包括区间的最大限速、目标点的距离、目标点的允许速度、区间线路的坡度等）一系列基本数据；车载计算机根据地面传至列车的基本数据以及存储在车载单元内的列车自身的固有数据（如列车长度、常用制动及紧急制动的制动率、测速及测距信息等），实时计算出允许速度曲线，并按此曲线对列车的实际运行速度进行监控。

由于数据传输、实时计算以及列车车速监控都是连续的，所以速度监控是实时、无级的，可以有效地实现平稳驾驶与节能运行。但是这种制式的信息传输是比较复杂的。

不论是速度码系统还是距离码系统，数字音频轨道电路都是将前方目标距离的数据从地面传至列车上，由车载设备处理获取的信息，实时计算允许速度曲线，并按此曲线控制列车运行。

随着城市轨道交通的发展，基于轨道电路的列车控制方式的各种弊端也逐渐显现出来。这种列车控制方式，以钢轨作为信息传输的通道，传输频率受到很大限制，导致车-地的通信容量很低，同时信息的传输受到牵引回流的影响，传输性能不够稳定；又因为这种制式所实现的主要是准移动闭塞，距离移动闭塞还有一定的差距，所以列车间隔的进一步缩短和列车速度的提高受到很大的限制。

(2) 利用轨间电缆的 ATC 系统　采用轨间电缆的列车控制系统主要设备有控制中心设备、轨旁设备和车载设备，如图 5-11 所示。

采用轨间电缆的列车控制系统，利用轨间铺设的电缆传输信息，轨间电缆是车-地通信的唯一通道。为了在抗牵引电流干扰的同时完成列车定位功能，轨间电缆每隔一段距离

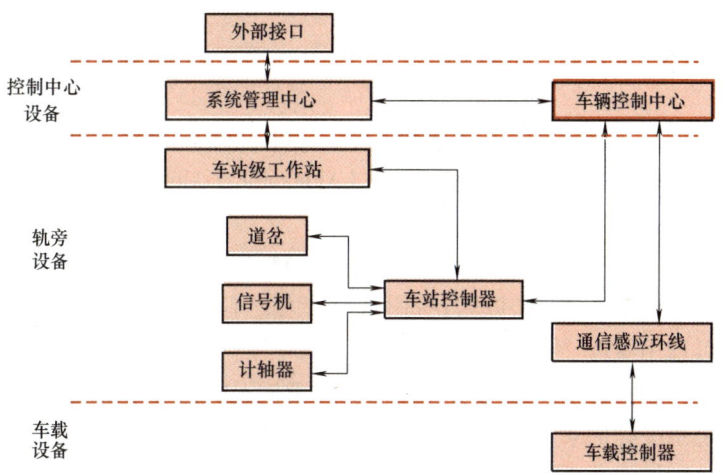

图 5-11 采用轨间电缆的列车控制系统

（如 25m 或 50m）作一次交叉。利用轨间电缆的交叉配置可以实现列车的定位，每当列车驶过电缆的交叉点时，通过检测信号极性的变化及计数就可确定列车的实际位置，如图 5-12 所示。

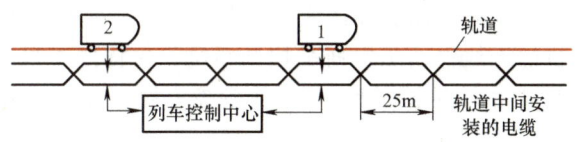

图 5-12 采用轨间电缆的列车运行和定位

控制中心存储了线路的固定数据（如线路坡度、曲线半径、道岔位置、环形区段的位置与长度等）。联锁系统将线路的信号显示、道岔位置等信息传递给控制中心，列车也将其列车速度、列车长度、载重量等通过电缆传给控制中心。控制中心计算机根据这些数据计算出列车此时的允许速度，再经电缆传给线路上行驶的相应列车，对列车实现控制。这种方法可以由控制中心统一指挥所有运行列车，但是如果控制中心出现故障将导致全线瘫痪。另一种方法是控制中心和联锁系统将线路、目标速度等信息通过电缆传输给列车，由车载计算机计算其允许速度对列车实现控制。

采用轨间电缆的列车控制系统，信息传输使用的是价格昂贵的金属电缆线，且电缆易出现故障，不利于线路养护，维修费用也很高，所以目前大多 ATC 生产商都开发无线通信的列车控制。

（3）无线式 ATC 无线式 ATC 系统利用无线通信的方式传输列车信息。地面编码器生成编码信息，将列车限制速度、坡度、距离等有关数据通过天线发送到列车上。由车载处理单元对信息进行处理，计算出列车目标速度，对列车进行控制。

用无线通道实现地-车数据传输的 ATC 才是真正意义的移动闭塞。无线通信采用波导管、漏泄同轴电缆和无线空间天线三种方式。

有关无线式 ATC 具体内容在本书第 9 章 "基于通信的列车控制系统（CBTC）"将详细介绍。

5.3　ATC 系统的选用原则

ATC 系统中的列车自动防护（Automatic Train Protection，ATP）、列车自动驾驶（Automatic Train Operation，ATO）和列车自动监控（Automatic Train Supervision，ATS）三个子系统并不是必须同时存在的。

ATO 系统对节能、规范运行秩序、实现运行调整、提高运行效率等具有重要的作用。但不同的信号系统设或不设 ATO 其运营费用差异较大，不过即使是通过能力为 30 轴/h 的线路，有条件时也可选用 ATO 系统。

对于城市轨道交通，行车间隔的发挥往往受制于折返能力，而折返能力与线路条件、车辆状态、信号系统水平等因素有关。因此，通过能力要求较高时，折返能力需与之相适应，必须对上述因素进行综合研究、设计。

在城市轨道交通的规划建设阶段，选用合适的 ATC 系统主要需要考虑以下原则：
1）对规划线路的客流进行充分预测，以运能要求为依据。
2）在兼顾性能价格比的基础上选用技术较先进的主流 ATC 产品。
3）充分考虑今后该系统功能的拓展性和与其他线路互联、互通性。

基于以上原则，通常对发展迅速、经济实力雄厚、交通需求高、客流量大、人口密集的城市或地区，可选用先进的无线移动闭塞列车控制系统，这样既可以极大地提高运输效率，缩短行车间隔，又便于与城市轨道交通线网中其他线路互联、互通，节能降耗，构建安全绿色轨道交通网络。

对于我国发展较快，有一定经济实力，人口数量较多的大多数城市，可考虑选用准移动闭塞列车控制系统。该系统能实现较大的通过能力，对于客运量变化具有较强的适应性，同时具有高效、节能等优势，并且控制模式与列车运行特性较接近，能较好地适应不同类型列车的技术状态。综合考虑其技术水平较高，具有较大的发展前景。

点式 ATC 系统技术水平相对较低，但仍然可以满足最小行车间隔为 2min 左右通过能力的要求，且其价格相对低廉。因此，对于一些经济欠发达地区或对行车效率要求不算太高的城市轨道交通线路更为适用。

5.4　ATC 系统的控制模式

ATC 系统应包括下列控制等级：控制中心自动控制模式（简称 CA 模式）、控制中心自动控制时人工介入控制或利用 CTC 系统的人工控制模式（简称 CM 模式）、车站自动控制模式、车站人工控制模式。每种模式说明了操作对给定车站和归属控制地段中的列车运行所采取的控制等级，然而需要强调的是，一个系统在同一时间只能处于一种模式。

1. 控制中心自动控制模式

在控制中心自动控制模式下，列车进路命令由 ATS 进路自动设定系统发出，其信息来源是时刻表及列车运行自动调整系统。控制中心调度员可以对列车运行自动调整系统进行人工干预，使列车运行按调度员意图进行。

2. 控制中心自动控制时人工介入控制或利用 CTC 系统的人工控制模式

在控制中心自动控制时，控制中心调度员也可关闭某个联锁区或某个联锁区内部分信号机，或某一指定列车的自动进路设定，直接在控制中心的工作站上对列车进路进行控制。在关闭联锁区自动进路设定时，控制中心调度员可发出命令，利用联锁设备自动进路控制功能随着前行列车的运行，自动排列一条后续列车的固定进路。在自动进路功能出现故障的情况下，调度员可以人工设置进路。

在 CM 模式中，车站的人工控制转到 ATS 系统。一旦车站工作于该模式，则由 ATS 系统启动控制而不由车站控制计算机启动控制。然而，车站控制计算机继续接收表示，更新显示和采集数据。

3. 车站自动控制模式

在控制中心设备出现故障或通信线路出现故障时，控制中心将无法对联锁车站的远程控制终端进行控制，此时将自动进入列车自动监控后备模式，由列车上的车次号发送系统发出的带有列车去向的车次信息，通过远程控制终端自动产生进路命令，由联锁设备的自动功能来自动设定进路，即随着列车运行，自动排列一条固定进路。

4. 车站人工控制模式

当 ATS 因故不能设置进路（不论采用人工方式还是自动进路方式），或由于某种运营上的需要而不能由控制中心控制时，可改为现地操纵模式，在现地操纵台上人工排列进路。

车站自动控制和车站人工控制也可合称为车站控制（LC）。当车站工作于 LC 模式时，不能由 ATS 系统启动控制。然而，ATS 系统将继续收到表示，更新显示和采集数据。对车站控制计算机而言，这是唯一可用的控制模式。

以上控制等级应遵循的原则是：车站人工控制优先于控制中心人工控制，控制中心人工控制优先于控制中心的自动控制或车站自动控制。

5. 控制模式间的转换

（1）**转换至车站操作** 只有当控制中心 ATS 已经发出相应的命令，才能转换到车站操作模式。因此，所有转换只能由车站操作员操作才能有效实施。

当转换控制模式时，不用考虑特别检查联锁条件，自动运行功能不受影响。即使转换至车站操作，联锁显示还应该传输至控制中心 ATS，车站操作站仅有打印机对显示和命令的记录。

（2）**强制转换至车站操作** 在没有收到控制中心 ATS 发出的命令时，也可以转换至车站操作。通过一个已经登记的转换操作可以转换至车站操作，并且联锁系统的所有转换操作仅能由车站操作员来执行。

（3）**转换至控制中心 ATS 操作** 只有当车站操作已经发出释放的命令时，才能转换到控制中心 ATS 操作，然后控制中心 ATS 确认它。因此，所有转换只有由控制中心操作员操作才能有效实施。在这种情况下，只有正常的转换操作才能被接受。随着转换至控制中心 ATS 操作，控制中心 ATS 可以执行所有运行的操作。但是只有车站操作才能有效实施以下转换操作：当车站操作出现故障，在没有车站操作的释放命令的情况下，也可以转换至控制中心 ATS 操作。

思考题

1. 列车自动控制系统（ATS）由哪三个子系统组成？ATS系统的基本功能是什么？

2. 城市轨道交通ATC，按闭塞制式可以分为哪三种？按照通信方式可以分为哪两种？分别做出简单的解释。

3. 在城市轨道交通的规划建设阶段，选用合适的ATC系统主要需要考虑什么原则？通常根据城市的规模和交通需求，怎么配置相应的ATC系统？

4. ATS系统有哪几级控制模式？优先级如何？简述各种控制模式的过程。

第6章　列车自动防护系统

【本章概述】

城市轨道交通的信号系统中，列车自动防护（Automatic Train Protection，ATP）系统是非常重要的组成部分。它为列车行驶提供安全保障，有效降低列车驾驶员的劳动强度，提高行车效率。如果没有ATP系统，列车的行车安全需要由列车驾驶员人工来保障，这样会造成列车驾驶员过度疲劳，产生安全隐患，为行车作业效率带来负面影响。因此在城市轨道交通中，尤其是在运营作业繁忙的线路上，信号系统中设置列车自动防护系统是非常必要的，它是行车作业的安全保障和体现。

ATP系统是保证行车安全、防止列车进入前行列车占用区段和防止超速运行的设备。ATP负责全部的列车运行保护。ATP系统执行以下安全功能：限制速度的接收和解码、超速防护、车门管理、自动和手动模式的运行、驾驶员控制台接口、车辆方向保证、永久车辆标识。

本章主要从ATP系统涉及的基本概念、基础设备、功能和工作原理入手进行较为详细的阐述，目的是使读者能掌握列车超速防护的基本知识和基本技能。

【学习重点】

1. 了解列车自动防护系统的基本概念。
2. 熟悉列车自动防护系统中的设备和设备的基本功能。
3. 掌握列车自动防护系统的功能和工作原理。
4. 掌握城市轨道交通中对列车自动防护系统的基本技术要求。

6.1　ATP系统的基本概念

在介绍列车自动防护系统时，需要简单了解几个基本概念。

1. 列车常用制动和紧急制动

ATP车载设备具有常用制动和紧急制动两级速度防护控制的能力，通常在常用制动失效后，可实施紧急制动。

列车常用制动是指列车在正常行驶过程中，由列车的制动系统施加给列车的制动。

列车紧急制动是指列车在超速行驶，或遇到其他异常会危及列车行车安全的情况时，对列车施加的制动。

列车紧急制动时所产生的制动力，是列车制动系统所能提供的最大制动力。列车紧急制动的响应时间比列车常用制动的响应时间要短，一旦对列车施加了紧急制动，只能通过特殊处理才能将紧急制动从列车上解除。

2. 速度限制

在城市轨道交通中，列车在轨道线路上行驶时，受轨道线路弯道、坡道、列车自身构造及运营需求等因素的影响，只能在规定的速度范围内运行。如果列车运行速度高于规定的最大速度值，则会危及列车的行车安全，导致列车相撞、出轨或颠覆等事故的发生。为确保列车行车安全，列车必须在所规定的速度范围内运行，以防事故发生。

列车自动防护系统在每列列车上都装有速度传感器，速度传感器安装在列车的车轴上。其对列车的运行速度进行实时测定，并把速度值传送给 ATP 主机，由列车 ATP 主机对速度进行分析和处理。

3. 列车自动防护系统与列车之间的接口

ATP 主机是列车自动防护系统的核心控制部分，其与列车自身的牵引系统和制动系统由专门的接口电路连接，如图 6-1 所示。ATP 主机实时接收从地面信号设备传来的信息，通过实时分析和计算，向列车的牵引系统或制动系统发出控制指令。列车的牵引系统或制动系统在接收到控制指令后，对列车施加牵引力或制动力，以控制列车的运行速度，使列车在允许速度的范围内运行。

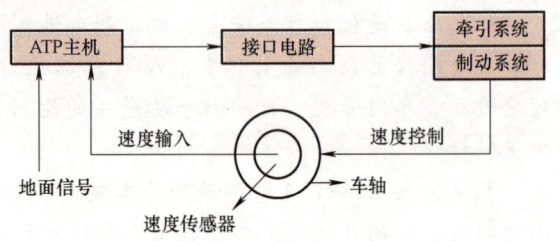

图 6-1 ATP 系统与列车之间的接口关系

ATP 系统的功能是对列车运行进行超速防护，对与安全有关的设备实行监控，实现列车位置检测，保证各列车间的安全间隔，使列车在安全速度下运行，完成信号显示、故障报警、降级提示、列车参数和线路参数的输入，与 ATS、ATO 及车辆系统接口并进行信息交换。ATP 系统不断将来自联锁设备和操作层面上的信息、线路信息、前方目标点的距离和允许速度信息等从地面通过轨道电路等传至列车上，从而由车载设备计算得到当前所允许的速度，或由行车控制中心计算出目标速度传至列车上，由车载设备测得实际运行速度，依此来对列车速度实时监督，从而使列车始终在安全速度下运行。当列车速度超过 ATP 装置所指示的速度时，ATP 的车载设备就发出制动命令，使列车自动地制动，当列车速度降至 ATP 所指示的速度以下时，可自动缓解。这样，可缩短列车运行间隔，可靠地保证列车不超速、不冒进。

ATP 是 ATC 的基本环节，是安全系统，必须符合故障-安全的原则。

6.2 ATP 系统的设备

ATP 系统主要由三部分组成，即用以实现控制列车运行的车载设备，用以产生控制信息的轨旁设备和轨旁与车载两方互通信息的中间传输通道。ATS 系统负责监督和控制 ATP 系统，联锁系统和轨道空闲检测装置为 ATP 提供基层的安全信息，列车是 ATP 的控制对象。

6.2.1 ATP 车载设备

列车自动防护系统的车载设备主要包括由车载主机、驾驶员状态显示单元、速度传感器、列车地面信号接收器、列车接口电路、电源和辅助设备等，如图 6-2 所示。

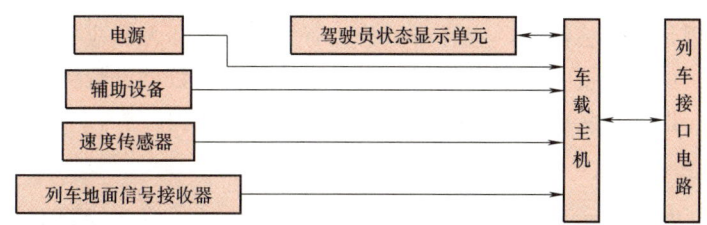

图 6-2 ATP 车载设备组成

1. 车载主机

ATP 系统的车载主机由各种印制电路板、输入/输出接口板、安全继电器和电源等设备组成。这些设备分层放在机柜中，各板之间利用机柜上的总线进行通信。

2. 驾驶员状态显示单元

驾驶员状态显示单元是车载系统与列车驾驶员之间的人机界面，可以显示列车当前运行速度、列车到达某点的目标速度、列车到达某点的运行距离、列车的驾驶模式和有关设备的运行状态等与行车直接相关的信息；还设置了一些按钮，用于驾驶员操作，控制列车运行。

3. 速度传感器

通常在列车上装有两个速度传感器，安装在列车的车轴上，用于测量列车的运行速度和列车运行距离及判定列车运行的方向。有时也安装多普勒雷达进行测速。

4. 列车地面信号接收器

列车地面信号接收器，安装在列车底部，用于接收从轨道上传来的信息。这些信息可以由地面轨道电路发送，或由安装在地面的专门设备（如应答器）发送给列车。根据所接收的信息格式、容量和处理速度等因素，列车的地面信号接收器设计为感应天线或其他形式，以保证列车在一定的运行速度下能及时接收和处理所收到的信息。

5. 列车接口电路

ATP 的车载设备通过车载主机与列车进行接口，车载主机将控制信息通过接口电路传送给列车，同时车载主机通过接口电路从列车获得列车运行的状态信息。

6. 电源和辅助设备

列车为 ATP 提供所需的电源，列车上还有列车运行模式选择开关、各种电源开关和其他一些辅助设备等。

6.2.2 ATP 轨旁设备

ATP 系统的核心设备安装在列车上，但是它所需的主要信息都来自轨旁设备。根据城市轨道交通信号系统的不同制式，ATP 轨旁设备可以设置点式应答器、轨道电路或计轴器，向列车传递有关信息，由安装在列车上的设备接收和处理这些信息。

1. 点式应答器

通常会在线路上间隔一定的固定距离设置点式应答器，以存储线路中有关列车运行的信息。在列车经过时，由安装在列车车底的查询器感应接收、读取信息，由车载主机对这些信息进行综合分析处理。

点式应答器中所包含的信息有：线路位置、列车运行距离、基本线路参数、速度限制等，这些信息均固化在应答器中。应答器可分为有源应答器和无源应答器。有源应答器向线路发送实时信息，由列车接收，可以根据需要对应答器内的数据进行更新；无源应答器，只有在列车经过时，由列车从应答器中读取事先存入的固定数据。

2. 轨道电路和计轴器

轨道电路除了具有表示列车是否占用轨道的功能外，还可以向线路上实时发送列车运营所需的信息，由列车接收和处理。轨道电路所发送的信息容量大，有利于列车的车载系统对列车进行实时控制。一般来说，轨道电路所发送的信息有以下内容：轨道电路的长度、坡度和曲线参数、载波频率、轨道电路编号、线路限制速度、目标距离、目标速度、道岔定反位、列车停站信号、备用信息等，这些信息以数字编码的方式，顺序排列，放在一个信息包里。列车收到信息后进行实时处理，实时控制列车运行状态。

目前使用较广泛的是计轴器，它同样具有检查区段占用与空闲的功能，而且不受轨道线路道床状态等影响。

6.2.3 ATP 车载设备和 ATP 轨旁设备的联系

连续式 ATP 系统利用数字音频轨道电路，向列车连续地发送数据，允许连续监督和控制列车运行。对于 ATP，由轨道电路反映轨道状态，传输 ATP 信息，在轨旁无须其他传输设备。当轨道电路区段空闲时，发送轨道电路检测电码；当列车占用时，向轨道电路发送 ATP 信息。轨道旁的轨道电路连接箱内（发送端、接收端各一个）仅有电路调谐用的无源元件，该无源元件包括轨道耦合单元及长环线。

ATP 车载设备可以完成命令解码、速度探测、超速下的强制制动、特征显示、车门操作等任务。ATP 车载设备根据地面传来的数据（由 ATP 列车地面信号接收器接收）与预先存储的列车数据计算出列车实时最大允许速度，将此速度与来自速度传感器测得的列车实际运行速度相比较，超过允许速度时，报警后启动制动器。

借助于状态显示单元，驾驶员可以按照 ATP 系统的指示运行。驾驶员状态显示单元包括驾驶员显示功能、驾驶员外部接口两个子功能。驾驶员显示功能向驾驶员显示实际速度、最大运行速度、目标距离、目标速度，ATP 车载设备的运行状态，以及列车运行时产生的重要故障信息，在某些情况下伴有音响警报。驾驶员外部接口包括允许按钮、车门释放按钮及确认按钮。

6.3 ATP 系统的功能及其技术要求

6.3.1 ATP 系统的功能

ATP 系统通常需要和联锁系统共同作用完成列车安全运行的保护作用。

ATP 车载设备能连续检测列车的位置、监督速度限制、防护点、根据列车在站台区域的精确停车控制列车车门和站台安全门等。联锁是 ATP 的基本防护系统。ATP 轨旁设备能连续监督和检查联锁条件，例如，道岔的监督、紧急停车按钮监督、侧面防护和其他进路的情况。这些信息是 ATP 轨旁设备计算移动授权的基础。

ATP 系统的主要功能包括以下几个方面。

1. 速度监督与超速防护

ATP 轨旁设备从联锁和轨道空闲检测系统获得驾驶指令，整理为相应格式的数据后传输至 ATP 车载设备。驾驶指令通常包括目标速度、目标距离、最大允许线路速度和线路坡度等。ATP 车载设备通过这些数据计算当前位置的列车允许速度，最终将列车运行所需的数据由驾驶室显示器指示给驾驶员。

实际的列车速度和驶过的距离由测速装置连续进行测量。ATP 车载设备将列车实际速度与列车允许速度进行比较。当列车速度超过列车允许速度时，ATP 车载设备就会发出制动命令，发出报警后控制列车进行常用制动或实施紧急制动，使列车自动地制动。

城市轨道交通中的速度限制分为两种。一种是固定速度限制，如列车最大运行速度、区间最大允许速度等；另一种是临时性的速度限制，如线路在维修时临时设置的速度限制。

固定速度限制是在设计阶段设置的。ATP 车载设备中都存储着整条线路上的固定限速区信息，主要有：

1）列车最大允许运行速度（取决于列车位置、停车点、联锁条件等）。
2）列车最大允许速度（取决于列车本身的物理特性）。
3）区间最大允许速度（取决于线路地理参数）。

临时限速用于在一些特殊地段来降低允许速度。该功能要求列车以较低的速度运行，如正在进行的一些轨道作业等。这些临时限速可以在 ATS 控制中心由操作员按照安全程序进行人工设置，设定的数据会从 ATS 系统传送给 ATP 轨旁设备，ATP 轨旁设备通过通信信道把所有的临时限速发送到列车上，车载 ATP 接收来自轨旁 ATP 的移动授权，与相应的轨道区段的限速信息相一致。

ATP 系统始终严密监视速度限制不被超越，一旦超过，先提出警告，后启动紧急制动，并作记录。

2. 测速与测距

列车运行的速度和位置测量是 ATP 车载设备的关键技术。

（1）**测速** 列车运行速度的测量是速度控制的依据。速度值的准确性和精确度直接影响列车控制的效果。

测速有 ATP 车载设备自测和系统测量两种方法。ATP 车载设备自测是通过测速电动机、轮脉冲传感器和多普勒雷达测速器等完成，它们安装在列车的轮轴上。系统测量有卫星测速和雷达测速等方法。

通常需要采用两路测速，两套传感器安装在不同的车轴和不同的侧面，以提高测量的准确性和精确度，并对车轮空转、打滑、抱死等引起的误差进行修正。轮脉冲测速传感器无法精确补偿车轮空转、打滑带来的误差，可用一台多普勒雷达测速设备向 ATP/ATO 系统发送第三个测速信息。该信息与轮脉冲速度传感器输入的车速相比较，从而检验测速系统的可靠性。

（2）测距　在目标距离模式中，列车位置对于安全性至关重要。如果列车无法掌握它在线路中的准确位置，那么它就无法保证在障碍物或限制区范围内减速或停下。ATP 车载设备通过连续测量列车行驶的距离，可以随时查找列车的精确位置。

有时可采用地面应答器进行测速、测距，应答器沿线路等间距放置，这些地面应答器由装在列车上的查询器读取。每个应答器都有一个独一无二的识别号，存储在 ATP/ATO 系统存储器中。该系统可以确保在指定范围内对轮脉冲速度传感器发出的信号进行自动重新校正，也能进一步确定列车位置。

3. 车门与站台安全门的控制

在通常的情况下，当车辆没有停稳在站台或是车辆段转换轨上时，ATP 不允许车门开启。当列车在车站的预定停车区域内停稳且停车点的误差在允许范围以内时，地面定位天线会收到车载定位天线发送的停稳信号，列车从 ATP 轨旁设备收到车门开启命令，ATP 才会允许车门操作，车载对位天线和地面对位天线才能很好地感应耦合并进行车门开关操作。这需要 ATP 地面和车载设备以及车辆门控电路共同配合。有了车门开启命令后，ATP 轨旁设备会发送打开站台安全门信号，当站台定位接收器收到此信号，便打开与列车车门相对的站台安全门。

列车停站时间结束（或人工终止），地面停站控制单元启动 ATP 轨旁设备，停发开门信号，由驾驶员关闭车门，同时站台安全门关闭。

在列车停靠站台的精度偏离±500mm（对于地下车站）或±1000 mm（对于高架车站或地面车站）的情况下，列车可以以<5km/h 的速度移动，以满足精确停车点的要求。

车门的左右侧选择是通过轨旁的 ATP 系统确定，由车门开启命令来执行。ATP 不断监视车门安全关闭且锁闭，以确保车门没有被异常打开。ATP 轨旁设备还将列车停稳、停准的信息送至控制中心作为列车到站的依据。车门关闭后，ATP 车载设备才具备安全发车的条件。

车站控制系统在检查了站台安全门已关闭且锁闭以后，才允许向列车发送运行速度命令的信息，列车收到速度命令，同时检查车门已关闭后，按 ATP 车载设备收到的速度命令出发。

4. 列车检测

采用轨道电路或计轴器等 ATP 轨旁设备作为列车检测设备。通过发送不同的信息检测区段是否有列车占用，通常检测的数据送入联锁设备中。

5. 停车点防护

停车点有时就是危险点，危险点在任何情况下都是不能忽略的，因为这会导致危险情况发生。如站内有车时，停车点为车站的起点，在停车点前方通常需要设置一段防护段，ATP 系统通过计算得出紧急制动曲线，即以该防护区段入口点为基础，保证列车不超越入口点，如图 6-3 所示。有时也可在入口点出设置一个列车滑行速度值（5km/h），一旦需要，列车可选择在此基础上加速，或者停在危险点前方。

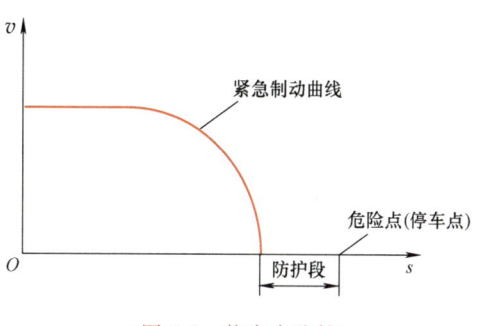

图 6-3 停车点防护

6. 驾驶员人机接口（MMI）功能

MMI 提供信号系统与驾驶员的接口。借助于 MMI，驾驶员可以按照 ATP 系统的指示运行。MMI 向驾驶员显示实际速度、最大允许速度，以及 ATP 设备的运行状态，另外显示列车运行时产生的重要故障信息，在某些情况下伴有音响警报（如超过了最大允许速度）。显示信息的类型和范围取决于设备的操作规程和 ATP 设备的配置。

驾驶员人机接口功能包括驾驶员显示功能、音响报警功能和驾驶员外部接口。

（1）**驾驶员显示功能** 驾驶员显示功能向驾驶员提供驾驶列车时所需的全部信息，包括：实际速度；允许速度（只在 SM、ATO 和 AR 信号模式中）；从最大限制的 ATP 功能条件下推算出的目标距离/速度；驾驶状态（即在牵引、惰行和制动方式下移动）；运行模式（RM、SM、ATO 或 AR 模式）；列车折返运行（在 AR 模式有效时显示，也在 AR 按钮按下时显示确认）；列车停在预定停车区域以外；车门状态显示；向驾驶员提供列车车门打开一侧的显示；关门指令；出站命令；车辆段显示（列车在车辆段时的车辆段识别显示）；实施紧急制动；ATP/ATO 故障等。

（2）**音响报警功能** 当列车速度/位置超过警告速度曲线时发出音响警报。允许速度由制动曲线确定，警告速度曲线是用允许速度加上一个特定速度余量来表示的。计算出的警告速度曲线用于给出一个固定的驾驶员反应时间，以触发紧急制动。

音响报警功能的输入是 ATP 速度曲线、列车实际速度和位置、ATP 功能紧急制动实施的显示。音响报警功能的输出是驾驶员的音响警报。

（3）**驾驶员外部接口** 驾驶员外部接口用于驾驶员驾驶操作，包括允许按钮、车门释放按钮及确认按钮等。

7. 折返/改换驾驶室功能

在列车进行折返的情况下，要求驾驶员改换驾驶室。

ATP 车载设备必须考虑到使用不同的驾驶操作台，保存有关相对轨旁位置、列车前部和后部的信息。改换驾驶室会引起列车前部和后部的互换，ATP 车载设备必须相应地调整位置信息。

折返发生故障，会导致驾驶员改换驾驶室且打开在列车前头的驾驶操作台时，ATP 设备不能进入 SM 模式（即列车自动防护驾驶模式）。

列车停稳后 ATP 车载设备收到要求折返报文以后自动生成 AR 模式（即自动折返驾驶模式）。此类报文可通过 ATS 发出的命令给出，也可当全部列车进入要求的折返地点的相应轨道区段时自动生成。

使用 AR 模式是指当列车停在站台、车站的折返轨或可接收到折返报文的任何位置时，执行折返。

当列车停在折返轨时，会自动选定 AR 模式（即自动折返驾驶模式），并接收到相应的报文。这时，安装在驾驶员操作控制台上的 AR 指示灯会亮，并显示可以执行折返处理。驾驶员通过按压 AR 按钮表示接受，AR 指示灯闪亮。驾驶员关闭驾驶控制台，并在没有驾驶员的情况下实施自动折返。驾驶员离开原驾驶室，如果需要的话他走到列车另一端的驾驶室。在折返有效时，列车另一端驾驶室里的 AR 按钮闪亮，表示该驾驶室已经可以使用。同一或另外的驾驶员打开当前驾驶室的驾驶员操作控制台，ATP 车载单元进入 SM 模式并准备列车的返回运行。

6.3.2　ATP 系统的技术要求

1. ATP 系统的基本要求

1）ATP 的功能应由 ATP 轨旁设备、ATP 车载设备和控制区域内的联锁设备共同完成。联锁设备属于安全系统并纳入 ATP 系统为典型的系统分类方式，但在系统阐述时，通常联锁系统不列入 ATP 范畴中。

2）城市轨道交通必须配置 ATP 系统，ATP 系统内部设备之间的信息传输通道必须符合故障-安全原则。

3）闭塞分区的划分或列车运行安全间隔，应通过列车运行模拟确定，并经列车实际运行校验。为保证行车安全，在安全防护地点运行方向的后方应设置安全防护距离或防护区段，安全防护距离应通过计算确定。安全防护距离涉及信号系统控制方式及其技术指标、列车速度、车辆性能和线路状态等多种因素，主要决定于一定的速度条件下，设定的紧急制动距离和有保证的紧急制动距离之差。在列车跟踪运行的情况下，安全防护距离应增加列车后部车轴可能未被检出的附加距离。

4）城市轨道交通的 ATP 系统应最好采用连续式控制方式。连续式控制方式主要是指安全输入连续采集的信息，并实现连续的控制；宜采用速度-距离制动模式；列车位置检查可采用轨道电路、轨间电缆、计轴器、查询应答器等方式实现。城市轨道交通宜采用计算机联锁设备，也可以采用继电器联锁设备。

2. ATP 车载设备的技术要求

ATP 车载设备在满足 ATP 系统基本要求外，还应符合下列规定：

1）ATP 系统要求列车停车为最高的安全准则。地-车连续通信中断、列车完整性电路断路、列车超速、列车的非预期移动、车载设备重要故障等均应导致列车安全性制动。

2）ATP 执行强制停车时，应切断列车牵引。ATP 执行的强制停车包括常用制动或紧急制动等不同方式，但最终控制模式应为紧急制动。考虑到行车的安全，要求停车过程不得中途缓解，并应在列车停车后，驾驶员履行一定的操作手续，列车方能缓解。

3）车载信号设备与车辆接口电路的布线应与其主回路等环节的高压布线分开铺设并实施防护，与车辆电器的接口应有隔离措施。

4）ATP 车载设备的车内信号应是行车的主体信号。车内信号至少包括列车实际运行速度、列车运行前方的目标速度；在两端驾驶室内均应装设速度显示、报警装置和必要的切换装置。

3. ATP 地面设备的技术要求

ATP 地面设备在满足 ATP 系统基本要求外，还应符合下列规定：

1）ATP 地面设备宜采用报文式无绝缘轨道电路或使用其他准移动闭塞、移动闭塞 ATC 系统的地面设备（如计轴器、查询应答器等），也可采用模拟式移频轨道电路。

2）ATP 地面设备向 ATP 车载设备传送速度指令或线路状态、目标速度、目标距离等信息，应满足 ATP 车载设备控制方式和控制精度的要求。

思考题

1. 列车自动防护系统（ATP）是一个什么样的系统？
2. 列车自动防护系统（ATP）对列车的控制过程涉及哪些设备？分别体现什么作用？
3. 简述 ATP 系统具有的主要功能。
4. 城市轨道交通中对列车自动防护系统 ATP 有哪些具体的基本技术要求？
5. ATP 系统对车载设备、地面设备分别有哪些具体要求？

第7章 列车自动驾驶系统

【本章概述】

从第6章的讲解中可以看出：ATP系统是城市轨道交通列车运行时不可少的安全保障。而列车自动驾驶（ATO）系统则是提高城市轨道交通列车运行水平（准点、平稳、节能）的技术措施。

人工驾驶列车运行时，驾驶员操纵驾驶手柄控制列车加速、减速和停车。列车自动驾驶系统，即ATO系统，可实现正常情况下高质量的自动驾驶，提高列车运行效率，增强列车运行舒适度，节省能源。在ATP系统提供安全保障的同时，ATO是提高城市轨道交通列车运行水平的重要技术措施。

本章主要对ATO系统涉及的基本概念、基本设备、功能和工作原理进行较为详细的阐述，目的是使读者能熟悉列车在运行过程中的驾驶要求、工作过程等，从而掌握不同驾驶模式下对列车的控制过程。

【学习重点】

1. 了解ATO系统的基本概念。
2. 掌握ATO系统中的设备和设备的基本功能。
3. 掌握ATO系统的功能和工作原理。
4. 掌握城市轨道交通中对ATO系统的基本技术要求。
5. 熟悉ATO与ATP之间的关系。

7.1 ATO系统的基本概念

ATO系统主要用于实现地面对列车的控制，即用地面信息实现对列车驱动、制动的控制，包括列车自动折返，根据控制中心指令自动完成对列车的起动、牵引、惰行和制动，送出车门和站台安全门开关信号，使列车以最佳工况安全、正点、平稳地运行。

ATO系统实现列车自动驾驶，需要ATP和ATS提供支持。ATP向ATO提供列车运行的速度、线路允许速度、目标速度和目标距离，以及列车当前所处位置等基本信息；ATS 向 ATO 提供列车运行作业和计划。

ATO 系统采用的基本功能模块与 ATP 系统相同。和 ATP 系统一样，ATO 也载有有关轨道布置和坡度的所有资料，以便能优化列车控制指令。ATO 还装有一个双向的通信系统，使列车能够直接与车站内的 ATS 系统接口，保证实现最佳的运行图控制。

当列车处在自动驾驶模式下时，车载 ATO 运用牵引和制动控制，实现列车自动运行。

ATO 为非故障-安全系统，其控制列车自动运行，主要目的是模拟最佳驾驶员的驾驶，实现正常情况下高质量的自动驾驶。

7.2 ATO 系统的设备组成

虽然各公司的 ATO 系统结构不尽相同，但 ATO 系统的基本组成是共同的。ATO 系统都由轨旁设备和车载设备组成。

1. ATO 轨旁设备

ATO 轨旁设备通常也用作 ATP 轨旁设备，接收与列车自动运行有关的信息。地面信息接收/发送设备和轨道环线都属于 ATO 轨旁设备。这些轨旁设备，如点式应答器、轨道电路等，能够接收来自列车 ATO 车载天线发送的信息，也能够把 ATS 有关信息通过轨道环线或其他轨旁设备发送到列车上，由列车 ATO 车载设备进行接收和处理。

地面信息接收/发送设备通常安装在线路旁，但是其调谐控制部分通常安装在信号设备室内，而轨道环线则安装在线路上。

2. ATO 车载设备

ATO 车载设备由设在列车每一端驾驶室内的 ATO 车载控制器（包括驾驶员控制台）、安装在列车每一端驾驶室车体下的两个 ATO 接收天线和两个 ATO 发送天线组成，还包括 ATO 附件，这些附件用于速度测量、定位和驾驶员接口。ATO 车载设备通常和 ATP 车载设备安装在一个机架内。

ATO 车载控制器是 ATO 系统的核心组成部分。它从 ATP 车载设备获得必要的信息，如列车运行速度和列车位置信息等，进行实时处理，计算出列车当前所需的牵引力和制动力，向列车发出请求。列车牵引或制动系统收到请求指令后，对列车施加牵引或制动，使列车得到实时控制。

ATO 车载天线一般安装在列车第一列编组车体下，接收由地面 ATS 传输的信息，同时向地面 ATS 发送有关的列车状态信息。这些信息一般包括列车识别信息、列车运行信息、列车车门状态信息、车轮磨损信息、车载 ATO 状态和报警信息等。

驾驶员接口是指列车驾驶员通过人机界面可以选择列车运行模式，操纵列车在相应模式下运行。

ATO 系统与 ATP 系统共用车载硬件设备，并没有独立的设备。ATO 系统的软件安装在与车载 ATP 系统共用的车载计算机中，但使用独立的 CPU。

车载 ATO 设备为主备冗余。当主 ATO 单元发生故障，自动从主 ATO 单元切换到备用 ATO。主 ATO 和备用 ATO 单元运行同样的软件，得到相同的传感器输入和独立计算，但是在一个时间段内，只有一个 ATO 单元是主 ATO，与其他子系统接口不同；如 ATP、TOD 和 ATS 等。备用 ATO 不提供任何输出。

ATO 具有一个双向通信系统，通过车载 ATO 天线和地面 ATO 环线允许列车直接与车站内的 ATS 连接，可以实现最佳的运营控制，完成下列 ATO 功能：程序停车、运行图和时刻表调整、轨旁/列车数据交换、目的地和进路控制等。

ATO 还具有定位停车系统，为列车提供精确的位置信息。定位停车系统包括车底部的标志线圈和对位天线，以及每个车站的车站停车模块和沿每个站台设置的一组地面标志线圈。

ATO 的功能不考虑故障-安全，因此 ATO 车载单元是非故障-安全的一取一配置。ATC 显示单元不要求是故障-安全的，因而 ATC 显示单元采用基于商用的计算机硬件。

7.3 驾驶模式与模式转换

1. 驾驶模式

城市轨道交通列车的主要驾驶模式包括：列车自动运行驾驶模式、列车自动防护驾驶模式、限制人工驾驶模式、非限制人工驾驶模式。此外，还有自动折返驾驶模式。

自动驾驶模式和无人驾驶模式可以提高列车行车效率，实现列车运行自动调整，维护列车运行秩序，减少驾驶员劳动强度和人员配备的数量。然而，由于无人驾驶涉及车辆、行车组织、车辆段配置等多种因素，系统造价高，因此无人驾驶系统宜在探索经验后，根据需要逐渐采用。

（1）列车自动运行驾驶模式（ATO 模式或 AM 模式） ATO 模式是正线上列车运行的正常模式，即用于正线上列车的正常运行。在这种模式下，列车在车站之间的运行是自动的，不需驾驶员驾驶。驾驶员只负责监视 ATO 显示、监督车站发车和车门关闭，以及列车运行所要通过的轨道、道岔和信号的状态，并在必要时人工介入。

驾驶员给出列车关门指令关闭车门后，通过按压起动按钮给出出发指令。车载 ATP 确认车门已关闭后，列车便可起动。如果车门还开着，ATP 会不允许列车出发。列车出发后站间运行的速度调整、至下站的目标制动及开车门都由 ATO 自动操作。ATP 负责确保列车各阶段自动运行的安全，在车站之间的运行将根据控制中心 ATS 的优化时刻表指令执行，确定其走行的时间。

在 ATO 模式下，ATO 根据 ATP 编码和列车位置生成运行列车的行驶曲线，完全自动地驾驶列车；ATO 还能根据到停车点的距离计算出列车的到站停车曲线；ATO 速度曲线可以由 ATS 的调整命令修改；ATP 系统控制列车的紧急制动。

（2）列车自动防护驾驶模式（SM 模式或 CM 模式） SM 模式即 ATP 监督人工驾驶模式，是一种受保护的人工驾驶模式。在这种模式下，驾驶员根据驾驶室中的指示手动驾驶列车，并监督 ATP 显示，以及列车运行所要通过的轨道、道岔和信号的状态，可以在任何时候操作紧急制动。ATO 发生故障时列车可以用 SM 模式在 ATP 的保护下降级运行。

在 SM 模式下，列车由驾驶员人工驾驶，列车的运行速度受 ATP 监控；ATO 此时对列车不进行控制，但会根据地图数据随时监督列车的位置。如果 ATO 能与 PAC（环路调制解调器）通信，则可控制车门开启；ATP 向驾驶员提示安全速度和距离的信息；在列车实际行驶速度到达最大安全速度之前，ATP 可实施常用制动，防止列车超速；由 ATP 系统来控制列车的紧急制动。

(3) **限制人工驾驶模式**（RM 模式） RM 模式即 ATP 限制允许速度的人工驾驶模式，这是一种受约束的人工操作，必须"谨慎运行"。在这种模式下，列车由驾驶员根据轨旁信号驾驶，ATP 仅监督允许的最大限速值。

RM 模式在下列情况下使用：列车在车辆段范围内（非 ATC 控制区域）运行时，正线运行中联锁设备/轨道电路/ATP 轨旁设备/ATP 列车天线/地对车通信发生故障时，列车紧急制动以后。此时，车载 ATP 将给出一个最高 25km/h 的限制速度。

在 RM 模式下，列车由驾驶员人工驾驶，没有轨道编码的参与，不要求强制使用地面编码。此时 ATO 退出控制，由驾驶员负责列车运行的安全，并监督列车所要通过的轨道、道岔和信号的状态，如有必要，对列车进行制动；列车行驶速度很低，如不得超过 25km/h，一旦超出，ATP 系统就会实施紧急制动。

(4) **非限制人工驾驶模式**（关断模式、URM 模式） 关断模式是不受限制的人工驾驶（无 ATP 监督）模式，用于 ATP 车载设备发生故障以及车载设备处于测试情况下完全关断时的列车驾驶，列车由驾驶员根据轨旁信号和调度员的口头指令驾驶，没有速度监督。ATP 的紧急制动输出被车辆控制系统切断，驾驶员必须保证列车运行不超过限制速度（最高 25km/h），并监督列车所要通过的轨道、道岔和信号的状态，必要时采取措施，对列车进行制动。

在关断模式下，列车由驾驶员人工驾驶，没有 ATP 保护措施。使用这种模式必须进行登记，此时列车运行安全完全由驾驶员负责，ATO 退出控制。

(5) **自动折返驾驶模式**（AR 模式） 列车在站端（没有折返轨道的终端）调转行车方向或使用折返轨道进行折返操作，均要求进入自动折返驾驶模式。

为使自动折返操作具有高度的灵活性，自动折返模式有下列几种：ATO 自动运行折返模式、ATO 无人自动折返模式和 ATP 监督人工驾驶折返模式。

折返命令由 ATS 中心根据需要生成并传输至列车，或由设计的固定 ATP 区域（如终端站）的轨旁单元发出。ATP 车载设备通过接收轨旁报文而自动启动 AR 模式，并通过驾驶室显示设备指示给驾驶员，驾驶员必须按压 AR 按钮确认折返作业。是否折返、是否使用折返轨道折返、有无人员驾驶执行，这些完全由驾驶员决定。

采用无人折返或有驾驶员折返取决于驾驶员采取的不同折返模式。

若采用 ATO 自动运行折返模式，在驾驶员按压 ATO 启动按钮后，列车自动驶入折返轨，并改变车头和轨道电路发送方向；在折返轨至发车站台的进路排列完成后，再次按压 ATO 启动按钮，列车自动驶入发车站台，并精确地停在发车站台。

若采用 ATO 无人自动折返模式，在驾驶员下车后按压站台上的无人折返按钮，列车在无驾驶员的情况下，自动完成起动列车，驶入折返轨，改变车头和轨道电路发送方向，并在折返轨至发车站台的进路排列完成后，再自动起动列车驶入发车站台，并精确地停在发车站台。

若采用 ATP 监督人工驾驶折返模式，在人工驾驶过程中 ATP 将对列车速度、停车位置进行监督，并在列车驶入折返轨后自动改变车头和轨道电路发送方向。

除关断模式外，其他所有的模式都有一个5m的退车限制，如果超过这个限制，ATP将实施紧急制动。

2. 列车驾驶模式转换

以上五种基本运行模式，在满足一定条件后可以相互转换。

(1) 列车驾驶模式转换的规定

1) 在ATC系统控制区域与非ATC系统控制区域的分界处，应设驾驶模式转换区（或称转换轨），转换区的信号设备应与正线信号设备一致。

2) 驾驶模式转换可采用人工方式或自动方式，并应予以记录。当采用人工方式时，其转换区域的长度应大于一列列车的长度。当采用自动方式时，应根据ATC系统的性能特点确定转换区域的设置方式。

3) ATC系统也具有防止列车在驾驶模式转换区域未将驾驶模式转换至列车自动运行驾驶模式或列车自动防护驾驶模式，而错误进入ATC系统控制区域的功能。

4) 为保证行车安全，在ATC控制区域内使用限制模式或非限制模式时应有破铅封、记录或特殊控制指令授权等技术措施。

(2) 各种驾驶模式间的切换

1) RM模式切换到SM模式。列车从非ATC系统控制区域进入ATC系统控制区域，就从RM改变为SM模式。只需要满足如下条件：列车经过了至少两个轨道电路的分界；报文传输无误；未设置PERM码位；ATP轨旁设备没有发出紧急制动信号；ATP车载设备的限速监控不会在SM模式启动紧急制动。

2) SM模式切换到ATO模式。满足以下条件：ATO开始指示灯就会亮，说明此时可以从SM模式切换到ATO模式；当前轨道区段没有停车点（安全/非安全）；所有车门都已关闭；驾驶/制动杆处于零位置；主钥匙开关处于向前位置。

当驾驶员按了ATO开始按钮后，ATP车载设备就从SM模式改变为ATO模式。

3) ATO模式切换到SM模式。在下列情况下，ATP车载设备就从ATO模式切换到SM模式：如果驾驶员把驾驶/制动拉杆拉离零位置，或把主钥匙开关调到非向前状态；ATO控制列车停靠车站的停车点。当列车在车站停稳后，如果列车停在区间，驾驶员用车门许可控制按钮打开车门。

4) SM/ATO模式切换到RM模式。如果ATP车载设备启动了紧急制动，无须操作就自动地从SM/ATO模式改变为RM模式。如果驾驶员还想继续前行，那么就必须在列车停稳之后按RM按钮。

如果列车已经停稳，且驾驶员按了RM按钮，就从SM/ATO模式切换到RM模式。如果切换到SM模式的所有先决条件都已满足，那么就马上转回到SM模式。

在车辆段入口处，驾驶员或ATO控制列车停靠在停车点上，如果列车已停稳、已设置了结束点，则驾驶室的显示屏上就会显示指示，此时驾驶员就可以按RM按钮。按了RM按钮之后，就从SM/ATO模式切换到RM模式。

5) SM模式切换到AR模式。满足以下条件，就从SM模式切换到AR模式：ATP车载设备从ATP轨旁设备接收到DTRO折返按钮状态的信息；ATP车载设备间的通信良好。

6) AR模式切换到SM模式。满足以下条件，车载ATP设备就从AR模式切换到SM模式：车载 ATP 设备间的列车监控显示成功；驾驶员打开驾驶室。

7) AR 模式切换到 RM 模式。如果 ATP 车载设备启动了紧急制动，无须驾驶员的另外操作，就会自动从 AR 模式切换到 RM 模式。如果驾驶员想继续前行，那么他必须在列车停稳后按 RM 按钮。

如果列车停稳之后，驾驶员按了 RM 按钮，就会从 AR 模式切换到 RM 模式。如果切换到 SM 模式的前提条件都满足了，就马上转回到 SM 模式。

8) RM 模式切换到关断模式。只有当 ATP 发生故障，才会降级至关断模式，列车会自动停车，驾驶员操作密封安全开关至关断模式。这种模式的转换将被车载计数器记录。这个转换程序同样适用于 ATO 模式、SM 模式切换至关断模式。此时列车的运行安全由驾驶员承担全部责任。

7.4 ATO 系统的功能及其工作原理

7.4.1 ATO 系统的功能

ATO 系统的功能分为基本控制功能和服务功能。基本控制功能是指自动驾驶、无人自动折返和自动控制车门开闭，这三个控制功能相互之间独立地运行。服务功能包括：列车位置功能、允许速度功能、巡航/惰行功能和 PTI 支持功能等。

1. ATO 系统基本控制功能

(1) 自动驾驶

1) 自动调整列车运行速度。ATO 车载控制器通过比较列车实际运行速度、ATP 给出的最大允许速度及目标速度，并根据线路的情况，自动控制列车的牵引和制动，使列车在区间内的每个区段始终控制速度（ATP 计算出来的限制速度减去 5km/h）运行，并尽可能减少牵引、惰行和制动之间的转换。

2) 停车点的目标制动。车站停车点作为目标点，由 ATP 轨旁单元和 ATS 系统控制。当停车特征被启动后，ATO 系统基于列车速度、预先确定的制动率和距停止点的距离计算出一条制动曲线，采用最合适的减速度（制动率）使列车准确、平稳地停在规定的停车点。与列车定位系统相配合，可使停车位置的误差达到 0.5m 以下。

假如列车超过了停车点，ATP 准许后退一定距离。如果超过后退速度限制值，ATO 会向列车驾驶员发出声音和视觉报警。

3) 从车站自动发车。当发车安全条件符合时（即在 ATO 模式下，关闭了车门，由 ATP 系统监视），ATO 系统给出起动显示，驾驶员按下起动按钮，ATO 系统使列车从制动停车状态转为驱动状态，停车制动将被缓解，然后列车加速。ATO 通过预设的数据提供牵引控制，该牵引控制可使列车平稳加速。

4) 区间内临时停车。由 ATP 系统给出目标位置（如前方有车）及制动曲线，并将数据传送给 ATO 车载设备，ATO 系统得到目标速度为"0"的速度信息后自动起动列车制动器，使列车停稳在目标点前方 10m 左右位置。此时车门还是由 ATP 系统锁闭着。一旦前方停车目标点取消，速度信息改为"进行"后，ATO 系统使列车自动起动。假如车门由紧急开门打开，或是驾驶员手柄被移至非零位置，那么列车必须由驾驶员重新启动 SM 模式或 ATO 模式（如果允许的话）。

在危险情况下，例如，按下紧急停车按钮，或是因常用制动不充分而使列车超过紧急制动曲线，由 ATP 启动紧急制动，ATO 向驾驶员发出视觉和音响警报。

5）限速区间。临时性限速区间的数据由轨道电路等轨旁设备通过固定格式的报文传输给 ATP 车载设备，再由 ATP 车载设备将减速命令经 ATO 系统传达给列车驱动、制动控制设备之间的接口。对于长期的限速区间，数据可事先输入 ATO 系统，在执行自动驾驶时，ATO 系统会自动考虑到该限速区间。

(2) **无人自动折返** 无人自动折返是一种特殊情况下的驾驶模式，在这种驾驶模式下无须驾驶员控制，而且列车上的全部控制台将被锁闭。

从接收到无人驾驶折返运行许可开始，就自动进入了 AR 模式。授权经驾驶室 MMI 显示给驾驶员，驾驶员必须确认此显示，才能得到授权。锁闭控制台只有按下站台的 AR 按钮以后，才能实施无人驾驶列车折返运行。ATC 轨旁设备提供自动折返所需的数据以使驾驶列车进入折返轨，并可以自动回到出发站台。列车一到出发站台，ATC 车载设备就会退出 AR 模式。

(3) **自动控制车门开闭** ATO 是车门控制命令的发出者，ATO 只在自动模式下执行车门开启。当列车到达定位停车点时，ATO 发出停车信号给 ATP，以保证列车制动；ATP 检测车速为零时，由 ATP 监督是否具备开门条件；当 ATP 系统给出开门命令时，可以按预先的设定由 ATO 系统自动地打开车门，也可由驾驶员手动打开正确一侧的车门。同时，车辆发送信息给地面，打开相应的站台安全门。

列车停站结束后，驾驶员按下关门按钮，发出关门信号，同时发送信号给站台关闭安全门；车站检查站台安全门关闭且锁紧，允许 ATP 发送速度命令信息；列车检查车门关闭且锁紧，起动出站。

当列车空车运行时，从 ATS 接收到指定目的地信号后会阻止车门打开。

2. ATO 系统服务功能

(1) **列车位置功能** 列车位置功能是指通过 ATP 功能接收到当前列车的位置和速度等详细信息，然后根据上一次计算后所运行的距离来调整列车的实际位置。此调整应考虑到用 ATP 功能计算列车位置时传送和接收的延迟时间，以及打滑和滑行的情况。

另外，ATO 功能与测速单元的接口为控制提供了更高的测量精度。列车位置功能也能接收到地面同步的详细信息，由此可以确定列车的实际位置和计算列车位置的误差。对列车位置的调整，可在 ATO 功能规定的位置直至接近实际停车点 10~15m 的任意位置开始。由于这种调整，停车精度可由 ATO 控制在希望的范围内。

(2) **允许速度功能** 允许速度功能为 ATO 速度控制器提供了列车在轨道任意点的对应速度值。该速度没有被优化，只是低于当前速度限制和制动曲线给的限制。允许列车速度调整是为了能源优化或由惰行/巡航功能完成列车运行。

(3) **巡航/惰行功能** 巡航/惰行功能的任务是按照时刻表自动实现列车区间运行的巡航/惰行控制，同时节省能源，保证最大能量效率。

ATO 巡航/惰行功能协同 ATS 中的 ATR（列车自动调整）功能，并通过确定列车运行时间和能源优化轨迹功能实现巡航/惰行运行。

1）确定列车运行时间的功能。由 ATO 和 ATR（列车自动调整）功能确定的列车运行时间，通过车站轨道电路或计轴器的占用情况完成同步。列车在 ATO 功能下，从报文给定的列车运行时间中减去通过计时器测定的已运行时间，可以确定到下一站有效的可用时间。

2）能源优化轨迹功能。能源优化轨迹的计算要考虑加速度、坡度制动以及曲线制动。因此，整套系统的轨道曲线信息都存储在 ATO 存储器中。借助此信息，并使用最大加速度，巡航/惰行功能可计算出到下一停车点的速度距离轨迹。

(4) PTI 支持功能　PTI 支持功能是指通过多种渠道传输和接收各种数据，在特定的位置（通常设在列车进入正线的入口处）传给 ATS，向 ATS 报告列车的识别信息、目的号码和乘务组号，以及列车位置数据（如当前轨道电路的识别和速度表的读数），以优化列车运行。PTI 支持功能是由车载设备和轨旁设备实现的。由车载设备提供的数据，通过 ATO 功能，传输到 PTI 的轨旁设备，进而传给 ATS。PTI 是一个非安全功能。

7.4.2　ATO 系统的基本要求

1）ATO 系统根据线路条件、道岔状态、前行列车位置等，实现列车速度的自动控制。列车在区间停车时应尽量接近前方目的地。区间停车后，在满足允许信号的条件下列车自动起动。车站发车时，列车起动由驾驶员控制。

2）ATO 应提供多种区间运行模式，满足不同行车间隔的运行要求，适应列车运行调整的需要；驾驶员手动驾驶及由 ATO 系统驾驶之间可在任何时候转换；手动驾驶时由 ATP 系统负责安全速度监督，自动驾驶时由 ATO 系统给出对驱动、控制设备的命令，ATP 系统仍然负责速度监督。

3）ATO 定点停车精度应根据站台长度、列车性能和站台安全门的设置等因素选定。站台定点停车精度宜在 ±(0.25~0.50)m 范围内选择。

4）ATO 控制过程应满足舒适度和快捷性的要求。舒适度的要求主要是指牵引、惰行和制动控制以及各种工况之间的转换控制过程的加、减速度的变化率。快捷性主要是指控制过程的时间要短，以减少对站间运行时分的影响和提高运行质量。ATO 应能控制列车实现车站通过作业。

5）ATO 应具备自动记录运行状态、自诊断及故障报警的功能。

7.4.3　ATO 系统的基本工作原理

1. 列车自动驾驶

和 ATP 系统一样，ATO 也存储了轨道布局和坡度的信息，能够优化列车控制命令。ATO 中有一套最大安全速度数据，与 ATP 的最大安全速度数据相互独立。这样，为了保证乘坐的舒适性，ATO 可以按照最大速度行驶，不过这一速度要小于 ATP 的最大安全速度。ATO 的最大速度可以任意设置，梯进精度为 1km/h。

ATO 通过 ATP 地面设备传来的编码得知前方未被占用的轨道电路数目或者前行列车的位置，以及当前本次列车的位置，就可以在列车到达安全停车点之前，综合考虑安全因素，尽量以全速行驶。

ATO系统的自动驾驶功能是通过ATO车载设备控制列车牵引和制动而实现的。为此，ATO需要ATP设备提供的数据有：从ATP轨旁设备接收到的全部ATP运行命令；测速单元提供的当前列车位置和实际速度的信息、位置识别和定位系统的信息及列车长度；ATS向ATP轨旁单元发送的出站命令和到下一站的计划时间。

如果ATO自检测成功完成，且ATP设备释放了自动驾驶，信号显示"ATO启动"，可以实施ATO驾驶。

由ATO系统执行的自动驾驶过程是一个闭环反馈控制过程，其基本关系如图7-1所示。ATO从ATS处得到列车运行任务命令，其信息是通过轨道电路或其他地面设备传送到列车上的。信息经过处理后传给ATO，并有相应显示。ATO获得有用信息后，结合线路情况开始计算运行速度，得出控制量，并执行控制命令，同时显示有关信息。到站后，开门条件允许后，ATO打开车门。停站期间列车通过车-地通信系统把列车信息传送给地面设备然后传至ATS。ATS根据上一列车运行信息，把运行任务命令传给其他列车。

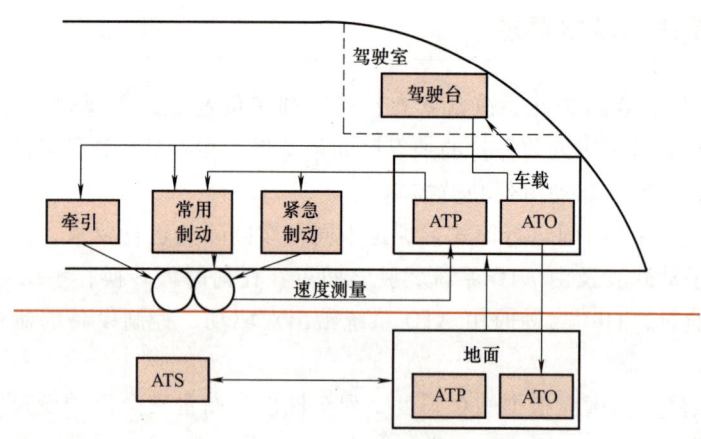

图7-1　ATO自动驾驶框图

当具备以下条件时ATO模式被激活：ATP在SM模式中；车站停车时间已结束；联锁系统已排列进路；车门关闭；驾驶手柄处于零位。于是，驾驶员通过按压ATO启动按钮开始ATO模式，列车加速达到计算的速度曲线。如果其中一项条件不能满足，启动无效，ATP关闭ATO至牵引的控制信号。

在达到计算速度时，系统根据这个速度曲线控制列车的运行。当接近制动启动点时，ATO设备将自动控制常用制动使列车运行跟随制动曲线。

2. 车站程序停车

线路上的每个车站都有预先确定的停站时间间隔。控制中心ATS监督列车时刻表、计算需要的停站时间以保证列车正点到达下一个车站，并由集中站ATS通过ATO轨旁设备传送给ATO车载设备。

控制中心能通过集中站ATS缩短或延长车站停站时间。如果控制中心离线，集中站ATS会预置一个默认的停站时间，该时间可以进行更改修正。

在控制中心要求下，列车可跳过某车站。这一跳停命令由控制中心通过集中站传递给列车。

3. 车站精确停车

车站精确停车通过车站区域的轨道电路标识、分界过渡和 ATO 轨旁环线变换来实现。轨道电路标识被用来确定停车特征的合适起始点，轨道电路、分界过渡和 ATO 轨旁环线变换提供了距离分界，该距离分界用于达到所要求的位置精度。

当停车特征启动以后，ATO 根据列车速度、预先确定的制动率和距停止点的距离计算制动特征，ATO 通过改变牵引和制动需求来达到此制动特征。制动率调整值通过 ATO 环线等 ATO 轨旁设备取得。这个调整过程是动态的，可根据异常线路情况作出，并且可以从 OCC 或 SCR（车站控制室）中进行选择。

4. 车门控制

ATO 只有在自动模式下才执行车门开启。在手动模式，由驾驶员进行车门操作（ATP 仍会提供一种安全的车门使用功能）。

当列车驶抵定位停车点，列车的定位天线（它接至列车定位发送器和定位接收器）位于站台定位环线上方，站台定位环线置于线路中央，它连着站台定位发送器和定位接收器；只有当列车停于定位停车的允许精度范围内，车辆定位接收器收到站台定位发送器发送的列车停站信号，ATO 系统才会确认列车已达到确定的定位区域，这时 ATO 系统发出"列车停站"信号给 ATP 系统，以保证列车制动；ATP 系统检测到零速度，通过列车定位发送器发送 ATP 列车停车信号给地面站台定位接收器，站台定位接收器检测到此信号，将其译码，使地面"列车停站"继电器工作；此时车站轨道电路 ATP 发送器发送允许打开左车门（或右车门）的调制频率信号；列车收到允许打开车门信号，使相应的门控继电器工作，并提供相应的广播和允许开门的信号显示，这时驾驶员按压与此信号显示相一致的门控按钮，才可以打开规定的车门。

有了车门打开信号以后，列车定位发送器改发打开站台安全门信号，站台定位接收器接收到此信号后，负责打开站台安全门的继电器吸起，最终与车门相对的站台安全门打开。

列车停站时间结束（有时采用手动终止停站），地面停站控制单元启动车站 ATP 向轨道电路停发开门信号，车辆收不到开门信号，使门控继电器落下。驾驶员按压关门按钮关闭车门；与此同时，车辆停发打开站台安全门信号，负责打开站台安全门的继电器失磁落下；车站在检查了站台安全门已关闭且锁闭以后，允许 ATP 向轨道电路发送运行速度命令，车辆收到速度命令的同时，检查车门已关闭且锁闭、ATO 发车表示灯点亮后，列车可按车载 ATP 收到的速度命令进行出发控制。

5. 轨旁设备/列车数据交换

列车与轨旁设备的通信是安全的。任何情况下，控制中心需要与列车通信时，轨旁设备都是作为数据交换的接口。这里需要强调，后续列车在运行中能够掌握到前行列车的信息，并非两列车可以直接进行信息传输，而是通过轨旁设备来实现的。

列车发到轨旁设备的数据有：所分配的列车车次号；目的地；车门状态；车轮磨损表示（ATP 到控制中心）；在接近车站时制动所产生的过量车轮滑动；紧急情况或异常情况（如开关门异常操作）。

轨旁设备发到列车的数据有：车辆车门开启命令；列车车次号确认；列车的长度；性能修改数据；出发测试指令；车门循环测试；主时钟参考信号；调停指令；搁置命令，申请车载系统和报警状态。

6. 性能等级

性能等级是列车标识的一部分，可以被控制中心 ATS 修改。列车从轨旁设备接收到控制中心 ATS 所确定的性能等级。性能等级由速度限制、命令的加速和预定的减速构成。为了减少数据的传输量，一张六个性能等级的表存储在列车上。为了修改当前性能等级，控制中心 ATS 发送单个数字命令即可。

7. 滑行模式

滑行模式是一种额外的性能等级，其要求是级别 1~5 处于有效状态，并且当申请滑行时，目标速度>40km/h。滑行模式会使列车在上电的间隙进行滑行，并且允许列车的实际速度在重新上电之前下降到 11km/h。

7.4.4 ATO 系统与 ATP 系统的关系

在距离码 ATP 系统的基础上安装了 ATO 系统，列车就可采用手动方式或自动方式进行驾驶。在选择自动驾驶方式时，ATO 系统代替驾驶员操纵，诸如列车起动加速、匀速惰行、制动等基本驾驶功能均能自动进行。然而，不论是由驾驶员手动驾驶还是由 ATO 系统自动驾驶，ATP 系统始终是执行其速度监督和超速防护功能。可以这样认为：

手动驾驶＝驾驶员人工驾驶＋ATP 系统

自动驾驶＝ATO 系统自动驾驶＋ATP 系统

图 7-2 所示为三种制动曲线。

曲线①表示列车的紧急制动曲线，由 ATP 系统计算及监督。列车速度一旦触及该制动曲线，立即启动紧急制动，直到停车，以保证列车停在停车点。曲线①对应于列车的最大减速度，一旦启动紧急制动，列车务必停稳后经过若干时间才能重新起动。因此，这是一种非正常运行状态，应该尽量避免发生。

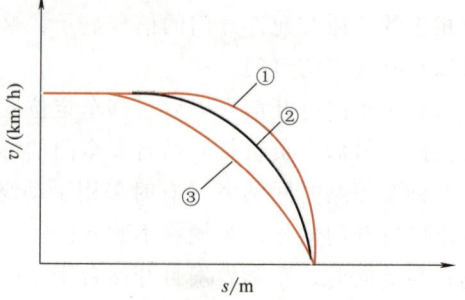

图 7-2 ATP 和 ATO 制动曲线

曲线②表示由 ATP 系统计算的制动曲线，在驾驶室内显示为最大允许速度，它略低于紧急制动曲线（速度差值通常为 3~5km/h）。当列车速度达到该曲线值时，应给出警告，但不启用紧急制动。显然，曲线②对应的列车减速度小于曲线①的减速度，一般取与最大常用制动对应的减速度。

曲线③则是由 ATO 系统动态计算的制动曲线，即正常运行情况下的停车制动曲线，通常将与此曲线对应的减速度设计为可以使列车达到平稳地减速和停车的目的。

从这三条停车制动曲线可以明显地看出：ATP 系统主要负责超速防护，是安全设备，起到保证列车运行安全的作用；ATO 系统主要负责正常情况下使列车高质量地运行，最大限度地提高行车效率、增加车辆运行的舒适性。

由图 7-2 可以看出，ATP 主要是运用启动常用制动和紧急制动的手段，当列车超过其允许的最大速度时降低列车速度，以保证列车的安全行驶。ATO 主要是合理运用牵引和制动，保持列车运行准确、高效、平稳。

因此，ATO 与 ATP 的关系是：ATP 是 ATO 的基础，ATO 不能脱离 ATP 单独工作，必须从 ATP 系统获得基础信息。而且，只有在 ATP 的基础上才能实现 ATO，列车安全运行才能得到保证。ATO 是 ATP 技术的发展和延伸，不再仅仅停留在超速防护的水准上，而是在 ATP 基础上得以实现的自动驾驶。

思考题

1. ATO 系统由哪些设备组成？请简述每个设备的功能。
2. ATO 系统基本控制功能有哪些？
3. ATO 系统服务功能有哪些？
4. 简述列车自动驾驶的工作原理。
5. 简述列车在车站按照 ATS 程序停车的原理。
6. 简述列车在车站精确停车的基本原理。
7. 简述列车在停站过程中对车门和站台安全门的控制过程。
8. 简述 ATO 与 ATP 之间的关系。

第8章 列车自动监控系统

【本章概述】

　　列车自动监控（ATS）系统是整个城市轨道交通运营的重要部分，它需要 ATP 系统和 ATO 系统的支持，根据时刻表对全线列车进行监控，实现进路控制、运行图管理、列车移动监督、运行调整和仿真与培训等功能。

　　ATS 系统利用可靠的网络结构，与 ATP 系统和 ATO 系统一起完成对全线列车运营的管理和监控功能，包括：列车运行情况的集中监视、自动排列进路、自动列车运行调整、自动生成时刻表、自动记录列车运行实迹、自动进行运行数据统计及自动生成报表、自动监测设备运行状态等，辅助调度人员对全线列车进行管理。

　　ATS 系统为非故障-安全系统，列车安全运行由 ATP 系统来保证。

　　本章通过介绍 ATS 系统的基本概念、组成、主要功能和基本原理，使读者了解 ATS 系统对列车运行的监督和控制工作内容及工作过程。

【学习重点】

1. 了解 ATS 系统的基本概念。
2. 掌握 ATS 系统的组成及各部分的基本功能。
3. 掌握 ATS 系统在列车运行控制过程中的功能。
4. 理解 ATS 系统的基本工作原理。
5. 掌握 ATS 系统在不同状态下的运行情况。

8.1　ATS 系统的基本概念

　　ATS 系统主要功能是对列车运行及所控制的道岔、信号等设备运行状态进行监督和控制，为行车调度人员显示出全线列车的运行状态，监督和记录运行图的执行情况，在列车因故偏离运行图时及时做出调整，辅助行车调度人员完成对全线列车运行的管理。

　　ATS 系统在 ATP 系统和 ATO 系统的支持下，根据运行时刻表完成对全线列车运行的自动监控，可自动或由人工监督和控制正线（车辆段、停车场、试车线除外）列车进路，并向行车调度员和外部系统提供信息。ATS 工作方式为集中管理，分散控制。

ATS 系统能与 ATP 系统、计算机联锁设备或继电联锁设备配套使用，并有与时钟系统、乘客向导系统和综合监控系统的接口。

8.2 ATS 系统的组成

ATS 系统由控制中心设备、车站设备、车辆段设备、列车识别系统及列车出发计时器等组成，根据实际情况的需要，可以对 ATS 的硬件、软件配置进行相应的调整。

1. 控制中心设备

控制中心设备属于 ATS 系统，是 ATS 的核心，用于状态表示、运行控制、运行调整、车次追踪、时刻表编制及运行图绘制、运行报告、调度员培训和与其他系统的接口。控制中心设备主要有学员工作站、调度长工作站、综合显示屏、时刻表编辑工作站、过程耦合单元等设备，其设备组成如图 8-1 所示。

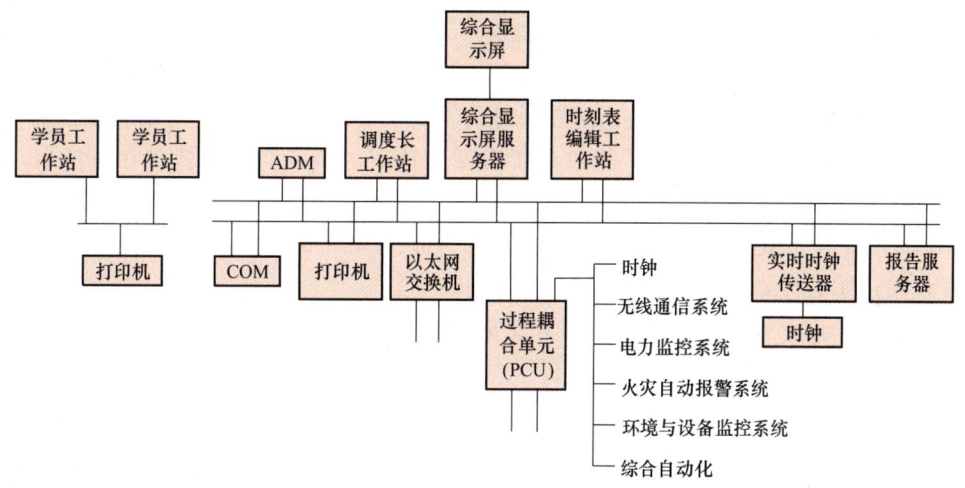

图 8-1 控制中心设备组成

如图 8-2 所示，控制中心 ATS 设备主要包括：中心计算机系统、综合显示屏、调度员及调度长工作站、运行图工作站、培训/模拟工作站、打印机服务器、绘图仪和打印机、维修工作站、局域网、UPS 及蓄电池等。其中，综合显示屏、调度员及调度长工作站设于主控制室；控制主机、通信服务器、系统管理服务器、时刻表编辑器设于中心计算机设备室；运行图工作站设于运行图室；绘图仪和打印机设于打印室；培训/模拟工作站设于培训室；UPS 设于电源室；蓄电池设于蓄电池室。

（1）中心计算机系统 中心计算机系统包括：控制主机、COM 服务器（通信服务器）、ADM 服务器（系统管理服务器）、TTE 服务器（时刻表编辑器）、局域网和各自的外部设备。为保证系统的可靠性，主要硬件设备均为主/备双系热备方式，可自动或人工切换。系统能满足自动控制、调度员人工控制及车站控制的要求。

COM 服务器上存储着实际的进程映像。所有从联锁和外围设备发送来的数据都由 COM

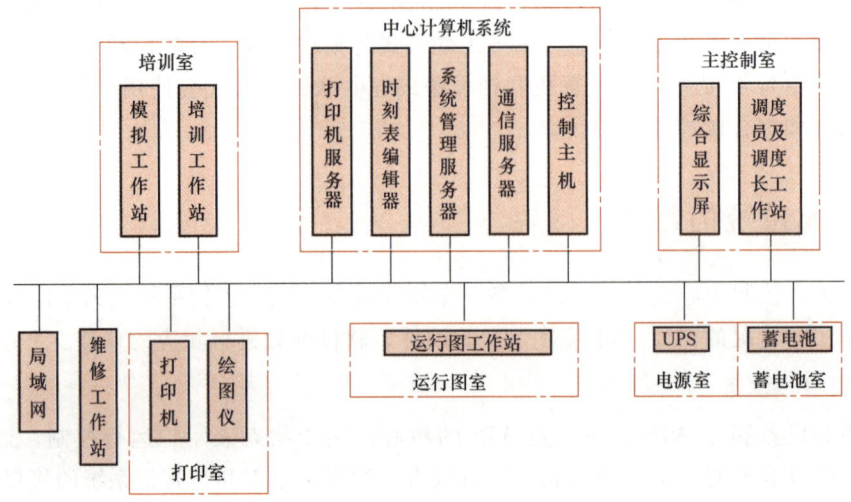

图 8-2 控制中心 ATS 设备

服务器最先得到和处理。一些应用功能也由 COM 服务器激活,并在此服务器上得以运行。因此,COM 服务器是自动调整功能的核心部分。

ADM 服务器用于系统数据存储,处理所有不受运行时间影响的数据,如系统配置、计划时刻表、计划运行图等。通常在系统启动时或收到一个询问指令时或对某一设备的参数进行设置时才需要。列车自动调整功能通常所需要的计划时刻表数据,就是在系统启动时从 ADM 服务器中读取的。

TTE 服务器是建立离线时刻表的操作平台,时刻表的编制也是 TTE 服务器的任务。ADM 服务器存储的计划时刻表由 TTE 服务器提供。

(2) 综合显示屏　综合显示屏由显示设备和相应的驱动设备组成,用来监视正线列车运行情况及系统设备状态。

(3) 调度员及调度长工作站　调度员及调度长工作站,用于行车调度指挥,与 ATC 计算机系统接口,是实际的操作平台,使调度员能在控制中心监视和控制联锁设备及列车的运行,如需要可显示计划运行图和实迹运行图。调度员可将系统投入列车自动调整,必要时可人工干预,如图 8-3 所示。

(4) 运行图工作站　用于运行计划的编制和修改,通过人机对话可以实现对运行时刻表的编辑、修改及管理。

图 8-3 调度室

(5) 培训/模拟工作站　培训/模拟工作站配有各种系统的编辑、装配、连接和系统构成工具以及列车运行仿真的软件。它可以与调度员工作站显示相同的内容,有相同的控制功能,能仿真列车在线运行及各种异常情况,但不参与实际的列车控制。实习调度员可通过它模拟实际操作,培养系统控制和各种情况下的处理能力。

(6) 打印机服务器、绘图仪和打印机　打印机服务器缓冲和协调所有操作员和实时事件激活的打印任务。绘图仪和打印机，用于输出运行图及各种报表。

(7) **维修工作站** 主要用于 ATS 系统的维护、ATC 系统故障报警处理和车站信号设备的监测。

(8) **局域网** 把本地和远程工作站、服务器的 PLC 连接在一起，以太网允许各成员间进行高速数据交换（10Mbit/s）。

(9) **UPS 及蓄电池** 控制中心配备在线式 UPS 及可提供 30min 后备电源的蓄电池。

控制中心 ATS 系统与现地的通信是通过两个以在线/备用形式连接的以太网 LAN 来实现的。LAN 到每个现地的辐射是通过远端光缆及安装在控制中心、车辆段和现地的容错网络光端机来实现的。LAN 位于信号室，与在线/备用计算机连接，LAN 也与每一现地控制点的车站控制计算机（SCC）连接。

控制中心 ATS 与车站 ATS 的前置机进行通信，获取所有信号设备的状态数据并把调度命令发送给车站信号设备，另外，控制中心 ATS 执行主要功能时，均要通过车站 ATS 发送命令到相应的信号系统。

2. 车站设备

车站设备分集中联锁站和非集中联锁站两种。

(1) **集中联锁站设备** 集中联锁站主要由 ATS 分机以及车站现地控制工作站组成。ATS 分机是设备集中站的核心设备，负责与车站联锁系统、车站 ATP 系统、列车出发计时器（TDT）进行接口，还负责将联锁采集的表示信息，以及车站 ATP 设备传递过来的列车位置、状态等信息传递到调度中心 ATS 系统。同时，车站 ATS 分机还要将调度中心传递过来的进路指令及列车运行指令，通过联锁和 ATP 系统传递到地面设备和车载设备。另外，ATS 分机需要具备本地计划存储功能，当中心 ATS 与车站 ATS 中断时，ATS 分机能够按照预定的计划继续生成指令控制地面设备和车载设备，图 8-4 所示为车站控制室。

ATS 还能控制站台上 PIS 的列车目的地显示器、列车到发时间显示器和 TDT。

图 8-4 车站控制室

(2) **非集中联锁站设备** 非集中联锁站也由 ATS 分机及车站现地控制工作站组成。但 ATS 分机只是一个经过功能裁剪的轻量级的分机。非集中联锁站的 ATS 分机不需要与联锁和 ATP 设备接口，只需要完成 TDT 信息内容的计算驱动，另外负责车站现地控制工作站与中心及其他系统数据的转发。非集中联锁站的现地控制工作站也比集中联锁站的现地控制工作站简单，主要是提供站场及列车车次号监视功能，还提供基本的扣车、跳停办理等功能。

由于非集中联锁站设备功能简单,根据不同的应用要求,可以考虑省略掉分机系统,将现地控制工作站与设备集中站分机相连,而 TDT 则由现地控制工作站驱动。非集中联锁站的 PTI、PIS 均通过集中联锁站的 ATS 分机与 ATS 系统联系。有岔非集中联锁站的道岔和信号机由集中联锁站的计算机控制,通过集中联锁站的 ATS 分机接收 ATS 系统的控制命令。

3. 车辆段设备

(1) ATS 分机　车辆段设一台 ATS 分机,用于采集车辆段内存车线的列车占用与进/出车辆段的列车信号机的状态,在控制中心显示屏上给出这些信息的显示,以便控制中心及车辆段值班员及车辆管理人员了解段内停车库线列车的车次及车组运行情况,正确控制列车出段。车辆段不纳入正线统一的、按照计划作业自动进路办理流程,这里 ATS 分机只与联锁系统接口,提供车辆段人工操作指令处理,并将车辆段站场表示信息传递到中心 ATS。

(2) 车辆段终端　车辆段派班室和信号楼控制室各设一台终端,与车辆段 ATS 分机相连,根据来自控制中心的实际时刻表建立车辆段作业计划。

车辆段终端通过与中心 ATS 交互,获取列车运行计划,生成驾驶员出乘计划,并将机车运行计划上传到中心 ATS 系统。

车辆段联锁设备,通过 ATS 分机与控制中心交换信息,实现段内运行列车的追踪监视,并为车辆段与控制中心间提供有效的传输通道,当传输距离较长时可采用 MODEM。

4. 列车识别系统(PTI)

PTI 设备是 ATS 车次识别及车辆管理的辅助设备,其由地面查询环路和车载查询器组成,地面查询器环路设于各站。PTI 设备用于校对列车车次号。当列车经过地面应答器时,地面应答器可采集到车载查询器中设定的列车车次号,并经过车站 ATS 设备送至控制中心,校对是否与中心计算机列车计划中车次号一致,若不相同则报警并进行修正。

5. 列车出发计时器(TDT)

TDT 设备设于各站,为列车运行提供车站发车时机、列车到站晚点情况的时间指示,提示列车按计划时刻表运行。正常情况下,在列车整列进入站台后,按系统给定站停时间倒计时显示距计划时刻表的发车时间,为零时指示列车发车;若列车晚点发车,则 TDT 增加停站时间的计时。在特殊情况下,若实施了站台扣车控制,TDT 给出规定显示;如下达提前发车命令,TDT 立即显示零;列车通过车站时 TDT 给出相应显示。

8.3　ATS 系统的主要功能

ATS 系统具有下列主要功能:列车运行情况的集中监视和跟踪;列车运行实迹的自动记录;时刻表自动生成、显示、修改和优化;自动排列进路,按行车计划自动控制道旁信号设备以接发列车;列车运行自动调整;列车运行和设备状态自动监视;调度员操作与设备状态记录、运行数据统计及报表自动生成;运输计划管理、输出及统计处理;实现沿线设备及列车与控制中心之间的通信;列车车次号自动传递;车辆修程及乘务员管理;系统故障复原处理;列车运行模拟及培训;乘客信息显示等。

下面具体介绍其几个主要功能。

1. 列车监视和跟踪

进行在线列车的监视、跟踪，车次的位移及显示。

(1) 列车监视 列车监视是指用计算机来展现列车运行情况。列车运行由轨道空闲和占用的信号设备来驱动，列车由车次号来识别。ATS 为 MMI、乘客信息显示系统、模拟线路表示盘提供列车位置和车次号。

(2) 车次号输入、追踪、记录和删除 列车车次号是实现 ATS 功能的先决条件，必须在固定时间内明确。当列车由车辆段或其他地点进入正线运行时，ATS 系统将根据计划时刻表自动给计划列车加入车次号。列车车次号输入方式有：在读站自动输入车次号、时刻表系统提出车次号、系统自动生成虚假车次号、调度员人工输入。列车车次号输入用于修改和确认列车车次信息。

车次号在该列车通过在读站时被记录，出错时调度员可用另一车次号予以替代。

车次号从列车所在车辆段开始至全部正线连续追踪，在控制中心表示盘或显示器上的车次视窗内随着列车运行的位置动态显示。调度员可人工修改，并能由车次查出对应车组号。

车次号删除是指从 ATS 系统中清除车次号记录，在被监视列车离开本区段或线路被覆盖时自动删除，也可人工删除。

(3) 列车运行识别 列车运行由轨道占用信号从"空闲"到"占用"的切换显示来识别。一旦列车运行被检测到，就会在计算机上再现。

(4) 集中显示 控制中心显示分为大屏表示盘和显示器。在站场布置图上显示正线全线列车运行及信号设备的工作状况，例如，列车位置及车次号、信号显示、道岔位置、轨道电路状态、进路状态及开通方向、车站控制状态（站控或遥控）、行车闭塞方式（自动闭塞或站间闭塞）、站台扣车状态、信号设备报警等，以及根据调度员的需要在显示器上显示车辆段内列车运行状况及各种报告。

2. 时刻表处理

时刻表处理包括安装、修改、存储时刻表，描绘、显示和打印实迹运行图。

系统提供时刻表编制用的数据库，通过调度员的人工设置，如站停时间、列车间隔、轨道电路布置等数据，产生计划时刻表。每天运营前将当日使用的计划时刻表从控制中心传至车站 ATS 分机。

系统存储适合于不同运行情况的多套时刻表；根据时刻表自动完成列车车次号的跟踪与更新；自动生成时刻表。

控制中心 ATS 根据列车运行的实际情况自动绘制列车实迹运行图。

系统随时对时刻表的状态进行比较。利用车次号和列车位置可以对一列车的计划位置和实际位置进行比较。在发生偏离（早点或晚点）时，系统一方面通过适当的显示通知调度员，另一方面自动产生相应的纠正措施。

3. 自动排列进路

控制中心能对列车进路、信号机、道岔实现集中控制，可根据当日列车运行计划时刻表自动控制列车运行，包括：自动办理正线各种进路并控制办理的时机，自动控制列车驶入、离开正线的时机，自动控制车站列车停车时间及发车时间。必要时，通过办理控制权转移手续，可将控制权转移至车站。

调度员必要时可以人工控制，包括人工建立及取消正线各种进路等。调度员的人工控制命令在执行前均由中心计算机检查其合理性，并给出提示。

自动排列进路的功能是指形成控制道岔位置的命令和在适当时间向信号系统发送这些命令。由控制中心将列车车次号和位置信息、道岔位置和已选信号系统的信息提供给自动排列进路系统，命令的输出由接近列车的监测和进路计划来控制。

4. 列车运行调整

不断地对计划时刻表与实际时刻表进行比较，通过调整停站时间自动调整列车按计划时刻表运行，在此基础上自动产生列车的出发时间。在装备有 ATO 的线路上能通过对列车运行等级的设置实现对列车运行的自动调整。

调度员也可通过人工命令调整列车停站时间来调整列车运行。

5. 乘客信息显示

用来通知候车乘客下一列车的目的地和到达时间。

6. 列车位置识别

列车识别码由驾驶员在开始运行前选定，由列车自动发送。

7. 服务操作

操作员能修改数据库、列车参数、控制与显示数据库信息。

8. 仿真及演示

系统仿真可通过仿真手段，离线模拟列车的在线运行，主要用于系统的调试、演示以及人员培训，是一种必不可少的运行模式。它与在线控制模式几乎完全相同，唯一的差别是列车定位信息不是实际获取，而是随车次号的设置而出现。仿真模拟运行能够模拟在线控制中的所有功能，但它与现场之间没有任何表示信息和控制命令的信息交换。

培训/演示系统具有模拟时刻表，可以模拟列车运行的调度等，可记录、演示，据此对学员进行实际操作的培训。

9. 遥控联锁

联锁设备由远程控制系统操作，它提供了与运营控制系统的接口界面。

10. 运行报告

ATS 能记录大量与运行有关的数据，例如，列车运行里程数、实际列车运行图、列车运行与计划时间的偏差、设备的状态信息、设备的故障信息、操作命令及其执行结果、重大运行事件等。ATS 系统所记录的事件都应该有备份。通过选择，可回放和查询已被记录的事件；提供数据备份和恢复功能；提供运行分析报告。

ATS 中心可提供多种报告，辅助调度员了解列车运行情况，以及系统工作情况。调度员还可调用列车运行计划并进行修改，以及登记、记录、统计数据、离线打印。

ATS 系统还可以按用户的要求提供各种统计功能，以完成各种统计报表（如日报表、周报表、月报表等）。

11. 监测与报警

能及时记录被监测对象的状态，有预警、诊断和故障定位功能；监测列车是否处于

ATP 保护状态；监测信号设备和其他设备结合部的有关状态；具有在线监测与报警功能；监测过程不会影响被检测设备的正常工作。

在相应工作站上，报告所有故障报警的状况并予以视觉提示，直到恢复正常状态为止。重大的故障以音响警报提示，直到确认报警状况为止。

需要报警的不正常状况包括：轨道电路和其他轨旁设备内的故障；ATC 系统车载设备和车辆设备内的故障；通过车-地通信传送的车载设备信息和在光纤通信系统设备内检测出并由光纤通信系统报告的故障。

8.4　ATS 系统的基本原理

1. 列车监视和跟踪（TMT）

列车监视和跟踪是控制中心 ATS 系统的功能之一，其任务是确定每列车在系统中的位置，这是由跟踪列车运行实现的。不论是自动方式还是人工方式，每列列车都与一个列车车次号相关联。当列车由车辆段进入正线运行时，ATS 系统根据计划时刻表自动给该列车加入车次识别号。根据联锁设备的信息推断，随着列车的前进，列车车次号在列车追踪系统中从一个轨道区段单元向下一个轨道区段单元移动。列车移动在调度员工作站上的车次号视窗内以列车识别号显示出来。车次号按先到先服务的原则显示。

（1）列车识别号报告　每列列车准备进入正线运行时，都需要根据预先存储的列车时刻表来命令进入系统的列车，自动给它分配一个列车识别号，该识别号可以在显示器上显示，并随着列车跟踪运行，该识别号也会在显示器上移动。

列车识别号包括目的地号、序列号和服务号。目的地号规定了列车行程终止地点；序列号按每次行程自动累增；乘务组号和车组号将显示在特定的对话框中。

如果某一列车出现在列车追踪系统所监视区域，该列车识别号必须报告给列车追踪系统。列车识别号报告给列车追踪系统的方法有：手动输入、读点读入（依靠 PTI 完成）、从列车时刻表中导出、在步进检测中产生。

当无法自动导出列车识别号时必须手动输入。调度员在其监视区的第一个区段输入列车识别号，如果该区段已被某一列车识别号占用，则不能输入列车识别号。

在系统的边界点，如在车站，可安装检测接近列车的 PTI（列车识别系统）。当多次读入的车次号被传输时，列车自动追踪系统可以识别出这些读数所属的列车。

列车运营是由时刻表决定的，时刻表系统分配列车的识别号，将车次号输入到相应进入的区段，按它们的出现顺序调用。

步进是指列车号从一个显示区段移动到下一个与列车移动相应的显示区段的前进。当轨道区段发生从空闲到占用的状态变化，或轨道区段发生从占用到空闲的状态变化，或输入来自 PTI 的有效列车数据时，或输入来自 OCC（控制中心）MMI 功能的人工步进命令时都会产生步进。如果由于故障不能自动步进，也可以手动步进。

（2）列车识别号跟踪　自动列车跟踪要完成对列车号定位、列车号删除、车次号处理等功能。

1）列车号定位。列车号向轨道区段的分配可由下列任一情况启动：在列车离开车辆段的地点，一个向正线方向移动的列车被识别，列车号从时刻表数据库取出；输入来自 PTI 的有效列车数据；来自 OCC（控制中心）MMI 的一个列车号被插入或修改，或在没有列车号步进到位时，识别到一个列车移动，依照时刻表产生一个列车号。

2）列车号删除。当步进超出自动列车追踪功能的监控范围，或从 OCC 的 MMI 输入一个人工删除命令时列车号被删除。

3）车次号处理。车次号处理包括：从 OCC 的 MMI 输入一个新的列车号、输入列车识别号、更改列车识别、删除列车识别、人工步进列车识别号、查询列车识别号。

2. 自动排列进路

通过列车进路系统，实现了进路的自动排列，这可以减轻调度员大量的操作工作量。ARS 功能是向联锁系统发出进路排列命令。

调度员可在任何时候绕过列车进路系统，用手动方式办理进路，列车进路系统负责检测这一动作是否具有可行性。需要强调的是，当调度员人工办理进路时，行车进路系统可由调度员关闭，以避免列车进路系统发出命令的危险。

只有正常方向才考虑自动选路，反方向运行会受到 OCC MMI 的干预。

（1）运行触发点（OP） 列车进路系统只是在列车到达某一特定地点时才被启动，该特定地点称为运行触发点。运行触发点的位置必须进行配置。运行触发点的选择应能使列车以最高的线路允许速度运行。但运行触发点又不能发生得太早，否则其他列车可能会遇到不必要的妨碍。为此，可以确定一个延时时间来决定发出列车进路指令的时间，该时间称为接通时间。它由最长指令输出时间、联锁最长设定时间、列车到达接近信号机之前驾驶员看到和作出反应的时间、预留的时间等来决定。

在驶近列车进路始端时，可以确定多个运行触发点，这样就可以保证列车进路系统的可靠工作，即使在出现问题而未发送出列车位置的情况下也能保证其可靠性。对于每一条进路，应在其始端的前方配置一个附加的、称之为重复操作的运行触发点（NOP）。

如图 8-5 所示，区段 T_1 配置了两个 OP。OP_1 触发 $S_1 \sim S_2$ 的进路，OP_2 触发 $S_2 \sim S_3$ 的进路。$S_1 \sim S_2$ 进路的 NOP 配置在区段 T_2，紧靠 S_1 前面。区段 T_3 的 OP_1 用来触发 S_3 开始的进路。假如 T_2 区段长度较短，$S_1 \sim S_2$ 的 OP 设在 T_2，一列接近列车在 $S_1 \sim S_2$ 进路排列好之前可能需要减速。所以考虑把 $S_1 \sim S_2$ 进路的第一个 OP 设在 T_1，确保始端信号机 S_1 之前有足够的距离。

对每个运行触发点，都要对启动列车进路系统的目的地编码予以配置。列车进路由列车初始位置和列车的终到（目的）编码来确定，终到编码也必须在列车识别号中。列车位置、列车号是通过列车追踪系统报告给列车进路系统的，它决定了所要达到的目的地。

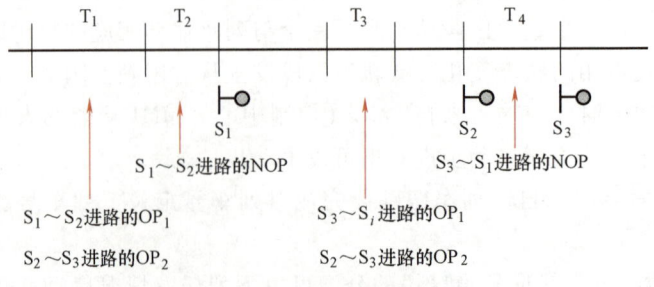

图 8-5 运行触发点

(2) **确定进路** 当到达触发点的列车请求进路时，已配置的数据就确定了其进路，也就为每个带有有效目的地码的触发点配置了一条进路。

对于每一条进路，还可以配置替代进路。替代进路是必要的，如果配置的进路已被其他列车占用，那么就可以把替代进路按优先顺序存储到运行触发点处。进路可用两种方法予以确定。第一种，进路由时刻表来确定。前提条件是必须有一个时刻表系统，能提供当天适应每一列列车的时刻表。列车进路系统利用这些信息确定列车的进路命令，相关的替代进路也被确定。第二种，用与地点相关的控制数据来确定进路。为此有必要在车次号中包含目的地码，然后相应的进路就可以通过目的地码的方式指派到每一个运行触发点。

(3) **进路的可行性检查** 在进路设定指令输出到联锁设备之前，需进行若干可行性检查，该检查将决定执行或拒绝命令。首先要进行"进路始端检查"，以检查没有排列敌对进路；然后进行"触发区段检查"，检查没有其他列车处于该列车和进路入口之间，确认该列车是否到达进路的始端。

接着要进行"进路可用性检查"，目的是防止将不能执行的命令发送到联锁设备。这种检查要经过三步来实施：第一步，检查是否自始端开始的进路已排好；第二步，检查进路的自动办理是否可能；第三步，检查是否有短期障碍（如轨道被占用等）。如果所有检查都成功完成，则给联锁设备输出一个进路命令。

在规定的时间间隔之后进行"办理进路检查"，以查明联锁设备是否允许执行选择进路的命令，是否已办理好进路，并与输出命令相符。

列车自动排路功能不取消进路。

3. 时刻表系统

时刻表系统要完成的具体工作有：时刻表数据管理；向外部系统提供时刻表数据；为停站时间时刻表的在线装载设置界面；向其他 ATS 功能模块提供时刻表数据；为使用中的时刻表增加或删除一个列车行程设置界面；按自动列车追踪请求安排列车识别号；为时刻表的离线修改设置界面。

ATS 设备包括时刻表数据库，该数据库里存储有 ATS 功能要求的所有时刻表信息。时刻表数据库里的信息是由时刻表计算机提供的。

(1) **时刻表编辑** 时刻表的编制和修改在离线模式下用给定的数据在时刻表编辑器中完成。给定的基本数据包括：站间运行时间、车站与折返线之间的运行时间、在折返线上的停留时间，以及用来表示一列列车在某段线路上的运行信息。

时刻表包括到站和离站时间。为了编制时刻表，调度员必须通过时刻表编辑界面输入以下数据：运行始发时间、运行始发地点、运行终到站、每一运行间隔阶段的开始和终止时间、运营日中每个时段（在当日对所有列车有效）的运行间隔。

调度员通过时刻表编辑界面输入必要的信息后，时刻表编辑器/模拟器根据输入的信息生成所需时刻表。如果新的时刻表存在冲突就会被显示，调度员可以调整时刻表的内容。一旦调度员存储时刻表，则时刻表就被确定。这样就为不同类型的运行阶段生成相对应的时刻表。

系统时刻表中列车运行图或列车运行档案通过列车运行图表示器显示出来。

(2) **时刻表系统处理程序** 手动选择当天运行的时刻表，该时刻表仅当天运行有效。

时刻表具有查询功能,通过该功能可以得到列车的计划到达时间、发车时间及下站到达的时间等。列车自动调整从时刻表系统得到用于列车调整的时刻表中的数据。

如果列车识别号在列车自动追踪过程中丢失,可以向时刻表系统询问列车识别号,时刻表系统会推荐一个列车识别号。

(3) **时刻表比较** 时刻表比较器可以将时刻表上预定的到达/出发时间和实际列车的到达/出发时间进行比较,为列车运行图表示器和自动列车跟踪提供列车实际运行与当前时刻表的偏差,启动列车自动调整。若时刻表偏差超过这一规定值,时刻表偏差将通过 MMI 来显示,时刻表比较器进而给出列车自动调整指令,其目标是弥补列车实际运行造成的偏差。同时,将乘客信息显示屏的列车到达时间予以更新。

4. 列车自动调整(ATR)

实际运行中,由于许多随机因素的干扰,列车运行难免与计划运行图有偏差,尤其是在列车运行密度较高的城市。一列列车晚点往往会影响许多其他列车。如果出现车辆故障或其他情况,则会加剧列车运行紊乱程度。所以需要从整体上大范围地对列车运行秩序进行调整。

相比人工调整的低效率、随意性和局限性,采用自动调整方法,可以充分发挥计算机的优势,能比较及时并全面地选出优化的调整方案,使列车运行调整更智能化。而且,列车自动调整的同时,调度员依然可以积极发挥主观能动性,在必要的时候干预列车运行调整过程。

(1) **列车运行调整所需数据** 调整列车运行,首先必须清楚地了解列车运行情况以及轨道、道岔、信号灯设备的状况,所以需要掌握基本数据和实时数据。

基本数据包括:车站的顺序和种类、站间运行时间、各站的停站时间、在折返线上的停留时间、车站与折返线之间的运行时间和计划时刻表数据等。

实时数据包括:调度员下达的控制指令、在线运行列车的限制速度和安全距离、在线运行列车的实时位置和速度。

(2) **列车运行调整的目标** 通过对列车运行进行调整可以尽可能减少列车实迹运行与列车计划运行的时间偏差,从而减少列车在线运行时间,减少列车在途中延误时间,减少乘客平均等待时间,使城市轨道交通系统保持正常的运营秩序,提高服务水平。

(3) **列车运行调整的系统模式** 人工调整和自动调整可以不同程度地分别完成列车运行过程的调整任务,是列车运行调整的两种系统模式。

人工调整方式下,除具有自动时刻表、车次号管理和自动排列进路功能外,还具有自动调度功能,即根据时刻表和调度模式,按时自动调度列车从起始站出发,但运行中的调整仍需要人工进行。

自动调整除具有人工调整模式的全部功能外,还具有自动调整功能,能根据计划时刻表自动调整列车停站时间和运行等级,使列车尽量恢复正点运行。

调度员应该具有最佳调整策略的判断能力和选择能力,对于计算机显示的可应用方案实施方案选择,最终选择最适宜的列车运行调整方案。

(4) **列车运行调整的基本手段** 对列车运行进行调整,实质上是对列车运行图的重新规划,是在 ATS 对列车运行和道岔、信号设备能实时控制的基础上实现的。当列车偏离计划运行图的程度不大时，可以利用运行图自身的时间余量，对个别列车进行调整即可按计划运行图运行；当列车运行紊乱程度较严重时，则需要大幅度调整列车运行。主要的调整手段如下。

1）改变车站停车时间。通过车站 ATS 的实时发送命令，控制站内列车的停站时间。若列车晚点，可使列车提前出发（但也必须受到车站最小停站时间的约束）；若列车提前到达，则可延长列车停站时间。这种方法可以在一定范围内调整使列车正点运行。

2）改变站间运行时间。根据列车在站间运行的速度和位置，可以预测列车到达下一站的时间。如果预测的到站时间晚于计划到站时间，可以向 ATO 车载设备发送命令，提高 ATO 运行速度，缩短站间运行时间，从而及时消除可能出现的晚点。

3）越站行驶。如果列车晚点太多，需要快速追回（否则会影响该线其他列车正常按计划运行图运行），可要求列车直接通过下一个车站或多个车站，以尽快恢复到计划时刻表上预定的安排。这种方式由于会增加越站车站乘客候车时间，往往会造成服务质量下降。

4）改变进路设置。在有道岔的车站，可通过改变进路的设置来改变列车运行的先后顺序，从而达到调整的目的。

5）修改计划时刻表。当列车晚点时间比较多，或者涉及晚点的列车比较多时，可以考虑直接修改计划时刻表，尽可能地减少对整个系统的影响，保证系统的有序运行。修改计划时刻表通常包括加车、减车和时刻表整体偏移等。

（5）列车运行调整的计算方法

1）线路算法。一旦列车进入运营，线路算法将监视和控制列车的运行性能。线路算法的主要功能是快速和自动地管理由较小的线路干扰造成的延误。线路干扰是指列车与其时刻表相比提早或滞后的状态，这将影响列车停站时间和在正线上列车的运行。线路算法通过调整列车的停站时间和运行速度，自动且动态地调整列车运行性能和列车运行时刻，使延误的影响减小到最低，以使本站的出发计划误差和下一站的到达计划误差达到最小。还可以调整受影响列车的前行列车和后续列车的空间间隔，以平稳地脱离线路干扰。

当线路算法确定一列列车或一组列车不能保持与时刻表一致时（在时刻表误差内），将产生一个报警。调度员可以从时刻表控制中撤销一列列车/一组车列，或者修正时刻表误差并取消报警，还能中止线路算法的自动运行。线路算法还可以在列车到达车站之前启动车站广播设备和乘客向导系统。

2）进路控制算法。进路控制算法监督所有运营中列车的进路。列车上所存储的进路应能被控制中心改变。控制中心能自动地或由控制台发出命令，改变目的地，并且能验证列车是否已收到新目的地的命令。

5. 控制和显示

当调度员通过键盘等输入工具输入命令时，列车控制和显示功能将驱动显示和报警监视器，提供运行状态和历史信息，检查从现场返回的所有状态数据，并按要求动态地更新显示和报警消息；允许调度员在授权的情况下，人工向系统输入命令，调用各种显示；处理所有调度员的输入以及协调这些输入的执行。

调度员可通过控制中心 ATS 控制联锁设备，借助于设备显示器上的对话框和鼠标来输入联锁指令，然后输送到联锁设备中。

车辆段内信号机由车辆段信号楼控制，出段信号机由 ATS 系统自动控制。段内调车作业应能自动追踪，并能与 ATS 控制中心交换信息。

调度员操作授权由系统管理员决定，并且通过登录过程来完成。

线路的现状通过 MMI 以图形方式实时地向调度员显示。全线概况显示由 ATS 系统控制，显示的信息包括：列车的位置和进路状况、车站名和站台结构、保护区段、轨道区段、道岔和信号机的状态，以及所有 ATC 系统状态和工作的动态表示、ATC 报警信息。信息的类型与显示的详细程度可以由调度员通过显示控制命令来控制。

MMI 可显示调度员对话框和基本视窗。所有的功能、线路的总体情况和详细情况都可以在基本视窗上进行选择。

"系统概况"视窗显示出各种硬件设备以及它们的状况。通过该视窗能很快查找出损坏的设备。

"列车识别号总体"视窗显示出每一列车的列车识别号。

"详细情况"视窗可详细地显示出一些较小的区域，用于控制决策及监督特定列车或功能，如线路地形、列车识别号以及道岔编号、信号机编号和详细报警。

6. 记录功能

记录功能按顺序和类别存档从其他 ATS 功能得到的信息，如操作信息和错误信息，能够通过 MMI 功能检查记录。记录序列存放在 MMI 工作站上，必要时能够回放。

收到的操作命令或错误信息都需进行分类，每个信息的文本和类别按时间顺序存储在操作记录上。

7. 列车运行图显示

列车运行图在线路-时间坐标上显示。横坐标是线路轴，纵坐标是时间轴。线路上的车站按次序描绘在线路轴上。在计划运行图中，显示预定的到站时间和离站时间。在实际运行图中显示当天计划运行图，以及当天的相应计划运行图及其与时刻表的偏差。实际运行图与相应计划运行图用不同的颜色对比显示。

各种运行图的每一运行线上，都标识了线路标志和列车行程号。时刻表偏差显示在相应列车的运行线旁，该偏差表示相应列车通过车站的发车时间偏差。

8. 培训/演示

培训/演示系统能完整测试 ATC 系统全线的列车运行调整和列车跟踪功能的有效性。此外，模拟应能验证特定时刻表的有效性。模拟功能是交互式的，允许调度员输入。培训/演示系统具有两种供学员选择的模式：一是列车运行模式。在该模式下学员可以通过选择某一联锁管辖区，从显示器上观察该区的工作情况，作为系统的初步培训；另一模式为指令模式。在该模式下，学员可进行各种命令输入，并能通过显示器动态地给出命令响应，如果命令错误，自动给出提示报警。由此可对学员进行实际操作的培训。

8.5 ATS 系统的运行

1. ATS 正常运行

ATS 系统的正常运行，在大部分情况下，是自动进行的，无须调度员干预。由于车站

ATS 分机可存储管辖范围内的当日运行时刻表，控制中心一般仅负责监视，而由 ATS 分机进行列车运行的自动控制。

车站的 ATS 处理器通过信号系统接收轨旁设备对区段占用的检测信息，监视列车运行情况，据此为列车办理进路。办理哪条进路及何时办理进路的依据是时刻表，或者根据调度员指令为列车提前指派目的地信息。

ATS 分机可以对列车驾驶曲线做细微的调整，以遵守时间表规定的出发时间。停站时间可以调整，ATO 滑行开关控制参数可以修改。

调度员工作站对时刻表所做的其他修改内容也将传送给 ATS 分机，并用来确定新的出发时间。

当列车接近某个 ATS 分机的控制区边界时，该 ATS 分机就将列车资料传送给同一条线上的下一个 ATS 分机，这样收到这些资料的下一个 ATS 分机可以为列车办理所需的进路。

ATS 分机将其控制区域内的列车和信号设备（轨道电路、道岔、信号机等）的信息传递给 OCC 中的 ATS 设备，这些信息在工作站的屏幕上显示，供调度员监控，并在显示盘上显示整个线路的情况。

如果正常的自动运行出现问题（如所需的进路无法设定），ATS 分机向 OCC 发出报警信号，要求调度员人为干预。调度员可以根据需要，取消系统的自动运行模式，而 ATS 也能提供对列车分配、进路办理和道岔转换的全面人工控制。

车辆段内的 ATS 设备没有自动运行模式。

2. 列车调度

ATS 系统用列车时刻表自动地或人工地调度列车，可以在培训/演示计算机上生成时刻表并下载到 ATC 主机服务器上。由系统维护的时刻表有四类：日常、周六、周日、假日和特殊时刻表，在同一时间只使用一种时刻表。在每晚的一个预定时间，系统将设定次日的时刻表。在设定之前，调度员有权为次日建立的时刻表选择类型。如果没有选择，系统将自动选择相应的时刻表类型。

时刻表由每列列车的调度数据构成。列车调度数据包括：列车标识号、转换区和终端区的出发时间、车站到达和出发时间、每列车的起始站和终点站。

系统用"待用的""现役的"或"停用的"来标识计划列车。待用列车是指等待自动或人工将其插入系统中的列车；现役列车是指一列正在被系统跟踪和在运行中生成历史信息的列车；当一列车到达其目的地或从系统中被人工撤销时，则该列车被认为是停用的。可用两种方法将一列停用的列车再次插入系统：第一种，可以修改列车的进入时间，使列车标识号再次插入某车站的序列视窗中，该列车再次成为待用的；第二种，指定车站直接将列车插入系统，使列车成为现役的。

ATS 系统从转换区和终端区及车站之间的正线上调度和跟踪列车。基于当前预存时刻表，给被检出的列车配上一个标识号。在计划出发后的规定时间内，若有列车没有出清联锁区，则系统向调度员发出报警。在每个车站转换线，随后的三列计划列车将在值班员室的显示器上显示，系统调度和跟踪进出车辆段的列车。ATS 系统将实际的标识号与时刻表中的列车标识号相比较，如果它们相同，系统将为列车设定一条进路进入下一车站；如果这些标识号不同，系统将会发生一条报警。

在列车计划出发前的一个指定时间内，列车没有到达转换区或终端区，将引发值班员控制台处的一条报警。

列车要出发时，ATS 系统通过列车出发计时器发送一个指示给驾驶员。

3. 列车控制

ATS 系统以自动控制模式或人工控制模式来控制和调整列车。系统将根据从本地接收到的轨道表示信息连续地追踪列车，并在工作站显示器和显示盘的轨道图上显示每列车的位置。在与每条轨道相关的地方显示列车标识号，列车标识号将自动跟随轨道表示而变化。利用这种方式，在整个范围内可监督列车的运行。在运营中系统维持每一列车的跟踪记录，记录包括：列车在每个车站的到达和出发时间，记录实际运行时间、计划运行时间和实际运行时间的差值。通过列车进入跟踪时所派给它的列车识别号可以找出列车记录。

ATS 系统提供一组控制功能，用这些功能调度员能人工指挥通过其控制区域的列车。这些功能包括启动道岔、设置进路、取消进路和关闭信号。进路设定功能将发送控制命令给车站，以排列和开通一条进站或出站进路。当在联锁区有一条以上的进路可以使用时，将从优先表中选择进路。如果优先进路不能使用，则选择顺序中的下一条进路。启动道岔功能发送控制命令给车站以转换道岔。关闭信号功能发送控制命令给车站，取消已开放的信号。

4. 运行图/时刻表调整

在每个车站，集中站 ATS 与控制中心 ATS 相连，将运行图和时刻表的调整信息传递给列车。

运行图调整是由控制中心确定的，控制中心计算保证列车正点到达下一个车站所需要的运行图。典型的调整是改变运行等级，包括设置最大速度和加速度。启动滑行模式也会影响运行时间。控制中心将运行图调整信息传给 ATS 轨旁设备再传送给列车。

时刻表存储在集中站 ATS 中，必要时也可从控制中心获得。但是只能选择一个时刻表。发生控制中心离线时，指定的集中站需要使用默认的调度时刻表来进行列车调度。默认的调度时刻表是建立在每天、每周的运行上，可由本地编程或由控制中心控制。

5. 目的地/进路控制

列车进路在正常情况是通过车-地通信系统的进路申请建立的，该申请受控制中心的监督。如果控制中心同意进路申请，进路就可执行。控制中心的操作员只有在异常条件下才会干涉。控制中心能拒绝任何进路申请。在异常情况下或者同一时间存在不同的进路要求时，控制中心将干涉。如果申请的进路不满足控制中心的要求，控制中心将发出报警并将进路置为手动。

轨旁设备可从控制中心、车站中心、接近轨道电路接收进路申请。

在有车-地通信环线的任何集中站，车站 ATS 都能通过轨旁车-地通信模块询问列车的目的地编号。车站 ATS 在时刻表中查找列车车次号，向联锁设备发送进路申请，由联锁设备选择需要的道岔和信号机以建立进路。车站 ATS 也向控制中心传送进路信息。如果控制中心同意进路申请，列车就可以在完成停站时间后离开车站；如果控制中心离线并且车-地通信申请的进路有效，则进路不需批准即可执行。如果控制中心离线而车-地通信申请的进路无效，则进路不会执行。如果车站 ATS 失效，则通过自动地接近出清来排列进路。

6. 自动排列进路

在控制中心自动控制模式（CA）中，系统根据当前时刻表自动地请求排列进路。通过使用时刻表和由系统采集的实际列车数据（实际到达/出发时间和实际到达/出发进路），计算机将检测冲突，提出解决的方法，以有效和及时的方式自动设置进路。

只有当列车和车站的控制模式都设置为 CA 模式时，才能自动为列车排列进站进路。ATS 系统提供了修改列车和车站控制级别的功能。设定车站控制级别功能可以设定本地、人工或自动控制等级。设定列车控制级别功能将以一单独的计划列车的控制等级设为自动或人工。在 CA 模式时，系统基于自动排列进路规则，设置列车前方的最佳进路号码。如果所要求的进路因故没有开通，或一列列车在预定的时间因故未离开车站，则向调度员发出一条报警信息。

如果调度员人工排列一条不同于计划进路的列车进站，则自动排列进路功能将不为该列车排列出站进路，该功能认为调度员有其改变到达进路的原因。当列车到达站台时，系统将在列车出发前 1min 设置出站进路；若列车晚点，系统将在停站时间结束前 1min 设置出站进路。用设定最小停站时间的功能可以人工调整停站时间。

自动提议功能可以确定列车冲突，然后提出可能解决的办法。当停站列车离站时，自动提议功能可以人工或自动触发，所提出的解决办法需由调度员确认。需要说明的是，所有解决办法均需调度员确认。列车不可以偏离其时刻表。

7. 历史数据记录

ATS 系统采集所有列车运行、车站信息和出现的报警，以编辑一份完整的系统运行历史数据。数据写入磁盘供以后分析用，并可将其归档供长期存储。所记录的列车数据包括：计划和实际到达时间、计划和实际出发时间、计算的计划偏差。

可以联机检查数据，或用网络打印机中的一台打印出来。显示的格式是易读的并且按列车或车站组织。根据接收到的轨道表示，确定联锁区之间的列车实际运行时间，计算列车计划运行时间与实际运行时间的偏差并记录下来。通过使用列车的计划时间功能或车站的计划时间功能，检查所记录的运行图偏差。列车的计划时间功能将显示列车通过全部车站的计划的、实际的和偏差的时间。车站的计划时间功能将显示所有的列车通过指定车站的计划的、实际的和偏差的时间。如果列车超出了晚点阈值，则认为列车晚点到达车站。由调度员或系统管理员来调整晚点的阈值。

系统记录所有动作，诸如轨道电路占用、信号机和道岔的状态、进路设定和解锁数据以及列车运行等。所有采集到的信息都可以用文字的或图形的格式查看。

由系统采集来的全存部数据存储在磁盘上最少 72h（这个默认值可由调度员或系统管理员联机调整），也可以在数据从系统删除之前，自动进入磁盘备用。系统不能自动地从磁盘中再次调用数据，只能使用驻留在磁盘上的文件，因此为了分析 72h 以前的数据，系统管理员需要先恢复已存入磁盘的备用数据文件。

8. 故障模式运行

（1）**控制中心工作服务器故障**　工作服务器若发生故障，自动开关就会探测到，然后把控制权转交给备用服务器，备用服务器即成为工作服务器。

备用服务器探测到自己成为工作服务器后，会从所有车站 ATS 收集信息，并停止处理来自工作站的控制命令。

为了响应控制中心发出的信息的要求,每个车站 ATS 都将其控制区内的信号设备和列车的完整信息传送给控制中心。控制中心索要的车站 ATS 信息的发送速度将受到控制,以避免通信网络或中央服务器超载。当所有信息收集齐全后,恢复全部的控制设施,供调度员使用。

从工作服务器失灵,到自动开关测出失灵状态、转交控制权,再到信息传送完毕,整个过程需要的时间不到 1min。除了向控制中心传送信息外,车站 ATS 还继续执行所有正常的列车跟踪和路线设定功能,线路继续运营,但路线设定功能降级。

(2) **控制中心设备全面失灵** 如果控制中心设备全面失灵,系统在车站 ATS 指挥下继续运行,基本上是上述功能的延伸。车站 ATS 在硬盘上存储有 7 天的时刻表信息,每个车站 ATS 将继续按照当前的时刻表,自动设定路线。

车辆段控制器可以独立于控制中心,将出站列车信息传递给相邻车站的 ATS,因此可以指定一列列车投入运行,由车站 ATS 指挥它在正线上行驶,直到它返回车辆段。

当控制中心系统恢复后,每个车站 ATS 将把其当前状态的信息传送给控制中心,以恢复控制中心监视、控制整个系统的能力,调度员应上传存储在本车站 ATS 和车辆段控制器中的记录信息。

(3) **车站 ATS 服务器工作失灵** 车站 ATS 的服务器工作失灵后,被自动开关探测到后,就会把控制权转交给备用服务器。由于 ATS 服务器是热备式,备用服务器掌握有关控制区内联锁和列车当前状态的全部信息,因此能够立即投入,为列车安排进路,并向控制中心汇报状态信息。

车站 ATS 中的两个服务器都有一个专用的联锁接口连通本地信号系统。当失灵的服务器重新启动后,它可以获得该区所有的信号信息,包括已占用轨道电路的信息。

在工作服务器和备用服务器之间没有更新机制,但在运行的头几分钟内,备用服务器自动与工作服务器同步。

思考题

1. 控制中心 ATS 都包括哪些设备?控制中心 ATS 具有什么功能?
2. 集中联锁站 ATS 车站设备与非集中联锁站 ATS 车站设备的区别是什么?
3. 简述 ATS 系统的功能。
4. 简述 ATS 系统正常情况下的运行情况。
5. ATS 系统如何完成列车调度?
6. ATS 系统如何对运行图/时刻表调整进行调整?
7. ATS 系统如何自动排列进路?

第9章　基于通信的列车控制系统

【本章概述】

20 世纪 70 年代，随着通信技术的发展，尤其是无线通信技术的广泛应用，以信号控制为核心的传统轨道交通信号系统开始演变成基于通信技术的轨道交通运行控制（CBTC）系统，其可靠性、可用性大大提高，已成为列车控制系统技术发展的重要趋势。

本章主要从 CBTC 技术的优势入手，介绍 CBTC 的结构和功能，以及对列车进行控制的特点，使读者能够对这种先进的列车控制技术有清晰的了解和认识。

【学习重点】

1. 掌握 CBTC 系统的定义，了解 CBTC 系统的优点。
2. 了解 CBTC 系统的各种分类方式。
3. 掌握 CBTC 系统的组成和各部分的功能。
4. 掌握 CBTC 系统的基本功能和具体功能。
5. 了解 CBTC 系统的基本原理和特点。

9.1　CBTC 系统简介

城市轨道交通能安全畅通地完成运输任务，离不开先进的列车控制系统，它的主要作用就是对列车进行控制，确保运行安全，提高运输效率。传统的列车运行控制系统主要是基于轨道电路的列车控制（Track Circuit Based Train Control，TBTC）系统。该系统技术成熟，安全可靠，但由于 TBTC 系统基于轨道电路来检测列车位置并向列车发送控制信息，而轨道电路存在性能和功能上的缺陷和限制，使得 TBTC 系统成为限制轨道交通运输效率提高的瓶颈，主要体现在如下几点。

1）轨道电路限制了列车位置检测的精度。列车位置检测的最小分辨率为轨道电路区段，任意一部分轨道电路被占用，整条轨道电路都将认为被占用。过长的区段设置会产生较大的行车间隔，直接导致运行效率下降，过短的区段设置需要更多轨道电路设备，从而增大了投资。

2）传输信息量有限。列车提速及行车间隔减小，需要更多考虑前方线路坡度、弯道情况，前车位置、速度等情况来确保行车安全，这使得列车信息需求量增大。若要实现 ATP、ATO 等功能，对信息量的要求将更大。轨道电路受工作原理和工作环境的限制，无法满足列车控制信息量增长的需要。

3）轨道电路易受到天气、地理环境及电磁环境影响。道砟电阻变化、雨水、环境温度和列车分路不良等都会对轨道电路性能产生影响。

4）轨道电路至今无法实现车对地的通信，因此列车运行相关信息无法有效传送给地面设备。

为改善轨道电路存在的上述弊端，提出了大量新型的控制理念和方法，如在列车与地面之间增加信道来实现列车到地面方向的通信。20 世纪 60 年代，我国著名专家汪希时教授提出了移动自动闭塞系统，指出使用无线方式可以实现车地间双向通信。到 20 世纪 80 年代，依靠数字通信技术、无线通信技术、编码技术的迅速发展，许多发达国家都根据自己的实际情况开展了这方面的研究，并取得了一些初步的成果。例如，美国的先进列车控制系统（Advanced Train Control System，ATCS）、欧洲列车控制系统（European Train Control System，ETCS）、法国的实时追踪自动系统等。这种基于车-地双向通信的列车运行控制系统被称为基于通信的列车控制（CBTC）系统，是目前全球轨道交通界公认的最先进的列车控制技术，它代表了当今世界范围内信号技术的发展趋势。多年的实践已经证明，CBTC 系统是一种成熟的、安全的、可靠的和优选的技术。

9.1.1 CBTC 系统的定义与优点

随着无线通信技术的飞速发展，无线通信的可靠性、可用性大大提高，CBTC 系统已成为列车控制系统技术发展的重要趋势。

CBTC 技术发源于欧洲连续式列车控制系统。在数十年的发展过程中，对于 CBTC 系统的定义逐步趋于统一。为了更好地规范 CBTC 的发展，IEEE 于 1999 年制定了第一个与 CBTC 系统相关的标准 IEEE Std1474.1.1999 ［IEEE Standard for Communications Based Train Control（CBTC）Performance and Functional Requirements］。其中明确定义 CBTC 系统是利用高精度的列车定位（不依赖于轨道电路）、双向连续、大容量的车-地数据通信，车载、地面的安全功能处理器实现的一种连续自动列车控制系统。

与 TBTC 系统相比，CBTC 系统具备的优点主要有以下几点。

(1) 更加安全　CBTC 系统中充分利用通信传输手段，实时或定时地进行列车与地面间的双向通信，后续列车可以及时了解前行列车的运行情况；同时，地面可以及时向车载控制设备传递车辆运行前方线路的限速情况，指导列车按线路限制条件运行，大大提高了列车运行安全性。

(2) 更加高效　CBTC 系统实现了移动闭塞，控制列车按移动闭塞模式运行，由此可以减少列车间隔时间，实现单线上动态列车会车、超车、阻塞等的运行管理，以及确保列车运行与按一定规则制订的运行计划保持一致。其结果不仅是大幅度地提高线路能力和列车平均运行速度，而且提高了列车运行的可靠性和设备使用率。

(3) 更加灵活　CBTC 系统支持双向运行，不会因为列车的反方向运行而降低系统的性能和安全。系统在运营时，可以根据需要，使用不同的调度策略，并且可以同时运行不同编组长度、不同性能的列车。

如今，CBTC 系统已经在城市轨道交通领域逐步投入应用，包括阿尔卡特、阿尔斯通等多家列车控制系统设备提供商均研发出了自己的 CBTC 系统，并在温哥华、伦敦、巴黎、香港、武汉等多个城市的轨道交通线路上运行。

9.1.2　CBTC 系统的分类

CBTC 系统应用的技术手段是多种多样的，所以具有不同的体系结构。不同结构完成的功能也是有所差异的，因此对 CBTC 系统有分类的必要。本节按照目前技术水平对 CBTC 系统进行参考性的分类。

1. 从闭塞分区的实现来分类

从闭塞分区进行分类可以有下列几种。

（1）**基于通信的固定自动闭塞运行控制系统**　基于通信的固定自动闭塞运行控制系统（Fixed Autoblock System CBTC，CBTC-FAS）表示闭塞分区是固定不变的，采用双向通信技术来达到车-地之间信息交换。

在每个闭塞分区的始端可以设有固定信号机作为防护，它的信号显示是在控制中心计算基础上给定的。图 9-1 所示是全部用移动无线通信的 CBTC-FAS 系统。它通过调制的无线射频（RF）使移动列车与控制中心相联系，车站控制中心则依据区间各列车的实际分布，计算出保护信号机可以给出的信号，通过无线中继设备与保护信号机线路设备（LI/O）相连，后者经译码后给出信号显示。系统同时也将反馈收到的信息及状态显示传送给无线中继设备，再传递给控制中心，由此构成信息流的闭环。与此同时，运行中的列车也随时与（LI/O）相联络，报告其定位及状态信息等，以构成车-地之间的双向通信。

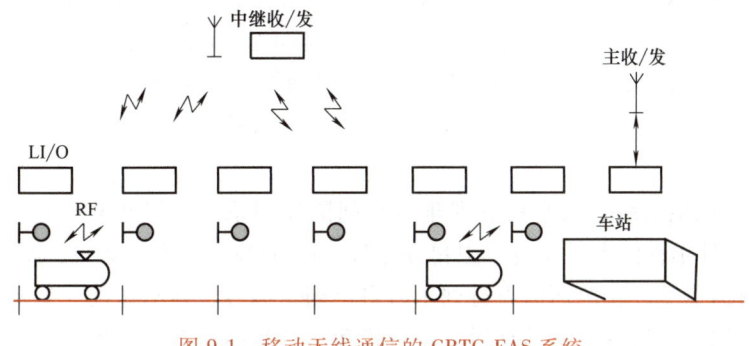

图 9-1　移动无线通信的 CBTC-FAS 系统

应该指出，图 9-1 所示的 CBTC-FAS 中仍然可以保留轨道电路，但是它的作用不是为了构成闭塞系统的调节环节，而仅是为了检测列车的存在及其完整性。正因如此，轨道电路长度要短一些，其长度可缩短到系统造价不会由于电缆的存在而占大部分成本。轨道电路缩短后，可以获得运输效率的提高。

在 CBTC-FAS 系统中还可以使用轨道间交叉感应电缆通信，图 9-2 所示是示意图。在图 9-2 中，移动无线通信方法也可以同时保留。

（2）**移动自动闭塞运行控制**　移动自动闭塞运行控制系统（Moving Autoblock System CBTC，CBTC-MAS）表示这类系统也有闭塞分区，但此时闭塞分区有下列特点：

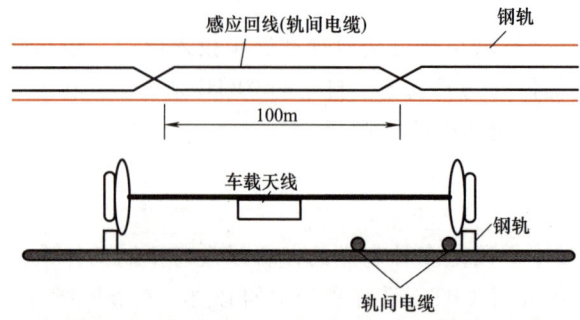

图 9-2 轨道间交叉感应电缆传输的 CBTC-FAS 系统

1) 闭塞分区长度是可变的，它是依据列车本身参数及其所在地段参数实时计算出来的。

2) 闭塞分区随列车运行而移动。

3) 在 CBTC-MAS 中闭塞分区已经不再应用地面信号，而且也不需要地面信号，它在车载显示屏上显示出本车距前行列车的距离，或距离下一个车站的距离等。

2. 根据 CBTC 中车-地之间通信方式分类

根据 CBTC 车-地之间通信方式不同又可分为如下几种。

1) 采用全程移动无线通信方式（称为 RF CBTC）。

2) 采用轨道间交叉感应电缆方式（称为 IL CBTC），如图 9-2 所示。

3) 采用漏泄同轴电缆或漏泄波导方式（在 3.3.3 节中已经介绍）。

4) 采用查询应答器方式，即在每个信号机处相应一侧或轨道间设有双向作用的地面有源应答器，而地面有源应答器之间均有电缆相联。应答器获得通过列车的运行信息后，向下一个应答器给出正在通过的列车信息，下一个应答器由此给出相应信号显示。在这种系统中，一方面列车设有超速防护系统（ATP），另一方面还应设有连续式无线移动通信系统，同时应与车站联锁设备相连以及与调度集中系统相连。这种系统仅在列车密度较小、车速较低范围内采用。

5) 采用卫星通信系统，用它构成列车运行间隔控制系统，图 9-3 所示是其示意图。这种系统在 1990 年日本铁路上试用过，卫星在东经 150°的静止轨道上运行，距地面 37000km，是一个通用型通信卫星。在地面的先行列车将自己列车编号、列车速度、列车位置等信息通过卫星发给后续列车，后者经过运算后决定可以运行的最高速度。出于安全，这类系统只在

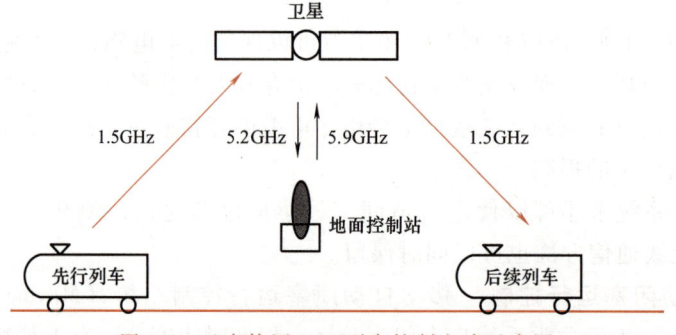

图 9-3 日本使用 GPS 列车控制方式示意图

低速、低密度、小运量地区才能应用，因为它缺少安全保障。除非另外增加其他设备。

3. 根据应用区间闭塞方式来分类

根据应用 CBTC 区间闭塞方式来分类，主要有如下几种。

(1) **CBTC-半自动闭塞方式**　这种闭塞方式的特征是：①两站之间区间只允许有一列列车在运行；②任意车站要向区间发车，发车站必须同时与接车站协同操作办理闭塞手续，即接车站同意接车条件才能办理发车；③发车站要发车，其先决条件是必须检查到区间确实是空闲无车，否则是不安全的，不得发车；④发车站在办理好协同发车手续后才能人工开放出站信号机。当列车出发后，出站信号机立即自动关闭，在未再次办理发车手续前，该出站信号机不得再次开放；⑤区间运行的列车到达前方接车站，并由车站管理人员确认列车完整后，该接车站立即关闭进站信号机，并办理解除两站间闭塞手续，使两站间的区间恢复空闲等待状态。

在该 CBTC-半自动闭塞系统中，无线通信的作用是出发站给机车驾驶员发出无线机车信号，而发出该信号的显示是与发出出发信号机显示相互关联的。即前者只是在出站信号机允许发车的显示下才能获得机车信号，此时无线机车信号可以有记录为凭。此外，区间列车到达接车站前同样可以获得与进站信号一样显示的无线机车信号显示，以避免驾驶员在目视路旁信号机时遇到困难，这些显示也都记录在案。所以，CBTC-半自动闭塞要比 TBTC-半自动闭塞更为方便、清楚，有责任感和安全感。

(2) **CBTC-自动站间闭塞方式**　这种方式与 CBTC-半自动闭塞相类似，只是其办理手续是自动的。具体而言是：发车站与接车站均有区间是否占用检查设备，因此当发车站要发车时，区间占用检查设备自动检查其的确空闲后，两站自动办理闭塞手续，并自动开放出站信号机。在列车到达接车站并自动检查列车的完整性后立即自动关闭进站信号机。CBTC-自动站间闭塞也同样有无线机车信号，它与 CBTC-半自动闭塞方式相似。CBTC-自动站间闭塞方式的最大优点是：

1) 可以集中遥控闭塞手续，不要求在每个站都要有车站值班人员来检查区间是否空闲、列车是否已完整地到达等，提高了劳动生产率。

2) 由于一切手续和检测是自动的，可节省办理闭塞手续的时间，从而可以提高整个区段的通过能力。当然，在 CBTC-自动站间闭塞方式情况下必须投入相应设备，特别是需要有冗余设备，用以提高系统的可用性、可靠性与安全性。

(3) **CBTC-电子路签闭塞方式**　区间闭塞方式的路签闭塞在 100 年前就开始应用，中国铁路在建国初期也有大量应用。从 20 世纪 90 年代开始，在计算机技术、电子网络技术及通信技术的推动下，铁路的路签闭塞方式发展为电子路签闭塞方式，即不存在路签实物，而是以软件的形式模拟电子路签，它在有关计算机及网络中按一定的软件协议运行。

4. 根据 CBTC 应用控制技术水平的高低可以进行分类

采用无线数据电台进行车-地之间双向通信构成 CBTC 的低级系统——CBTC-半自动闭塞系统。图 9-4 所示为 CBTC 无线半自动闭塞的一种方式。其中列车与车站控制均有无线数据通信设备，但它们作用的距离有限，例如，列车接近车站的 4~5km 范围内才能构成双向无线数据通信。

在这类 CBTC-半自动闭塞系统中，为了构成半自动闭塞系统，并保证区间只允许存在一个列车运行，必须设置类似计轴器之类的设备，如图 9-4 中所示符号 T1、T2，用于检查两站之间运行列车完整性，以确保运行安全。因为发车站的计轴器 T1 记录到列车轴数后，可用有线通信通知前方站。当计轴器 T2 接收到同样轴数的列车后表示列车已完整地撤离两站之间区间，始发站才可能再发出下一列车。

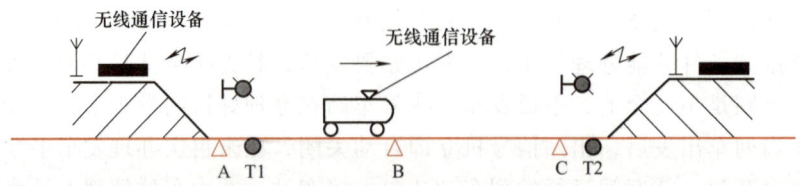

图 9-4　CBTC 无线半自动闭塞的一种方式

为了保证 CBTC 系统中数据电台的正常工作，在线路上还辅助设置了地面应答器 A、B、C。其中应答器 A 可提供列车信息，当列车进入到区间后，它的工作频率将变更到新频率，这是为了防止无线干扰。应答器 B 提供信息，通知经过的列车已进入双向数据传输信息范围，列车应收到接收车站发来的机车信号信息，以保证行车安全。各应答器也同时提供列车接近车站的精确里程标。应答器 C 告诉通过列车本车站准备了哪个股道接车，运行速度上限值为多少等有关信息。在该系统中，列车经过应答器 B 之后，车站与列车上的无线数据通信电台就反复双向通信，其中包括列车告知车站该列车编号、时速、去向等信息，而车站则告知列车应以何种速度进站或站前停车、进站内哪个股道、是停车还是通过等有关信息。

无线半自动闭塞代表了应用技术水平较低级别的 CBTC 系统，一般适用于新线、运量较小或速度较低、人烟稀少或生活困难地区。因为所有小车站的设备均可以采用遥测和遥控来指挥，所以可减少信号技术人员或工作人员。

应用技术水平较高的 CBTC 系统有 CBTC-MAS 系统等。

需要说明的是，在众多分类当中，以目前主要的信号系统供货商来说，CBTC 主要是指采用移动闭塞方式。

9.2　CBTC 系统的结构与组成

9.2.1　CBTC 系统的结构

CBTC 系统是一个连续数据传输的自动控制系统，利用高精度的列车定位（不依赖于轨道电路），实现双向连续、大容量的车-地数据通信，能够执行列车自动防护（ATP）、列车自动运行（ATO）及列车自动监控（ATS）。CBTC 系统主要由移动设备（车载设备）、轨旁设备、通信网络、控制中心组成，如图 9-5 所示。

无线 CBTC 采用无线通信系统，通过开放的数据通信网络实现了列车与轨旁设备实时双向通信，信息量大，并通过采用基于 IP 标准的列车运行控制结构，可以在实现列车运行控制的同时附加其他功能（如安全报警、员工管理及乘客信息发布等）。目前国际上主要有阿尔卡特、阿尔斯通、西门子和庞巴迪等信号供应商，均开发出了各种的 CBTC 系统并在全球得到了广泛的应用。CBTC 系统的基本原理如图 9-6 所示。

调度控制中心（Dispatch Control Center，DCC）控制着多个车站控制中心（Station Control Center，SCC），实现相邻 SCC 之间控制交接。SCC 通过管辖范围内的多个基站（Base Station，BS）与覆盖范围内的车载设备（On Board Equipment，OBE）实时双向联系。列车在区段内运行时，通过全球定位系统（GPS）、查询应答器或里程计装置等实现列车位置和速度的测定，OBE 利用无线通信通过基站将列车位置、速度信息发送给 SCC。SCC 通过 BS 周期地将目标位置、速度及线路参数等信息发送给后行列车。OBE 收到信息后，根据前车运行状态（位置、速度、工况）、线路参数（弯道、坡度等）、本车运行状态、列车自身参数（列车长

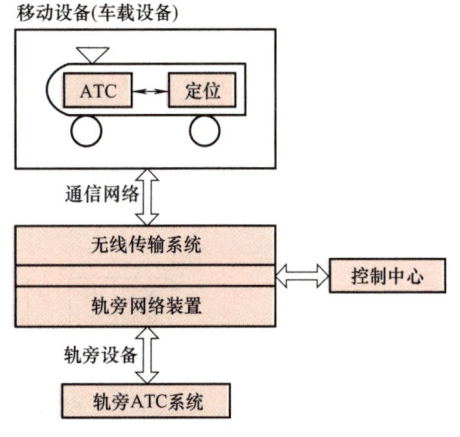

图 9-5 CBTC 系统组成框图

度、牵引重量、制动性能等），采用车上计算、地面（SCC）计算或是车上、地面同时计算，并根据信号故障-安全原则，以比较、选择的方式，预期列车在一个信息周期末的状态能否满足列车追踪间隔的要求，从而确定合理的驾驶策略，实现列车在区段内高速、平稳地以最优间隔追踪运行。

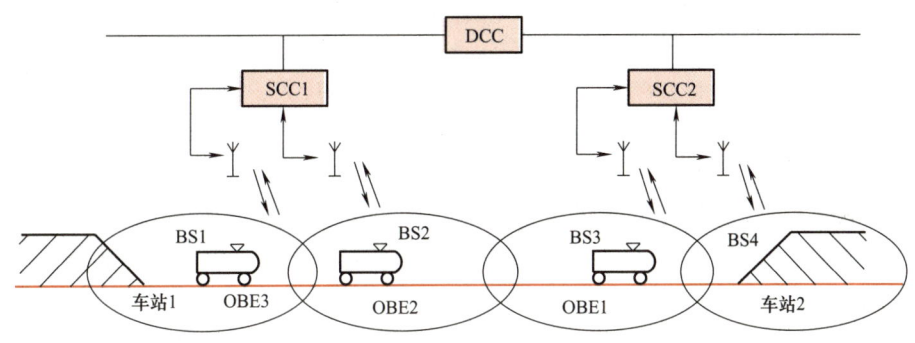

图 9-6 CBTC 系统基本原理

9.2.2 CBTC 系统的组成

CBTC 系统的通信子系统在车-地之间建立连续、双向、高速的传输通道，列车的命令和状态可以在列车和地面设备之间可靠交换，使地面设备和受控列车紧密地连接在一起。所以，车-地通信是 CBTC 系统的基础。CBTC 系统的另外一个基础则是列车定位。只有确定了列车的准确位置，才能计算出列车间的相对距离，保证列车的安全间隔；也只有确定了列车的准确位置，才能保证根据线路条件，对列车进行恰当的速度控制。CBCT 系统依据列车本身的测速、测距传感器和探测地面应答器或其他传感器对列车位置的测量，并查询系统数据库，实现列车的定位。车-地通信和列车定位共同构成 CBTC 系统的两大支柱。

1. 系统结构

一般典型的 CBTC 系统应当包括：列车自动监控（ATS）系统、数据存储单元（Database Storage Unit，DSU）、区域控制器（Zone Controller，ZC）、计算机联锁（CI）、轨旁设备

（WE）、车载控制器（VOBC）和数据通信系统（Data Communication System, DCS, 包括骨干网、网络交换机、无线接入点及车载移动无线设备等），CBTC 系统整体结构框图如图 9-7 所示。其中区域控制中心包括 ZC 和 CI 两部分。整个系统可以划分为 CBTC 地面设备和 CBTC 车载设备两大部分，CBTC 地面设备和 CBTC 车载设备通过数据通信网络连接起来，构成系统的核心。各子系统将分别实现 CBTC 系统所要求的功能。

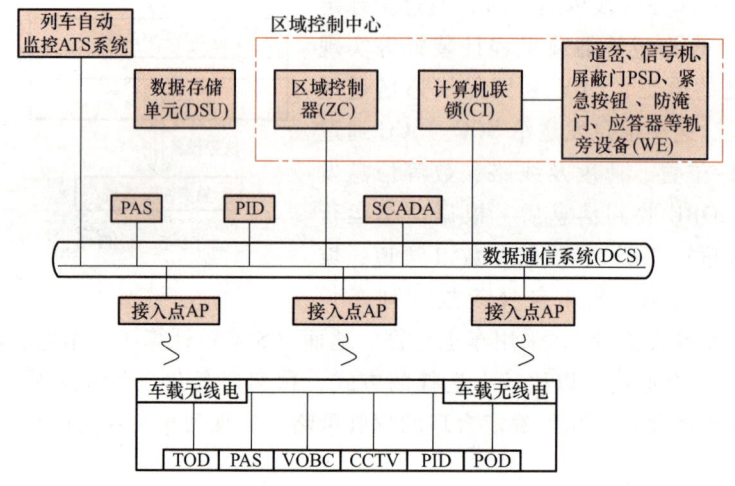

图 9-7 CBTC 系统结构

PID—乘客向导系统　SCADA—电力监控系统　PSD—屏蔽门系统　TOD—驾驶员显示
PAS—乘客广播系统　VOBC—车载控制器　CCTV—闭路电视　POD—乘客显示

2. 子系统功能

（1）ATS 子系统　ATS 子系统的主要功能是在控制中心显示控制范围内列车运行状态及设备状态。根据 CBTC 系统的要求，ATS 子系统包括操作员工作站、时刻表工作站、培训工作站和其他相应的设备和网络等。

（2）CI 子系统　CI 子系统的主要功能是监督和直接控制道岔、轨道区段、信号机和其他室外设备，实现各个设备之间的正确联锁关系，保证列车运行安全；对于来自设备的错误操作，具备有效的防护能力；能够根据进路的始端、终端办理进路、取消进路等。

（3）ZC 子系统　ZC 子系统需要根据从 VOBC、CI、ATS 和 DSU 接收到的各种状态信息和数据信息，为位于 ZC 控制区域范围内的列车生成移动授权（Movement Authority, MA），并及时将 MA 通过 DCS 系统发送给 VOBC 车载设备，以控制列车的运行。

（4）VOBC 子系统　在 VOBC 子系统中，为确保安全，列车必须对自身位置和运行方向进行精确判定。为判定位置，列车的车载计算机与转速计、速度传感器、加速度计（用于测量距离、速度和加速度）及轨旁定位应答器共同合作，实现列车的准确定位。

（5）DSU 子系统　在 CBTC 系统中，列车定位将不再依据轨道电路，而是由 VOBC 车载设备本身来实现，这样就需要 VOBC 地面设备和车载设备同时拥有一个统一的数据库来实现整个系统的调度和协调统一，数据存储单元 DSU 即是用来完成整个 CBTC 系统数据库管理工作的子系统。该数据库应包括静态数据库、动态数据库、配置数据库、参数数据库等。在 CBTC 系统中，数据库的安全性和重要性是显而易见的，因此必须采取冗余设计来实现，其安全可靠性的级别等同于 ZC 和 CI 设备。

以上所列举的仅是 CBTC 系统的典型结构，实际的系统可能由于不同的设备提供商、不同的工程需要而有所差异。

9.2.3　CBTC 系统的基本原理

列车上的车载控制器 VOBC 通过探测安装在轨道上的应答器，查找它们在数据库中的位置，然后确定列车所在位置，并且测量自前一个探测到的应答器起已行驶的距离。VOBC 通过使用列车到轨旁的双向无线通信向 CBTC 轨旁设备报告本列车的位置。CBTC 轨旁区域控制器根据各列车的当前位置、速度及运行方向等因素，同时考虑列车进路、道岔状态、线路限速及其他障碍物的条件，向列车发送移动授权 MA 信息，即列车可以走多远、多快，从而保证列车间的安全间隔。如同传统的基于轨道电路的系统，CBTC 也以速度-距离模式曲线的原则控制列车。两种系统的不同之处在于分辨率，在轨道电路系统中，移动授权 MA 是以轨道电路区段为单位给出的；而在无线 CBTC 系统中，移动授权 MA 是基于更为精确的分辨率。

移动闭塞技术可通过 CBTC 系统得以充分实现。也就是说，无须再在轨道上进行固定长度、固定位置的闭塞分区，而是把每一列车加上前后的一定安全距离作为一个移动的分区，列车制动的起点和终点都是动态的。列车的安全间隔是按后续列车在当前速度下所需的制动距离加上安全余量计算得出的。列车的最小运行间隔在 90s 以上，个别条件下可实现<60s 的间隔时间。和传统的固定闭塞、准移动闭塞技术相比，移动闭塞技术实现了车载设备与轨旁设备不间断地信息双向传输，使列车定位更精确、控制更灵活，可以安全有效地缩短列车间隔，提高列车运行的安全性与可靠性，降低列车的运营和维护成本。

9.3　CBTC 系统的功能

在轨道交通中为保证列车运行安全，必须保证列车间以一定的安全间隔运行。早期，人们通常将线路划分为若干闭塞分区，以不同的信号来表示该分区或者前方分区是否被列车占用等状态，列车则根据信号的指令运行。不论采取何种信号显示制式，列车间都必须有一定数量的空闲分区作为列车安全间隔。但由于地铁的特殊条件，对安全的要求更加严格，因此必须配备列车自动防护 ATP 系统。ATP 通过列车间的安全间隔、超速防护及车门控制来保证列车运行的安全畅通。在固定划分的闭塞分区中，每一个分区均有最大速度限制，若列车进入了某限速为零或被占用的分区，或者列车当前速度高于该分区限速，ATP 系统便会实施紧急制动。ATP 地面设备以一定间隔或连续地向列车传递速度控制信息，该信息至少包含两部分：本分区最高限速和目标速度（下一分区的限速），列车根据接收到的信息和车载信息等进行计算并合理动作。速度控制代码可通过轨道电路、轨间应答器、感应环线或无线通信等传输，不同的传递方式和介质也决定了不同列车控制系统的特点。为了保证安全，地铁 ATP 在两列车之间还增加了一个防护区段，即双红灯区段防护，如图 9-8 所示。后续列车必须停在第二个红灯的外方，保证两列车之间至少间隔一个闭塞分区。

ATP 系统和列车自动驾驶系统 ATO、列车自动监控系统 ATS 一起，组成了列车自动控制 ATC 系统。

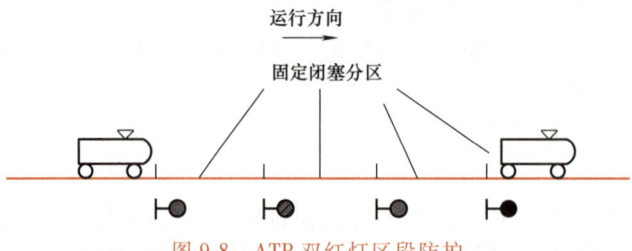

图 9-8　ATP 双红灯区段防护

传统的固定闭塞制式下，列车定位的分辨率为一个固定闭塞分区，系统无法知道列车在分区内的具体位置，因此列车制动的起点和终点总在某一分区的边界，为充分保证安全，还必须在两列车间增加一个防护区段。这使得列车间的安全间隔较大，影响了线路的使用效率。

准移动闭塞在控制列车的安全间隔上比固定闭塞更进了一步，它通过采用报文式轨道电路辅之环线或应答器来判断分区占用并传输信息，信息量大，可以告知后续列车可以继续前行的距离，因而允许后续列车根据这一距离合理地采取减速或制动。列车制动的起点可延伸至保证其安全制动的地点，从而可改善列车速度控制，缩小列车安全间隔，提高线路利用效率。但准移动闭塞中后续列车的最大目标制动点仍必须在先行列车占用分区的外方，因此它没有完全突破轨道电路的限制。

移动闭塞技术则在对列车的安全间隔控制上又更进一步。通过车载设备和轨旁设备不间断地双向通信，控制中心可以根据列车实时的速度和位置动态计算列车的最大制动距离。列车的长度加上这一最大制动距离并在列车后方加上一定的防护距离，便组成了一个与列车同步移动的虚拟分区（图 9-9）。由于保证了列车前后的安全距离，两个相邻的移动闭塞分区就能以很小的间隔同时前进，这时列车能以较高的速度和较小的间隔运行，从而提高运营效率。

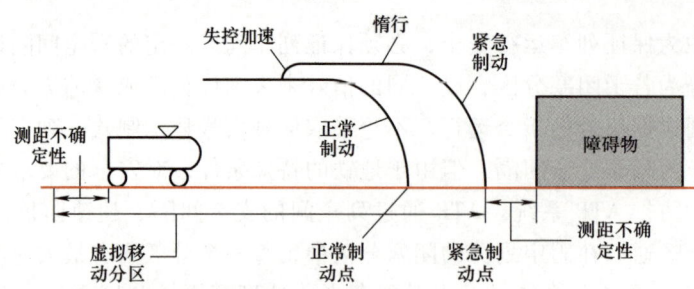

图 9-9　移动闭塞系统的安全行车间隔

9.3.1　CBTC 系统的基本功能

IEEE 制定的 CBTC 标准列举了典型的 CBTC 系统的基本功能框图，如图 9-10 所示。

CBTC 系统主要包括 CBTC 地面设备（含联锁子系统）、CBTC 车载设备和数据通信网络等；地面设备和车载设备通过数据通信网络连接起来，构成了 CBTC 系统的核心。图 9-10 中还单独列出了联锁子系统功能模块，该功能模块与 CBTC 地面设备连接。考虑到不同的线路长度可能需要多套 CBTC 地面设备，所以图 9-10 中还列出了相邻 CBTC 地面设备模块。最后，在 CBTC 设备的基础上，增加 ATS 系统模块，用于实现系统的 ATS 功能。

CBTC 地面设备（含联锁子系统）通过数据通信网络向 CBTC 车载设备传输控制信息，控制列车运行；CBTC 车载设备也通过数据通信网络向 CBTC 地面设备（含联锁子系统）传送列车信息，形成闭环信息传输及控制。这里的数据通信网络就是车-地通信网络，可由多种通信方式组成，如无线电台、裂缝波导和漏泄同轴电缆等方式。

图 9-10 所示是典型的 CBTC 系统的结构，实际的系统可能由于不同的设备提供商、不同的工程需要而有所差异。但是，所有 CBTC 系统均采用数据通信网络连接 CBTC 地面和车载设备，实现 ATP 功能，控制列车安全运行，其核心是一致的。

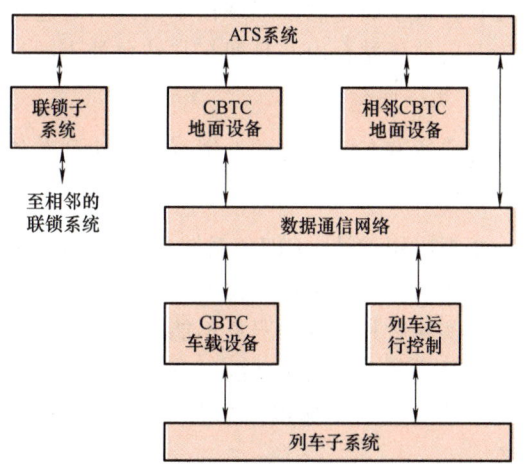

图 9-10　典型的 CBTC 系统的基本功能框图

9.3.2　CBTC 系统的具体功能

1. 决定列车位置、速度以及方向

CBTC 系统需要决定每两列列车的头部以及尾部的位置，通常误差会控制在 3.048m（10ft）以内。CBTC 系统不需要手动输入列车位置及列车长度数据。CBTC 系统需要决定每辆列车的速度和方向，通常精度控制在 3.22km/h（2mile/h）内。

2. 安全的列车间隔

每辆配有 CBTC 的列车在 CBTC 区域内运行时都拥有一个移动授权（MA），这是根据运行条件实时计算出来的。列车的 MA 计算基于列车的安全制动模式。总的来说，在任一时刻一辆列车的允许速度都设置为使该列车停在前面列车的安全距离内。一辆给定列车的实时 MA 还受到其他因素的影响，如区间速度限制、设备的速度限制、任何区间的临时速度限制及 CBTC 系统或轨旁设备的故障等。

3. 超速防护

CBTC 超速防护用于防止列车速度超过最大允许速度。如上所述，列车运行的最大速度是使得列车能够停在前面列车安全距离内的速度。

4. 零速度探测

当列车速度降到 3.22km/h（2mile/h）以下并持续 2s 时，CBTC 系统应该具有判断可否停车的功能。这项功能的主要目的是使得在规定时间限制内一个非常规停车得到批准。CBTC 系统的故障子系统会批准一个非常规停车，从而进行紧急制动。

当列车速度高于"零速度"时，列车控制系统控制的车门是不允许打开的。

5. 车门开启控制联锁

CBTC 系统将禁止列车控制系统开启车门，除非同时满足以下条件：①列车处于零速度状态；②最小服务制动程序在车门开启时起作用；③将要开启的车门位于车门开启区域。只有当车门处于站台内并且列车与站台处于同一侧车门开启区域时，才允许车门开启。

6. 离站联锁

除非所有车门闭合并上锁否则禁止列车移动。

7. 紧急制动

根据应用设计，CBTC 系统在紧急情况时能够进行紧急制动，并能够在条件不满足时制止紧急制动程序的施行。在大多数的应用中紧急制动是在非常规停车末进行的，或者当非常规停车实施后列车制动服务不能足够地减慢列车速度时进行。非常规停车通常是由列车防护功能的最大限度制动实现的，此时列车速度已经超过了规定速度并且人为或自动控制均不能够足够地降低列车速度。非常规停车是不可取的，并且只有在列车速度为零时才能够被重置。

8. 线路联锁

如果一条线路进行了联锁，那么 CBTC 系统将提供联锁功能来防止列车相撞或者出轨。这与传统联锁提供的功能是一样的。MA 只有在线路锁闭后才能延伸到联锁线路上。一旦 MA 进入联锁路段，线路就将锁闭直到列车驶出联锁路段。在大多数情况下，虽然联锁在 CBTC 区域外，并由传统的信号进行控制，但列车可以无缝地进入或者驶出 CBTC 区域，CBTC 系统将和轨旁设备及联锁设备连接，提供列车所需的防护功能。

总之，CBTC 系统的功能与其结构有关，而其结构又决定了 CBTC 系统的应用类别或应用水平，如 CBTC-半自动闭塞等。另一方面 CBTC 系统又与系统中仅有应用机车信号还是有 ATP、ATS 及 ATO 等有关。下面按照应用水平介绍其基本功能。

1) 构成闭塞功能。在 TBTC 系统中各种水平的应用均依靠轨道电路来构成闭塞，因为闭塞是保证行车的基本方法。在 CBTC 系统中，也必须同样具有构成闭塞区段的功能。在 CBTC 半自动闭塞系统中，采用进/出站口的标志器、查询应答器或其他类似设置来表明站间闭塞的分界口，并且到达出站标志之后一定要使用某专用频率来区分，用该频率来构成机车信号提供给驾驶员（指最低应用水平），或将此信号显示提供给车载设备的 ATP 系统（指较高一级应用水平）。CBTC 中的闭塞区间长度相当于站间长度，而在 CBTC-MAS 系统中则为最短，其长度为本列车常用制动所需的距离附加安全距离。所以闭塞功能也是保证安全功能。

2) 定位功能。在 CBTC 系统中定位精度越高，越有助于行车效率的提高。

3) 计算功能。CBTC 系统要有能力计算出在给定最大允许列车车速条件下本列车目前可能达到的最大车速。因为在任意一个移动闭塞区间，列车只能依据各种动态和静态参数，以及其定位值和实际速度来计算应有速度，才能保证安全。

4) CBTC 系统必须向系统的地面设备和车载设备及时、动态地给出相应的参数和运行状态数据，以备驾驶员人为或车载设备自动地做出应有的操作。

5) CBTC 系统应为管辖范围内列车及地面设备提供良好的双向通信功能，它不仅提供运行列车的参数，而且也应提供非信号范围内的各种有关参数，满足列车运行过程中全面的信息需求。

6) CBTC 系统应具有良好的记录功能，即不仅在车载设备上，而且在地面设备上也应有记录。这种记录应起到双重作用,即为改善列车运行性能和提高运行质量的分析用记录,以及发生任何事故后,有可能从设备的记录中寻找出发生事故的原因,进行有效分析的记录,这类似于航空系统中的黑匣子功能。

7) 远程诊断和监测功能,用于改善 CBTC 系统的可靠性、可用性及安全性。因此 CBTC 车载设备、地面设备均应设计有远程诊断的接口,允许系统在运行过程中发生故障时立即发出相应信号给地面综合诊断台,以便及时地采取相应措施。该功能是比较复杂的,CBTC 系统至少从一开始设计时就留有余地。

以上提到的大部分是基本功能,在应用技术较高等级 CBTC 系统中,其功能还应包括:①ATP 系统的全部功能;②ATS 系统的全部功能;③ATO 系统的全部功能。

9.4　CBTC 系统的特点

CBTC-MAS 系统通过列车与地面间连续的双向通信,实时提供列车的位置及速度等信息,动态地控制列车运行。CBTC-MAS 制式下后续列车的最大制动目标点可比准移动闭塞和固定闭塞更靠近先行列车,因此可以缩小列车运行间隔,使城市轨道交通运营有条件实现"小编组、高密度",从而使系统可以在满足同等客运需求条件下减少乘客候车时间,缩小站台宽度和空间,降低基础设备建设投资。此外,由于系统采用模块化设计,核心部分均通过软件实现,因此使系统硬件数量大大减小,可节省维护费用。

CBTC-MAS 系统的安全关联计算机一般采用三取二或二取二的冗余配置。系统通过故障-安全原则对软、硬件及系统进行量化和认证,可保证系统的可靠性、安全性和可用度。

无线移动闭塞的数据通信系统对所有的子系统透明,对通信数据的安全加密和接入防护等措施可保证数据通信的安全。由于采用了开放的国际标准,可实现子系统间逻辑接口的标准化,从而有可能实现路网的互联互通。采取开放式的国际标准也使国内厂商可从部分部件的国产化着手,逐步实现整个系统的国产化。

在对既有的点式 ATP 或数字轨道电路系统的改造中,移动闭塞系统能直接添加在既有系统之上,因此对于混合列车运行模式来说,移动闭塞技术是非常理想的选择。

CBTC 制式的信号系统,利用现代通信技术,保持车-地的连续通信,通过对列车位置的连续跟踪定位来对列车间隔以及运行轨迹进行控制。相对于传统的以轨道电路为基础的信号系统,CBTC 对整个信号制式带来了巨大的变化,对信号系统的各个功能部分均产生重大影响。

1. CBTC 系统的优势

与传统的基于轨道电路的列车控制系统比较,CBTC 系统的优势主要表现在以下几个方面。

(1) **简洁**　从硬件结构看,系统以控制中心设备为核心,车载和车站设备为执行机构,车、地、列车控制设备一体化。从功能上看,联锁、闭塞、超速防护等功能通过软件统一由设备实现,不再分隔。因此,整个系统是一个统一的整体。系统结构更加简洁。

(2) **灵活**　系统不需要新增任何设备,自然支持双向运行,而且不因为列车的反方向运行,降低系统的性能和安全性。所以,CBTC 系统在运营时,可以根据需要,使用不同的

调度策略。此外，还表现在 CBTC 系统可以处理多条线路交叉、咽喉区段列车运行极其复杂的情况。另外 CBTC 系统内可以同时运行不同编组长度、不同性能的列车。

(3) 高效　系统可以实现移动闭塞，控制列车按移动闭塞模式运行，进一步缩短列车运行间隔。另外，CBTC 系统可以进一步优化列车驾驶的节能算法，提高节能效果。

2. CBTC 的使用特点

CBTC 目前已成为轨道交通运输及信号技术人员和管理人员极度关注的技术。CBTC 能得到如此广泛的推广和应用，主要和 CBTC 的使用特点有关系。

(1) 安全方面　TBTC 系统中的控制信息流是开环的，即发送者只管发送，并不能确切知道接收者是否真正接收到所需信息，因此不能安全保证行车安全。而 CBTC 的信息流是闭环传递的。例如，控制中心将线路信息等发送至地面设备中，当列车通过时由地面设备将事先存储的线路信息和前行列车的速度、位置信息等传递至通过列车的车载设备中，车载设备经过综合计算，得出最佳运行速度，完成对通过列车的安全控制；地面设备同时也将通过列车的速度、位置信息传递给控制中心，使控制中心能够监督列车运行，指导后续列车运行。整个过程中信息传输环环相扣，安全、迅速地完成。

(2) 运输效率方面　由于 TBTC 系统是固定自动闭塞系统（CBTC 是移动闭塞），所有闭塞分区一经设计，信号机就有固定位置，而每个闭塞分区的长度要求完全满足"最坏"列车的运行安全的需要。所谓"最坏"列车，是指列车的牵引吨位是设计书中规定最重的，制动率也最低，有规定的运行速度，并且这种情况在该地区的坡道值和弯道值条件下能够在该闭塞分区内制动列车。这些条件显然对于"好车"（即牵引吨位少、制动效率好的列车）有潜在的运输效率影响。一旦规定了最高运行速度，在投产后，实际速度必须在规定范围之下。因此，即使存在线路桥梁、车辆、机车有提速的可能，信号也限制了它们的运行，使得运输效率受到限制，除非重新进行设计计算。

(3) 工程设计方面　在信号闭塞分区长度设计，即区间信号机的布置由严格的牵引计算来确定时，工程设计人员必须一个闭塞分区接着一个闭塞分区进行设计。如果在投产后意欲提高运量，提高运行速度，加大运行密度，必须严格核实闭塞分区工程的可能性，这是比较费周折的。而 CBTC 是比较灵活和高效的。

(4) 信息方面　随着信息社会的发展，对在线路上运行的列车，调度、乘客和车站三者越来越希望能得到列车的实时信息，以便调度员决定是否要修正运行图，乘客知道自己所乘坐的列车能否准时达到，车站知道下一列车何时到达该车站，从而进行相应的客运服务工作等。CBTC 可以做到。

(5) 投资方面　在一次投资方面，可以减少因敷设电缆所需的 40% 资金，并且所安装系统的性能价格比有所提高；在日常维护投资开销方面，可以提高劳动生产率，减少维护费用。

(6) 在天气影响方面　避免了雨雪等天气影响。传统的轨道电路必须经常作适当调整，以避免道砟受雨雪天气影响带来不稳定性，由此可能造成不安全性。

(7) 抗干扰方面　可以减少在 TBTC 系统中轨道电路受牵引回流带来的干扰，降低系统的不稳定性和不安全性。

(8) 维护工作方面　能够改善信号工人传统的轨道电路维护时需要沿线步行，而且维护工作繁重的状况。

（9）信息共享方面　使列车的各种信息、多媒体通道等成为除轨道交通信号之外其他工种的同享信息，特别是机务、车辆、公安、工务、运输等，都能应用多媒体信息，而且有车-地间的双向通信。

（10）改建方面　TBTC-FAS 系统大部分是单向运行线路，要改为双向运行，必须进行改建，而改建过程必定会严重影响运行，而且改造费用巨大。而 CBTC 是支持双向运行的。

（11）与城市交通共存问题　由于城市轨道交通系统一般都是客运，具有运行密度大、速度中等、站间距离短和列车在站停留时间短等特点，所以它的列车运行系统在 TBTC 方面难以与地面大铁路相兼容。但应用 CBTC 系统后，这类系统就容易相互兼顾，大交通管理同样可以实现城市交通管理。

思考题

1. CBTC 系统的定义是什么？
2. 简述 CBTC 系统与 TBTC 系统相比有什么优点。
3. 根据车-地之间通信方式 CBTC 可以分为哪几类？
4. 简述 CBTC 典型的结构和每个子系统的功能。
5. CBTC 系统的基本功能有哪些？
6. 请试着列举一下 CBTC 系统的具体功能。

第10章　非正常情况下列车运行

【本章概述】

在列车运行条件和自然条件良好、列车设备正常的情况下,列车运行控制系统能够保证列车安全、准时、高效地完成运输任务,但是当上述条件不能满足,导致列车不能按照正常方式运行,或者不同程度地影响到列车正常运行时,仍然需要最大程度地保证安全运输。

本章主要介绍在非正常情况下列车运行控制系统的后备模式,以及列车运行控制系统发生故障时的行车组织工作,使读者能够掌握应急情况下的列车运行操作。

【学习重点】

1. 了解列车运行控制系统后备模式的必要性。
2. 掌握后备系统的定义和功能。
3. 了解常用的后备系统方案。
4. 掌握 ATS 非正常情况下的后备模式的应用。
5. 掌握 ATS、ATO、ATP 设备发生故障时的行车组织工作。

非正常情况下列车运行通常是指列车运行条件、自然条件发生变化或列车设备发生故障（包括施工、停电等）导致不能按正常方式使列车运行,或者不同程度地影响到列车正常运行的情况。

非正常情况分为两种:一是有准备的非正常情况下列车作业,即有计划的施工维修。列车作业办理人员预先接到施工维修计划并在有足够的思想准备的情况下完成非正常列车作业。有准备的非正常列车作业通常可能在运营开通前的设备调试期出现,运营开通后,由于夜间有专门的设备检修时间,有计划地将施工安排在运营时间的可能性很小。二是无准备的非正常情况下列车作业,即设备突发故障、运行条件突发变化、临时停电等,行车作业办理人员没有任何思想准备。此时,要求作业人员立即做出正确的应急反应和处理。城市轨道交通非正常情况几乎全部是在这种无准备、突发故障情况下发生的。

城市轨道交通设备故障主要包括信号系统故障、线路故障、道岔故障及临时停电、通信

第10章 非正常情况下列车运行

中断等各种故障。其中，信号系统故障可分为联锁功能失效和 ATS、ATP、ATO 子系统故障。根据故障性质和影响范围，城市轨道交通非正常情况接发列车具体可包括联锁、地面和车载 ATP 及 ATS 三种信号子系统故障下的接发列车。

10.1 列车运行控制系统的后备模式

国内运营的城市轨道交通信号系统多采用基于数字轨道电路的准移动列车运行控制系统，对于各种故障有较成熟的处理程序及措施。一般是在充分利用轨道电路的基础上，普遍采用站间闭塞作为后备模式，此种模式曾在北京、广州、天津等城市的轨道交通项目线路开通初期使用，能够满足初期开通线路运营间隔的要求，保证了在国内地铁信号工期紧张的条件下线路开通的要求。

随着技术的发展和运营的需求，目前在建及拟建的城市轨道交通项目中，信号系统大多采用 CBTC 系统。该系统为目前最先进的列车运行控制系统，具有更高的可靠性，国外有 CBTC 系统无后备系统的运营经验，但是根据目前国内实施的 CBTC 项目来看，采用适当的后备系统还是十分必要的。

10.1.1 后备系统简介

1. 后备系统的必要性

后备模式是在 ATC 模式不能正常发挥作用的情况下使用的一种简化运营模式。

对于列车运行控制而言，后备系统可以认为是不依赖于正常的通信手段而完成对列车控制的系统，与其他正常的设备共同构成完整的列车控制系统，实现在列车运行的正常功能不具备、失效情况下对列车的控制。后备系统设置的必要性主要考虑如下几点。

1) CBTC 系统对于列车的位置追踪及控制完全依赖于车-地间的无线通信系统，因此一旦设备出现故障，或车-地通信不能正常进行，系统就会失去对列车的定位和控制能力，只能单纯依靠运营方面的规则来保证列车的安全撤离和系统的恢复，存在安全方面的风险，并且系统恢复需要时间较长。

2) 通常地铁晚间有工程车作业，工程车一般不装备车载信号系统，若无后备系统，工程车的安全只能通过人工保证，存在安全隐患。

3) 由于目前城市轨道交通项目建设的工期普遍紧张，尤其是信号系统从具备安装条件到线路开通运营的时间很短，国内实施的几条 CBTC 线路，如广州的 3、4、5 号线，上海的 8、9、6 号线等，均由于类似的原因，采用了先开通后备系统，线路开通运营后再调试 CBTC 系统的方式。

尽管后备系统不是列车运行控制必需的系统，但是从目前国内的地铁建设和应用情况来分析，采用适当的后备系统，对于 CBTC 系统工程的建设、保证行车安全和效率还是很有好处的。

2. 后备系统的定义与功能

在后备模式下，可实现对道岔和信号机的控制及部分或全部的联锁功能。同时，驾驶员可以根据信号机显示和安全规则来驾驶列车。提供这种运营模式的设备称为后备系统，它不

但可以解决移动闭塞系统部分或全部故障的情况下城市轨道交通正常运营的问题，而且能够解决移动闭塞系统正式开通前的临时过渡问题。目前，国内许多城市轨道交通也开始采用移动闭塞系统，所以配置一套满足我国城市轨道交通需求的后备系统是十分必要的。

后备系统，即线路辅助系统或第二套列车运行控制系统，能够为没有装备车载移动闭塞设备或车载移动闭塞设备发生故障的列车提供全部或者部分的列车自动保护功能，是列车运行控制系统故障-安全原则的体现。后备系统既可以包含地面设备，也可包含车载设备。

在列车运行控制系统正常运营的情况下，后备系统处于备用状态，不直接参与正常运营。只有在出现部分或全部故障的情况下，后备系统才以自动或人工的方式启动。根据设计要求及线路的实际情况，也可以将后备系统作为列车运行控制系统的一个子系统参与正常运营。后备系统通常需要具备列车定位、列车安全分隔、道岔锁闭防护等功能，从而保证在后备系统启用的情况下，线路实现自动闭塞，列车追踪间隔控制在 10min 左右（如有必要，还可缩短）。

3. 列车运行控制系统后备系统的设置方式

后备系统有下述不同的设置方式，以实现不同级别的后备功能。

(1) 辅助的列车检测设备 辅助的列车检测设备是实现后备系统的基础设备，仅具备辅助列车检测功能并不能形成单独的列车后备运行系统。但在列车运行控制系统发生故障时，可以实现列车位置的检测。

计轴器和无绝缘轨道电路均可作为辅助的列车检测设备，计轴器因其具有技术及经济方面等更多优势而被普遍采用。

(2) 站间闭塞模式 在辅助列车检测设备的基础上增加闭塞信号机，可构成具备站间闭塞功能的后备系统。在这种模式下，驾驶员根据地面的信号显示控制列车，信号机一般设置在每个车站的出站位置，为满足不同追踪间隔要求可考虑适当增加区间信号机。但由于显示距离等问题，如果增加大量信号机将导致工程设计、运营和维护复杂化。

站间闭塞模式下，列车安全由驾驶员人为保证。

(3) 点式 ATP 系统 增加地面点式设备（可变/可编程的应答器）和车载相对应的天线，可构成点式 ATP 系统。该系统需车载信号设备支持，由设备保证列车的安全，提高了系统可靠性。点式 ATP 系统实现的功能可以是以地面信号为行车凭证，并具备电子自动停车功能的简单系统，也可以是具备速度-目标距离控制的 ATP 系统。采用何种功能的点式 ATP 系统，取决于用户需求和不同的系统供货商。

基于数字轨道电路的系统也可以作为后备系统，但是除非是旧线改造保留其原系统，否则没有实际的工程意义。

由于后备系统不是正常运行的系统，因此不必对后备系统提出过多的功能和性能要求，防止由于其过于庞大而影响整个信号系统的稳定性能。

根据目前国内城市轨道交通的建设情况，存在线路分期开通，工程车不配备车载信号设备，高峰客流量大，对系统故障恢复时间要求严格等因素，因此在需要时列车运行控制系统会采用相应的后备系统。

后备系统的选择要依据运营的具体需求。若后备系统过于复杂，不可避免地会导致接口和轨旁设备的增加，造成运营维护成本加大。在工程实施的过程中，需要结合城市轨道交通运营的实际，尽早明确后备系统需要达到的标准，确定一个科学的、性价比高的后备系统。

10.1.2 常用后备系统方案

1. 计轴系统与车站控制单元组合的后备系统

该系统通常采用计轴系统来实现区间自动闭塞，在车站控制单元内添加后备系统软件模块实现车站联锁功能。当计轴系统采集到区间（通常是站间区间）的列车占用状态后，将信息发送给车站控制单元，经过一系列联锁逻辑运算后，车站控制单元发布控制命令，使信号机显示允许或禁止信号。

图 10-1 所示是针对"中央集中式"所设计的方案示意图。该方案采用计轴系统代替轨道电路实现自动闭塞，轨旁设备较少，后期维护量较小，生命周期成本也大大降低；通过改进车站控制单元的软件功能来实现联锁功能，无须增加新的联锁设备，安装成本较低。从图 10-1 所示可以看到，平时车站控制单元既要参加列车运行控制系统的正常运营，又要在后备模式下负责联锁运算，必须具有较高的可靠

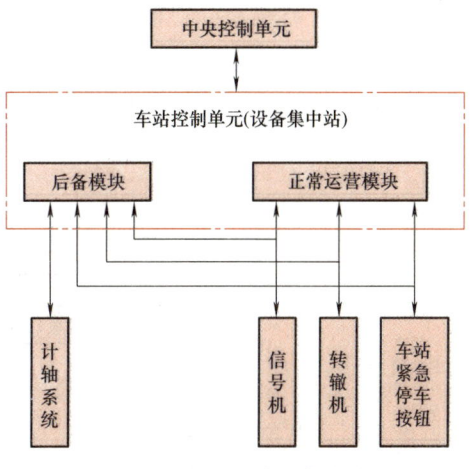

图 10-1 针对"中央集中式"所设计的方案示意图

性和安全性。为此，某些城市轨道交通线路在设备集中站采用了两套车站控制单元，两套系统互为热备。

2. 轨道电路与国内联锁组合的后备系统

该系统采用 UM71 等轨道电路来实现区间闭塞，国内联锁系统来实现车站联锁功能。为了防止列车出现冒进，还可在列车上安装机车信号及自动停车装置。为节约成本，轨道电路仅需在关键区域，如道岔区段、屏蔽门轨道区域等处安装；除特别需要外，正线可仅安装出站信号机。

该系统实现了列车的定位、安全分隔及安全停车等功能。由于采用国内成熟技术，因而造价较低。鉴于直线电动机运载系统优良的性能特点，该技术在现代城市轨道交通领域受到越来越多的关注和使用。目前采用直线电动机运载技术的城市轨道交通多采用移动闭塞系统，而移动闭塞系统的主要优点之一就是独立于轨道电路，所以许多使用直线电动机运载系统的线路可以考虑不再配备轨道电路。

3. 计轴系统与国内联锁系统组合的后备系统

该系统实质上是上述"计轴系统与车站控制单元组合的后备系统"的改进版本，采用国内的联锁系统来代替"计轴系统与车站控制单元组合的后备系统"中的后备软件模块。该后备系统包括联锁、计轴器、接口三个部分，室内设备一般安装在设备集中站。

（1）联锁 对于后备系统的联锁部分，采用国内目前已经比较成熟的"三取二"或双机热备联锁系统。在可靠性和安全性方面，这两种结构的联锁系统均能满足国内城市轨道交通的需求。如果需要，还可采用双套的"三取二"联锁系统，两套系统互为热备关

系，当一套出现故障时，自动切换到另一套。图10-2所示为采用双套"三取二"联锁部分示意图。

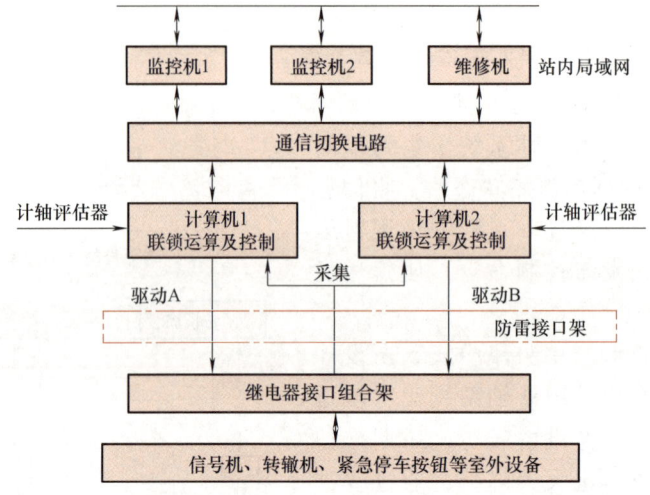

图 10-2 双套"三取二"联锁部分示意图

调度员通过监控机发布操作命令，在监控机进行必要的逻辑处理后，将控制命令发送到计算机，计算机再经过一系列的联锁逻辑运算后，通过接口组合架驱动转辙机和信号机。同时，计算机采集现场设备和接收计轴评估器发来的区间信息，并发送给监控机显示。维修机通过网络从监控机接收相关信息并记录，以便进行故障诊断和维修。

计轴评估器与计算机间可采用通用的串口协议进行信息传输。计轴评估器到计算机间的信息传输是单向的，计算机不会向计轴评估器发送任何信息。

（2）计轴器　轨道电路对温度、湿度等环境因素较为敏感，对道砟电阻等要求较高，因而所需维护的工作量较大。由于与轨道状况无关，所以计轴器不仅具备检查轨道区间占用与否的能力，而且也解除了长期因道床潮湿和钢轨生锈影响轨道交通正常运行的困扰，是目前实现站间闭塞较为理想的设备。关于计轴器的工作原理在本书2.3节已经讲解。

（3）接口　列车运行控制系统正常运营时，后备系统处于热备状态，不参与正常运营，但需将后续列车的定位信息、速度信息等发送给列车运行控制系统。联锁系统将后备信息发送给车站 ATS 系统，再通过电缆或光纤传送至控制中心 ATS 系统。中央 ATS 系统将区间占用状态等信息与线路图中的运行情况结合，显示在运营控制中心的大屏幕上。

国内城市轨道交通大多要求在车站安装本地 ATS 工作站。联锁系统与车站 ATS 系统间的通信是通过监控机与车站 ATS 工作站之间的网络或串口通信来完成的。

10.1.3　后备系统举例

不同信号系统供货商提供的后备系统的组成及功能也不尽相同。下面以西门子、阿尔斯通、阿尔卡特公司的产品为例介绍。

1. 西门子（Siemens）公司

西门子公司的系统具有模块化的系统结构，可以根据客户的需要提供点式 ATP 及站间闭塞等后备模式，其后备模式可以实现的功能见表10-1。

表 10-1 后备模式功能表

功能	后备模式	
	点式 ATP 模式	站间闭塞模式
ATP	√	
联锁	√	√
信息传输方式	点式通信	
站间闭塞	√	√

其推荐的系统一般采用计轴器作为辅助的列车检测设备,采用信标作为点式 ATP 的地面传输设备及目标-距离的控制方式,以车载信号作为行车凭证。

在国内实施的工程项目主要有北京地铁 10 号线和广州地铁 4、5 号线。

2. 阿尔斯通(Alstom)公司

阿尔斯通公司的系统有不同的降级和后备运行工作模式,如图 10-3 所示。

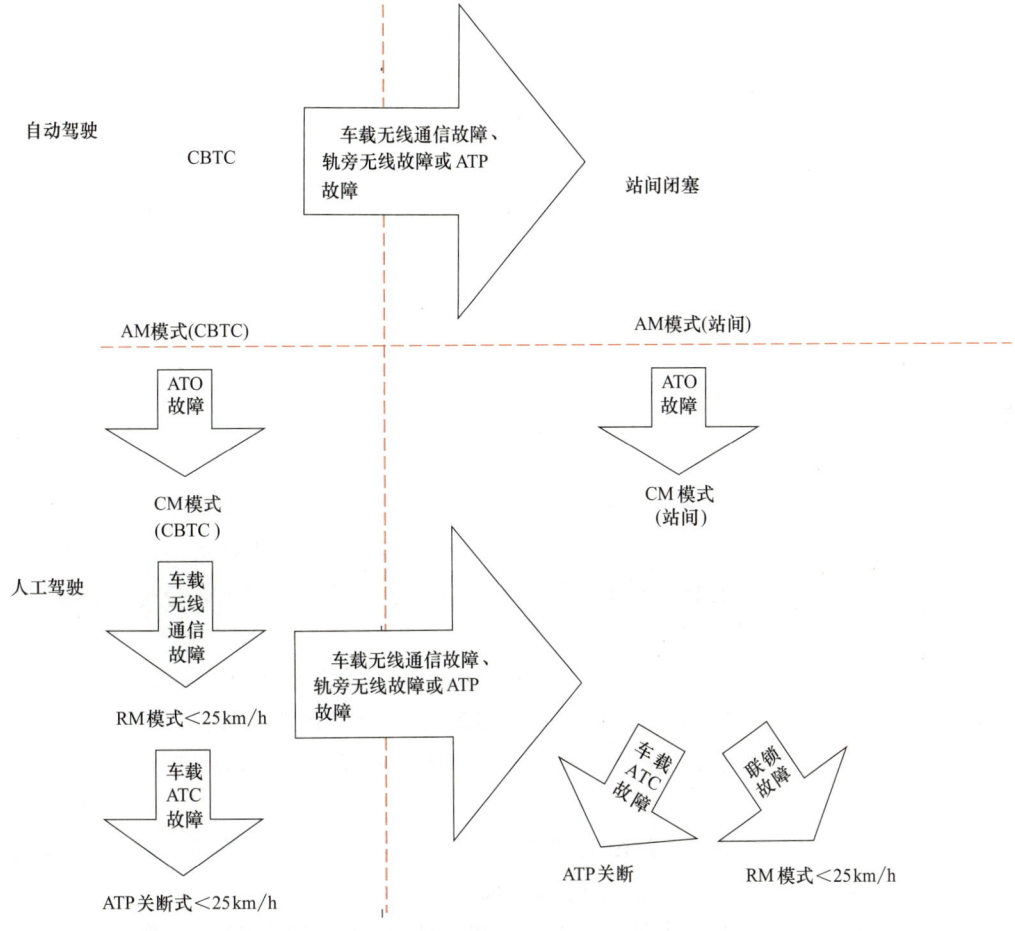

图 10-3 阿尔斯通系统降级和后备运行工作模式

在非正常情况下,如轨旁 ATC 或无线通信设备失效,根据要求将提供不同级别的站间闭塞的后备模式。这种模式使用计轴器作为辅助列车检测设备。

在其 AM 或 CM 的站间闭塞模式中，如果轨旁 ATC 失效或无线通信在部分线路上失效，联锁系统可以转换到站间闭塞模式，列车 ATC 通过读取前方的信标获得信号状态，列车仍然能得到防护，保证了较小的行车间隔。

该系统应用于 2003 年开通运营的新加坡东北线和后建的新加坡环线。在国内实施的主要工程项目有北京地铁 2 号线和首都机场线。其后备系统根据用户的功能需求不尽相同，首都机场线仅采用站间闭塞的后备模式，后备系统均采用计轴器作为辅助列车检查设备。

3. 阿尔卡特（Alcatel）公司

阿尔卡特公司为武汉轻轨提供的信号系统为国内第一个 CBTC 的列车控制系统，已于 2004 年开通运营。在国内实施的其他工程项目主要有广州地铁 3 号线和上海地铁 6、8、9 号线。系统利用计轴器作为辅助的列车检测设备，以地面信号机作为行车凭证。在上海地铁的工程项目中，为满足线路开通初期实现较小行车间隔的要求，增加了必要的区间信号机以构成自动闭塞系统，其闭塞原理如图 10-4 所示。地面增加有源的应答器，和车载的查询器天线（与 CBTC 的查询器天线为同一天线）构成自动停车装置，保证行车安全。列车可以切换到闭塞模式，在此模式下，列车 ATC 通过沿线路设置的设备获得信号。

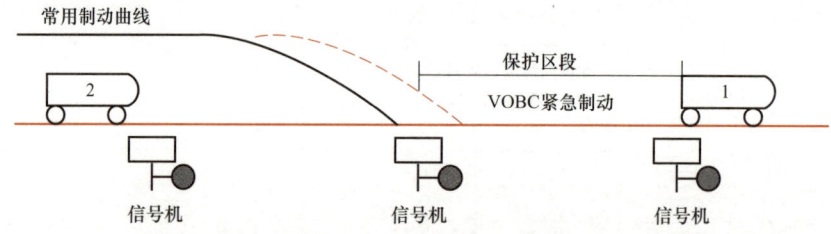

图 10-4　阿尔卡特自动站间闭塞原理示意图

10.2　ATS 非正常情况下的后备模式

ATS 系统是在 ATP 系统和 ATO 系统的支持下完成对全线列车的运行自动管理和监控的系统。它主要完成列车运行状态监视、列车运行自动识别及追踪、进路自动或人工控制、列车运行图及时刻表的编制与管理、列车运营调整、列车运行模拟、列车运行统计、事件及报警报表的生成和系统管理等功能。

为了使 ATS 系统的可靠性提高，即使在非正常情况下也能维持基本功能，不影响列车正常运行，城市轨道交通 ATC 系统通常对 ATS 相关的系统降级处理提出如下要求：

1）正线信号系统应具有灵活的控制模式及必要的降级使用（包括后备运营）模式，以提高系统的可用性。

2）当控制中心 ATS 设备出现故障或控制中心 ATS 至车站 ATS 的数据传输通道出现故障时，车站 ATS 设备必须能够自动监控在线列车的运行。

3）当车站 ATS 设备发生故障时，至少具备联锁自动进路方式控制在线列车运行功能。

10.2.1　后备模式级别的设置

通过与联锁设备配合，ATS 系统可以向用户提供四种后备模式：控制中心 ATS 控制模式、车站 ATS 后备控制模式、联锁自动进路控制模式和车站本地控制台控制模式。在不影响安全的前提下，最大程度满足城市轨道交通列车运行控制的自动化要求。

正常情况下，控制中心 ATS 操纵全线。当控制中心发生故障，列车仍然能够在车站 ATS 提供的后备模式下继续运行。因为车站 ATS 提供了本地监视和追踪功能、本地自动进路排列功能、基于本地时刻表的有限自动调整功能等。在控制中心通信中断、控制中心 ATS 功能失效的情况下，车站 ATS 的本地服务（列车跟踪、自动进路、自动调整）会立即启用，接管本控制区的列车监控任务，实现本联锁区内列车运行的自动监控。

如果出于某种原因，车站 ATS 系统也发生故障，如某分机的通信连接中断，联锁设备的自动进路调用功能会自动激活。该功能可以根据轨道区段占用情况排列预定义的进路。在这种模式下，列车的运行也能继续得以保障，必需的人工操作减至最少。

最底层的后备模式是人工操作。在没有任何其他自动化功能支持的情况下，车站操作员可以在车站 ATS 工作站上进行人工操作，即为车站本地控制台控制模式。

10.2.2 后备模式的切换

控制中心的 ATS 系统与车站 ATS 之间交换的信息称为心跳信息。如果一个心跳信息丢失，可以认为是由于控制中心 ATS 与车站 ATS 之间的连接中断造成的。在连接中断后，ATS 需要进入后备模式，并且只要连接没有恢复就一直处于后备模式的控制中。

如果与控制中心 ATS 系统的连接恢复，车站 ATS 立即退出后备模式。控制中心 OCC 通过车站 ATS 向联锁系统提交一个"全部刷新"请求，以获得当前实际站场状态数据。ATS 将传递该请求给 ATS 系统所辖的全部车站，联锁系统响应该请求，发送当前过程数据给相关 ATS 系统，以便其更新所有数据。

当控制中心 ATS 系统（或备用控制中心 ATS 系统）工作正常时，车站 ATS 的后备模式功能（如列车自动跟踪、自动进路和自动调整）处于输出切断状态，但内部的逻辑运算依然进行。后备模式切换流程如图 10-5 所示。正常情况下控制中心 ATS 发出心跳信息，车站 ATS 接收到心跳信息并回执给控制中心 ATS，如果车站 ATS 在规定时间内未收到控制中心 ATS 的心跳信号，车站 ATS 进入后备模式，心跳回执信息由车站 ATS 后备模式发出，当车

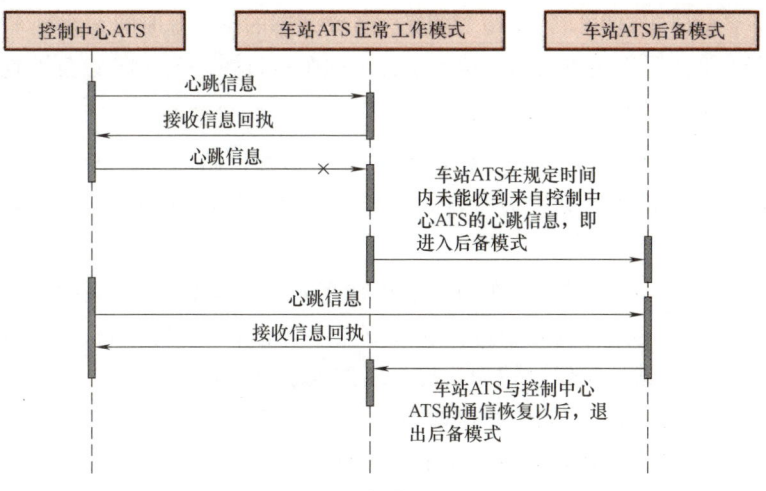

图 10-5 后备模式切换流程

站 ATS 与控制中心 ATS 的通信恢复以后，退出后备模式。

10.3 列车运行控制系统故障时的行车组织

10.3.1 ATS 设备故障时的行车组织

1. 控制中心 ATS 设备故障

ATS 系统的主要功能是控制和监督列车运行。ATS 系统按列车计划运行图指挥列车运行，办理列车进路，控制发车时刻，及时收集和记录列车运行信息，跟踪列车位置、车次，绘制实时列车运行图，并在控制中心的模拟盘上显示列车信息及线路情况。

当 ATS 系统发生故障时，ATS 系统功能不能实现，需要行车调度中心人工控制所管辖线路上的信号和道岔，办理列车进路，组织和指挥列车运行。如果出现控制中心 ATS 系统无显示等故障，则行车调度员应授权联锁站控制，实现车站级控制［通过 LOW（现场操作员工作站）进行操作］。

(1) 进路排列　联锁站行车值班员首先应确认联锁工作站上的 RTU（ATS 的远程终端控制单元）降级模式是否被激活，当 RTU 降级模式被激活时，联锁站不用操作，列车可自动排列进路及自动取消运营停车点。当 RTU 降级模式未被激活，且行车调度员没有特殊指示时，联锁站应在确认列车进站停稳后人工在 LOW 上按正常情况人工排列进路及人工取消运营停车点。

如果车站在工作站上不能取消运营停车点，应立即报告行车调度员，由行车调度员转告驾驶员，用 RM 模式驾驶列车出站，直至转换为 ATO 模式；当车站取消运营停车点而列车目标速度仍为零，且超过规定时间（通常为 30s）时，车站值班员应报告行车调度员，由行车调度员指示驾驶员开车；当 ATO 驾驶模式恢复正常时，应向行车调度员报告。

(2) 列车运行信息处理　ATS 系统故障将会影响列车位置、车次等列车运行信息的记录，进一步影响列车运行图的自动绘制。故 ATS 设备发生故障时，行车调度员通知驾驶员在显示屏上输入当时车次号，到换向运行时，输入新的目的地码和车次号，直至行车调度员通知停止输入为止。各规定报点站向行车调度员报告各次列车的到、开时间，至行车调度员收回控制权时为止。行车调度员以报点站为单位人工补画列车运行图，至 ATS 设备恢复正常。

2. ATS 的自动排列进路或联锁系统（SICAS）的追踪进路故障

当 ATS 的自动排列进路或联锁系统（SICAS）的追踪进路不能自动排列时，应由人工介入，在 MMI 上或在 LOW 工作站上人工排列进路。若使用 6502 电气集中设备，其操作过程如下。

1) 车站由控制中心控制时，行车值班员申请车站级控制，按下站控按钮，站控表示灯闪白灯，当控制中心同意后亮稳定白灯，或控制中心因故需下放控制权时，该灯也闪白灯。车站值班员同意后按下站控按钮，转为站控，站控表示灯亮稳定白灯。

2) 车站在站控状态时，控制中心申请遥控，闪绿灯，值班员同意并检查站内所有道岔均在解锁状态后，恢复站控按钮，车站为控制中心控制状态，控制中心控制表示灯亮稳定绿灯。

3）行车值班员按下进路排列按钮，进行进路排列。

3. 车站 ATS 设备故障

车站 ATS 由列车与地面数据传输设备和电气集中联锁或微型计算机联锁设备等构成，车载 ATS 由列车与地面间数据传输设备等构成。当信号联锁设备发生故障时，按站间电话联系法组织行车。

10.3.2　ATP 设备故障时的行车组织

ATP 系统是确保列车运行安全的关键设备，由轨旁地面设备和车载设备组成。列车通过地面设备接收运行于该区段的目标速度，保证列车在不超过此目标速度情况下运行，从而也保证了后续列车与先行列车之间的安全间隔距离。对联锁车站，ATP 系统确保只有一条进路有效。ATP 系统同时还监控列车车门和车站站台安全门的开启和关闭，保证操作安全。

1. ATP 地面设备故障

当 ATP 地面设备发生故障时，车-地之间的信息传输受到阻碍，列车在运行过程中无法获得及时、准确的地面信息。所以，当 ATP 地面设备发生故障时，需要视地面信号机的状况而定。当 ATP 部分地面设备出现故障，但是地面信号机状态完好，可以正常显示，则列车按照地面信号机的显示运行，不需要组织接发车作业；当地面信号机也出现故障，不能正常显示，则需要相关车站的行车值班员根据调度命令组织接发车作业。接发列车时，行车值班员应及时办理闭塞、开通进路、开闭信号、交付凭证及显示信号。车站行车值班员（包括信号楼值班员）在承认或解除闭塞前，应确认接车区间及接车线路空闲，接车进路道岔位置正确、状态良好，没有影响接车进路的调车作业；发车前，应核对接车站承认闭塞的电话电报号码或闭塞解除时分及车次无误，确认发车进路道岔位置正确、状态良好，没有影响发车进路的调车作业后，方可交付凭证，开放出站信号或给出发车手信号。相邻车站采用站间电话联系法组织行车，并需要将调度命令内容及时通知驾驶员。

2. ATP 车载设备故障

ATP 车载设备发生故障时，因故障列车无法接收 ATP 限速命令，此时主要解决列车的驾驶模式问题。一般 ATP 车载设备发生故障时，驾驶员根据行车调度员命令人工驾驶限速运行，即以 URM 模式（不超过 25km/h 的速度）驾驶列车。如果地面信号机状态完好的话，按照地面信号机显示运行；如果地面信号机发生故障，则按照上述 ATP 地面设备故障情况处理，由相邻车站行车值班员按照电话闭塞法办理接发车作业，保证列车运行。

此时行车调度员应随时注意 ATP 车载设备发生故障的列车运行情况，以确保列车与列车之间的最小间隔在一个区间及以上。遇到两列车进入同一个区间时，应采取紧急措施扣停后面的列车，即扣车，将列车在某站台停靠，不允许其继续运行。通常是 ATO 系统收到 ATS 发出扣车指令后进行。

如果列车在站台发车前收不到 ATP 速度码，驾驶员应上报行车调度员，在得到行车调度员同意后方可使用 RM 模式移动列车。

3. 车场与正线连接站间信号设备故障

车场与正线连接站间信号发生故障时，车场与车站间采用站间电话闭塞法组织行车，以路票为行车凭证。基本步骤如下：

1）行车调度员向车站/场发布执行站间电话闭塞法的口头命令后，车站或车场通知驾驶员调度命令的内容，由车站值班站长/值班员与信号值班员共同确认第一趟发出的列车运行前方的区段空闲。

2）每一闭塞区间内只允许一趟列车占用，列车占用闭塞区间的行车凭证为路票。

3）接车站/场确认闭塞区间内线路空闲后，才可以给发车站/场承认发车闭塞号。发车站/场接到接车站/场同意发车的承认闭塞号，填写路票并自检后交值班员，值班员逐字逐项复诵，核对无误后，复诵传达并交给驾驶员。

4）值班员交接路票时必须核对的内容有：日期、车次、区间、闭塞号、行车专用章、签名等。

5）值班员接车从驾驶员处收回路票后须及时做标记并上交。

10.3.3　ATO 设备发生故障时的行车组织

ATO 子系统的主要功能是站间运行控制，保证列车按时刻表的时间并最大可能以节能原则自动调整实际运行时分和在站内的停留时间，在车站的定位停车控制、车门控制及站台安全门的开启等。

当 ATO 子系统发生故障时，列车自动运行功能不能实现，此时列车改为 SM 人工驾驶。这种情况下列车上的 ATO 系统已经被旁路，列车由驾驶员人工驾驶。列车起动后，ATP 车载设备根据地面提供的信息，自动生成连续监督列车运行的一次速度模式曲线，实时监督列车运行。驾驶员根据 ATP 显示的速度信息驾驶列车，当列车运行速度接近限制速度时，ATO 给出报警；当列车运行速度超过限制速度时，ATP 车载设备将根据超速的程度实施相应的制动方式。

如果车载 ATO 发生故障造成车门与站台安全门不能联动，驾驶员应报告行车调度员，行车调度员命令驾驶员以 SM 模式驾驶。必要时，行车调度员通知下一车站站务人员协助驾驶员开关安全门。

思考题

1. 在城市轨道交通列车运行中非正常情况可以分为哪两种？
2. 城市轨道交通设备故障包括哪些？
3. 城市轨道交通信号系统包括哪些故障？
4. 后备模式是在 ATC 模式不能正常发挥作用的情况下使用的一种简化运营，设置后备模式的原因是什么？
5. 什么叫后备系统？有什么功能？有哪几种设置方式？
6. ATS 在非正常情况下的后备模式如何切换？
7. ATS 设备故障时应该如何进行行车组织工作？
8. ATP 设备故障时应该如何进行行车组织工作？
9. ATO 设备故障时应该如何进行行车组织工作？

附录 城市轨道交通列车运行控制实验

附录 A 实验设备

本实验的实验设备是由上海田之金计算机科技有限公司研发的城市轨道交通 ATC 仿真教学实验平台,该实验设备具体介绍如下。

1. 实验平台的组成

城市轨道交通 ATC 仿真教学实验平台,以基于通信的列车自动控制系统(CBTC)为原型,按照城市轨道交通正线"控制中心—车站—线路—列车"的结构进行布局设计,如图 A-1 所示;具体由沙盘模型、列车模型、沙盘控制系统、沙盘信号设备控制接口箱组成,如图 A-2 所示。其中,沙盘模型的线路上布置有信号机、道岔转辙机、站台发车表示器及站台紧急停车按钮四种信号设备模型。列车模型内置车辆控制模块、车载无线模块和信标检测模块。沙盘控制系统由 ZC 模拟系统、列车模拟系统及 ATS 模拟系统组成,分别模拟 CBTC 系统的 ATP/ATO/ATS 子系统的功能。

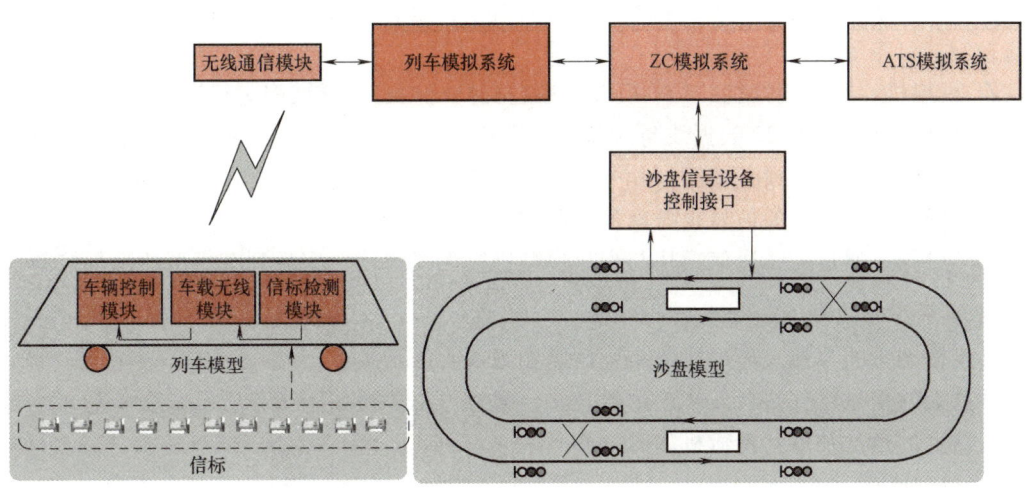

图 A-1 城市轨道交通 ATC 仿真教学实验平台的组成

图 A-2　城市轨道交通 ATC 仿真教学实验平台的实物图

a）沙盘模型　b）列车模型　c）沙盘控制系统　d）沙盘信号设备控制接口箱

2. 实验平台的结构

城市轨道交通 ATC 仿真教学实验平台由一套 ZC 模拟机、一套列车模拟机、一套 ATS 模拟机、一个网络交换机、一套沙盘模型、两列列车模型、两套无线通信模块、一套沙盘信号设备控制接口箱组成，其结构如图 A-3 所示。

ZC 模拟机、列车模拟机、ATS 模拟机通过交换机构建立局域网进行通信。

ZC 模拟机通过 RS422 数据线与沙盘信号设备控制接口箱连接，由沙盘信号设备控制接口箱与沙盘模型的信号设备模型（信号机、道岔转辙机、发车表示器、站台紧急停车按钮）连接，实现沙盘模型上的信号设备模型的监控。

列车模拟机通过无线通信模块与列车模型进行无线通信，实现列车模型的运行控制。

3. 沙盘模型

沙盘模型上的车站及环形线路布置情况如图 A-4 所示。

线路上的信号机、站台发车表示器及站台紧急停车按钮如图 A-5 所示。

线路上的道岔及道岔转辙机如图 A-6 所示。

4. 列车模型

列车模型的内部结构组成如图 A-7 所示。

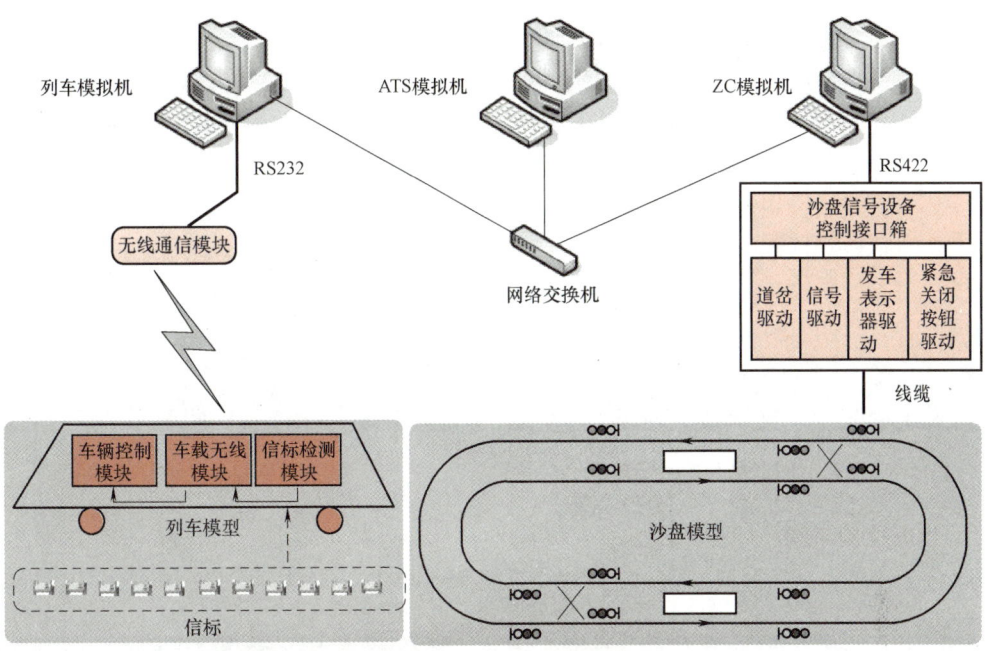

图 A-3 城市轨道交通 ATC 仿真教学实验平台的结构

图 A-4 沙盘模型上的车站及环形线路布置情况

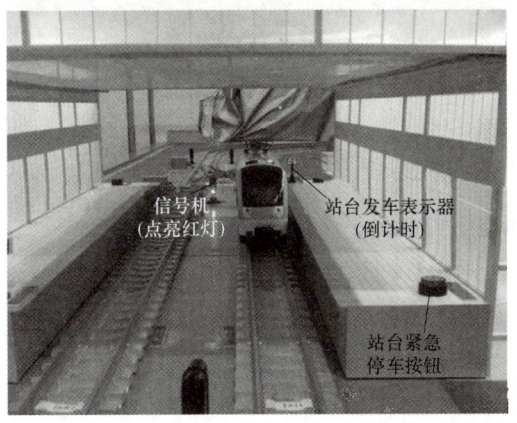

图 A-5 线路上的信号机、站台发车表示器及站台紧急停车按钮

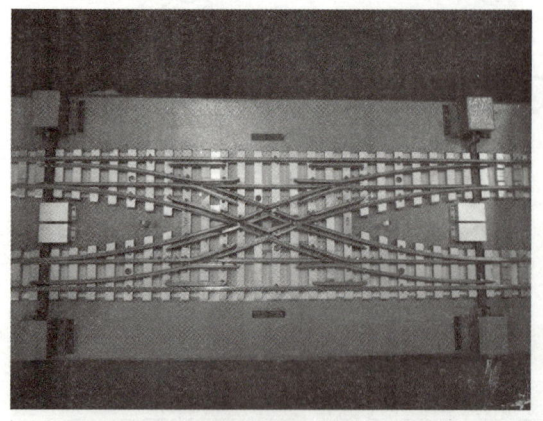

图 A-6 线路上的道岔及道岔转辙机

图 A-7 列车模型的内部结构组成

5. 沙盘控制系统

1）ZC 模拟系统如图 A-8 所示。

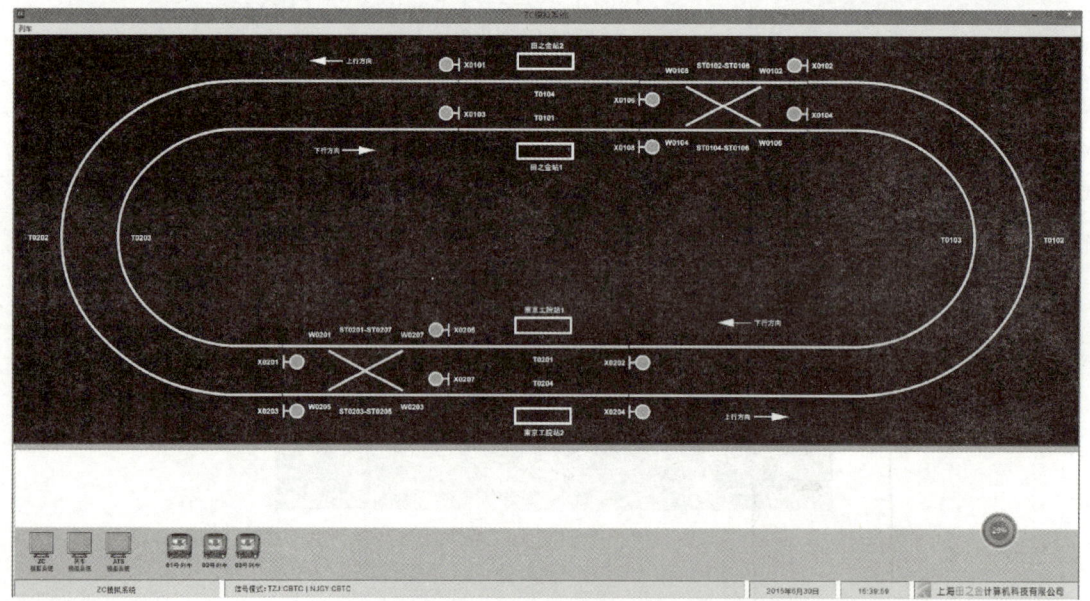

图 A-8 ZC 模拟系统

2）列车模拟系统如图 A-9 所示。

3）ATS 模拟系统如图 A-10 所示。

4）驾驶模式选择手柄和牵引制动手柄如图 A-11 所示。

5）紧急制动复位按钮如图 A-12 所示。

6）ATS 上的道岔位置显示-定位如图 A-13 所示。

7）ATS 上的道岔位置显示-反位如图 A-14 所示。

8）绿色信号灯：直股通过信号如图 A-15 所示。

9）黄色信号灯：弯股通过信号如图 A-16 所示。

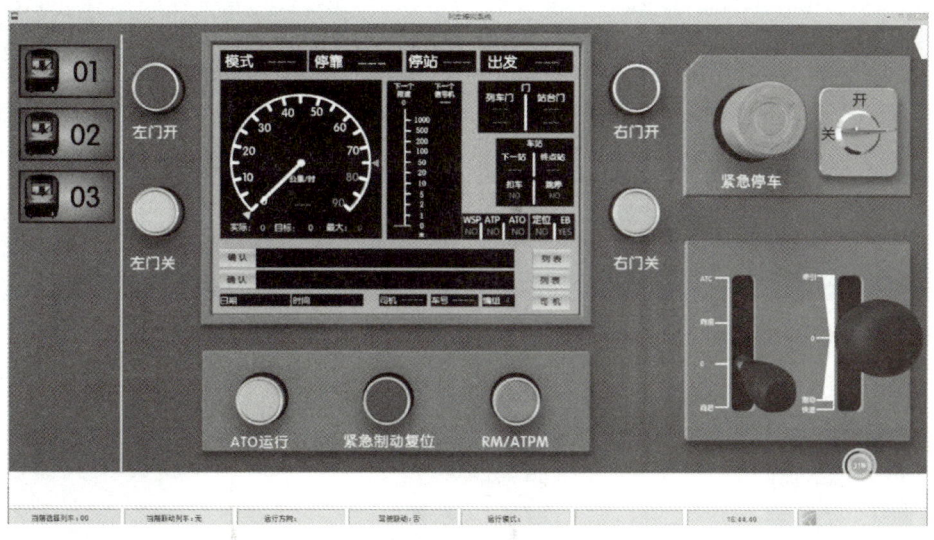

图 A-9　列车模拟系统

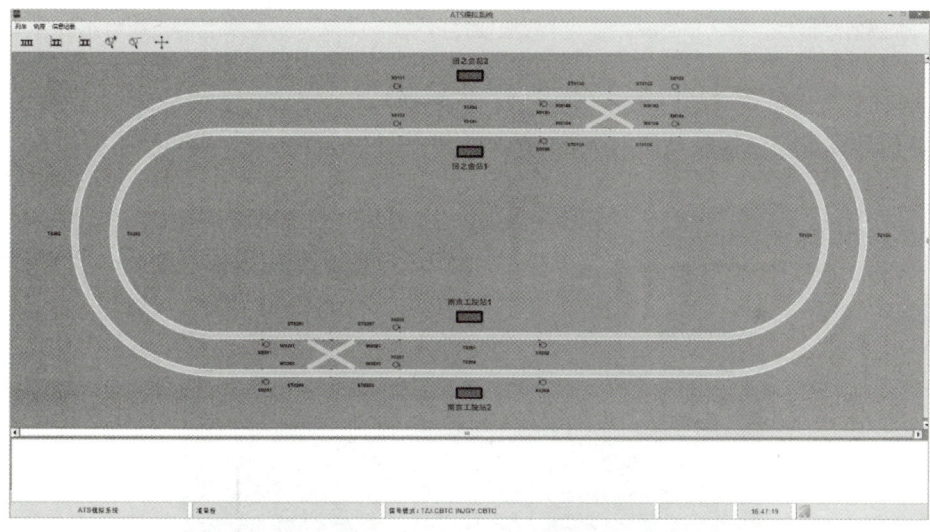

图 A-10　ATS 模拟系统

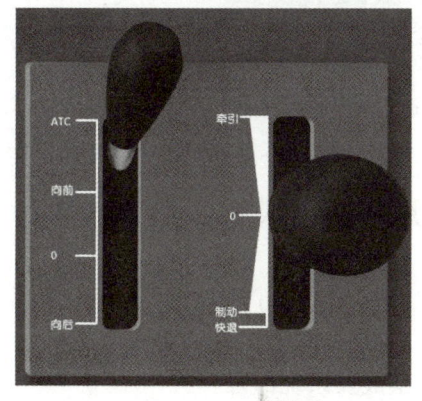

图 A-11　驾驶模式选择手柄和牵引制动手柄

图 A-12　紧急制动复位按钮

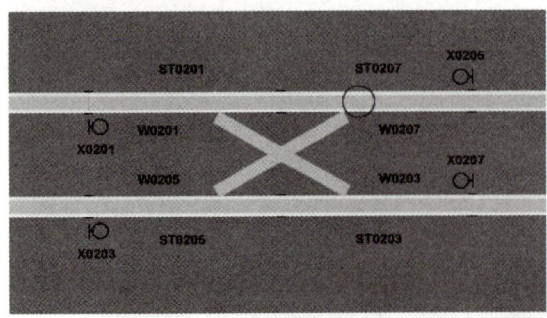
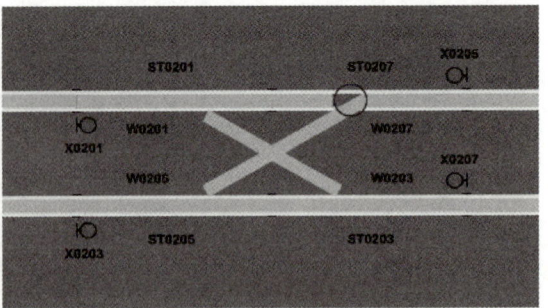

图 A-13　ATS 上的道岔位置显示-定位　　　　图 A-14　ATS 上的道岔位置显示-反位

10) 红色信号灯：正线禁止信号如图 A-17 所示。

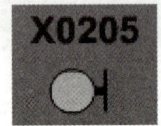  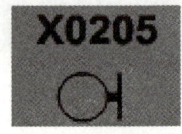

图 A-15　绿色信号灯：　　图 A-16　黄色信号灯：　　图 A-17　红色信号灯：
　　　　直股通过信号　　　　　　　弯股通过信号　　　　　　　正线禁止信号

6. 沙盘信号设备控制接口箱

沙盘信号设备控制接口箱如图 A-18 所示。

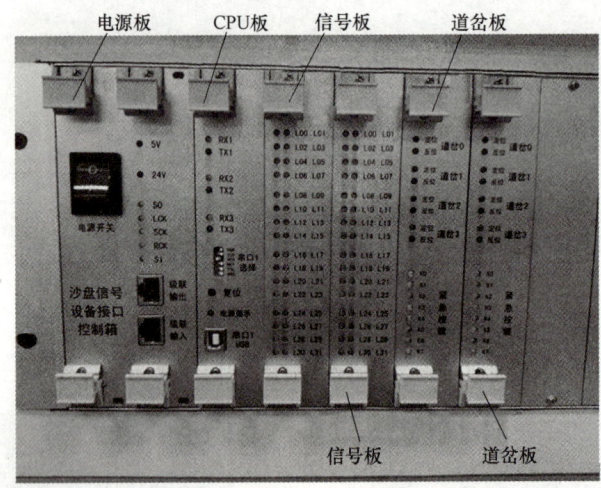

图 A-18　沙盘信号设备控制接口箱

附录 B　城市轨道交通 ATC 仿真教学实验平台认知实验

1. 实验目的与任务

1) 了解和熟悉城市轨道交通 ATC 系统架构。
2) 了解城市轨道交通 ATC 仿真教学实验平台的组成及系统部署。
3) 掌握城市轨道交通 ATC 仿真教学实验平台启动与退出。

4）掌握城市轨道交通 ATC 仿真教学实验平台基本操作。

2. 实验设备

1）城市轨道交通 ATC 仿真教学实验平台操作手册。
2）城市轨道交通 ATC 仿真教学实验平台。

3. 实验内容

1）整理城市轨道交通 ATC 系统架构图。
2）整理城市轨道交通 ATC 仿真教学实验平台组成图。
3）整理城市轨道交通 ATC 仿真教学实验平台结构图。
4）在城市轨道交通 ATC 仿真教学实验平台中，如何正确启动实训环境。
5）在城市轨道交通 ATC 仿真教学实验平台中，创建/删除列车操作。
6）在城市轨道交通 ATC 仿真教学实验平台中，初始化列车和缓解 EB 操作。
7）在城市轨道交通 ATC 仿真教学实验平台中，分配运行线操作和列车 ATO 模拟运行操作。

4. 实验步骤

1）查阅《城市轨道交通 ATC 仿真教学实验平台操作手册》，完成城市轨道交通 ATC 系统架构图。

2）查阅《城市轨道交通 ATC 仿真教学实验平台操作手册》及现场参观 ATC 仿真教学实验平台，完成城市轨道交通 ATC 仿真教学实验平台组成框图、系统结构图，了解软件部署情况。

3）移除沙盘防尘棚。
4）沙盘模型上电，沙盘信号设备控制接口箱上电。
5）三台沙盘控制工作站上电开机。
6）分别启动沙盘控制工作站的 ZC 模拟系统、ATS 模拟系统、列车模拟系统。
7）依次登录 ZC 模拟系统（数据库 IP：192.168.1.10）、ATS 模拟系统、列车模拟系统。

8）放置列车。将列车模型放置在站台区域，并上电。此时在 ZC 模拟系统、列车模拟系统上可以看到相应的列车图标。

9）列车初始化。在列车模拟系统中，单击选中需要初始化的列车图标，单击界面右上角的黄色箭头按钮，打开"列车初始化"面板。在"列车初始化"面板中，选择需要列车运行的方向，单击"设置"按钮。如果设置成功，则列车模拟系统状态栏中的"运行方向"会显示刚才所设置的方向；ATS 模拟系统中，相应的站台区域显示含有车号的列车图标，列车图标箭头指示所设置的运行方向。

在列车模拟系统中，单击选中需要初始化的列车图标，单击"钥匙"图标，则钥匙转动，列车上电（此时 TOD 上显示列车处于紧急制动状态）。

用鼠标拖拽"驾驶模式选择手柄"至"向前"位，"牵引制动手柄"至"制动"位，则"紧急制动复位"按钮点亮，表示可以缓解紧急制动。

用鼠标左键按压"紧急制动复位"按钮 2s 以上，松开后紧急制动缓解，TOD 上显示 ATO 可用。

10) 分配运行线。在 ATS 模拟系统中，确认列车运行方向无误后，鼠标右键单击列车图标，在弹出的快捷菜单中，选择"分配"→"运行线"菜单，弹出"分配运行线"对话框。在"分配运行线"对话框中，选择一条经过列车图标的运行线，则"确定"和"应用"按钮激活，表示所选运行线有效。单击"确定"或"应用"按钮，完成运行线的分配。

11) 列车 ATO 运行。在列车模拟系统中，单击选中需要设置 ATO 运行的列车图标，用鼠标将"牵引制动手柄"拖拽至"0"位，"驾驶模式选择手柄"拖拽至"ATC"位，建立 ATO 驾驶模式，TOD 上的驾驶模式显示 ATO，"ATO 运行"按钮表示灯点亮绿灯；ATS 模拟系统界面上的相应列车图标显示"A"。

在列车模拟系统中，用鼠标左键长按"ATO 运行"按钮 2s 以上松开，列车从当前站台向前自动运行。

12) 删除列车。当列车运行到下一站台停车后，在列车模拟系统中，单击界面右上角的黄色箭头按钮，打开"列车初始化"面板。在"列车初始化"面板中，单击"删除列车"，弹出"列车删除"对话框；单击"删除"按钮，则该列车从系统中删除，系统中与该车号相关的信息全部清除。如果列车模型仍在上电，则 ZC 模拟系统收到列车模型的位置信息后，将会在界面显示列车图标，列车模拟系统的相应车号图标也点亮，但该车不能直接使用，需要进行初始化后才能使用。

13) 退出和关闭。

① 在 ZC 模拟系统主界面，单击标题栏的"×（关闭）"按钮，则 ZC 模拟系统回到登录界面；列车模拟系统和 ATS 模拟系统随之自动退出，回到登录界面。

② 关闭各个登录界面。

③ 沙盘控制工作站关机。

④ 沙盘信号设备控制接口箱断电。

⑤ 墙上总电源断电。

⑥ 恢复沙盘模型的防尘棚。

5. 思考问题

1) 城市轨道交通 ATC 行车调度仿真培训系统各个组成子系统，分别模拟了 CBTC 系统中的哪些主要功能？

2) 平台中列车模拟系统是如何控制列车模型的？

3) 平台中是如何控制沙盘模型上的信号机、道岔、列车出发计时器及监视站台紧停按钮的？

附录 C 列车运行实验

1. 实验目的与任务

1) 正确理解分配运行线和熟练掌握分配运行线操作。

2) 正确理解正线信号控制模式及熟练掌握正线信号控制模式转换操作。

3) 正确理解不同驾驶模式的使用情形、有效条件，熟练掌握不同驾驶模式的切换操作。

4）了解和掌握不同信号控制模式下的正线列车运行过程。

2．实验设备

1）城市轨道交通 ATC 仿真教学实验平台操作手册。
2）城市轨道交通 ATC 仿真教学实验平台。

3．实验内容

1）整条线路 CBTC 模式下，正线创建列车，分配运行线，每到一个车站停车后，在可用的驾驶模式中轮流切换驾驶模式运行，在 ATS 模拟系统上观察和记录不同的现象。

2）整条线路后备模式下，正线创建列车，分配运行线，每到一个车站停车后，在可用的驾驶模式中轮流切换驾驶模式运行，在 ATS 模拟系统上观察和记录不同的现象。

4．实验步骤

1）移除沙盘防尘棚。
2）沙盘模型上电，沙盘信号设备控制接口箱上电。
3）三台沙盘控制工作站上电开机。
4）分别启动沙盘控制工作站的 ZC 模拟系统、ATS 模拟系统、列车模拟系统。
5）依次登录 ZC 模拟系统、列车模拟系统、ATS 模拟系统。初始系统默认为 CBTC 控制模式。
6）正线南京工院站 1（图 A-4）放置 01 号列车（受电弓朝下行方向）。
7）01 号列车初始化。在列车模拟系统中，设置 01 号车运行方向为下行和受电弓方向为下行方向，单击"钥匙"图标为列车上电。
8）缓解紧急制动。用鼠标将"驾驶模式选择手柄"拖拽至"向前"位、"牵引制动手柄"拖拽至"制动"位，单击"紧急制动复位"按钮，缓解紧急制动。
9）01 号车设置 ATO 驾驶模式。在列车模拟系统中，用鼠标将"牵引制动手柄"拖拽至"0"位、"驾驶模式选择手柄"拖拽至"ATC"位，如果 ATO 可用，则驾驶模式由 RMF 切换到 ATO 驾驶模式，TOD 上的驾驶模式显示为 ATO。
10）01 号车分配运行线。在 ATS 模拟系统中，为 01 号车分配 CBTC01 运行线。
11）01 号车起动运行。在列车模拟系统中，用鼠标左键按压"ATO 发车"按钮持续 2s 以上松开，列车从南京工院站 1 站台出发，沿着分配的运行线向田之金站 1（田之金站下行站台，图 A-4）运行。
12）01 号车切换到 ATPM 驾驶模式。列车运行到田之金站 1 停车后，在列车模拟系统中，用鼠标将"驾驶模式选择手柄"拖拽至"向前"位。此时，驾驶模式改为 ATPM 模式。
13）01 号车向下一站南京工院站 1（下行站台）运行：在列车模拟系统中，用鼠标将"牵引制动手柄"拖拽至"牵引"位，列车起动向南京工院站 1 运行。
14）01 号车切换到 RMF 驾驶模式。列车运行到南京工院站 1 停车后，在列车模拟系统中，单击"RM/ATPM"模式切换按钮，此时，驾驶模式由 ATPM 模式改为 RMF 模式。
15）01 号车向下一站田之金站 1 运行。在列车模拟系统中，用鼠标将"牵引制动手柄"拖拽至"牵引"位，列车起动向田之金站 1 运行。
16）控制模式切换到后备模式。列车到达田之金站 1 停车后，在 ATS 模拟系统上，单击"轨旁"→"信号模式"→"后备模式"→"初始化"子菜单和"确认/取消"子菜单，分别弹出"后备模式初始化"对话框和"后备模式确认/取消"对话框。

在"后备模式初始化"对话框中选择"田之金站",并单击"确定"或"应用"按钮,将区域站的信号控制模式初始化。

在"后备模式确认/取消"对话框中,选择"后备模式进程"状态为"确认/取消"的区域站,单击"确定"或"应用"按钮,将田之金站的信号模式切换到后备模式。切换完成后,ATS模拟系统的状态栏中"田之金站"和"南京工院站"的模式全部显示为后备。

17) 01号列车以RMF模式运行到南京工院站1。在ATS模拟系统中,通过列车的发车操作,重新建立后备进路;在列车模拟系统中,用鼠标将"牵引制动手柄"拖拽至"牵引"位,列车起动向南京工院站1运行。

18) 01号车切换到WSP模式。列车运行到南京工院站1停车后,在列车模拟系统中,单击"RM/ATPM"模式切换按钮,此时,驾驶模式由RMF模式改为WSP模式。

19) 01号车以WSP模式运行到田之金站1。在列车模拟系统中,用鼠标将"牵引制动手柄"拖拽至"牵引"位,列车起动向田之金站1运行。

20) 田之金站信号控制模式切换为CBTC控制模式。列车到达田之金站1停车后,在ATS模拟系统上,单击"轨旁"→"信号模式"→"CBTC模式"→"初始化"子菜单和"确认/取消"子菜单,分别弹出"CBTC模式初始化"对话框和"CBTC模式确认/取消"对话框。

在"CBTC模式初始化"对话框中选择"田之金站",并单击"确定"或"应用"按钮,将田之金区域站的信号控制模式初始化。

在"CBTC模式确认/取消"对话框中,选择"CBTC模式进程"状态为"确认/取消"的区域站,单击"确定"或"应用"按钮,将田之金站的信号模式切换到CBTC模式。切换完成后,ATS模拟系统的状态栏中"田之金站"的模式显示为CBTC。

21) 01号车驾驶模式切换到ATO模式。田之金站信号控制模式切换到CBTC模式后,ATO模式可用。用鼠标将"牵引制动手柄"拖拽至"0"位、"驾驶模式选择手柄"拖拽至"ATC"位,01号车驾驶模式由WSP模式切换到ATO模式。

22) 01号车以ATO模式从田之金站1出发。在ATS模拟系统中,对01号列车进行发车操作,重新建立进路。在列车模拟系统中,用鼠标左键按压"ATO发车"按钮持续2s以上松开,列车从田之金站1站台出发,到达南京工院站1站台停车。

23) 退出系统。

24) 退出和关闭。

① 在ZC模拟系统主界面,单击标题栏的"×(关闭)"按钮,ZC模拟系统回到登录界面;列车模拟系统和ATS模拟系统随之自动退出,回到登录界面。

② 关闭各个登录界面。

③ 沙盘控制工作站关机。

④ 沙盘信号设备控制接口箱断电。

⑤ 墙上总电源断电。

⑥ 恢复沙盘模型的防尘棚。

5. 思考问题

1) CBTC信号系统中的CBTC控制模式与后备控制模式有什么区别?

2）CBTC 系统中，画出不同驾驶模式之间转换的状态图。

3）不同驾驶模式分别在什么情况下使用？

4）试验：在上行线路循环运行以上过程。

附录 D 站台紧急停车处置实验

1. 实验目的与任务

1）了解 CBTC 控制模式下，站台紧急停车对于列车运行的影响。

2）了解后备控制模式下，站台紧急停车与联锁系统之间的关系及对于列车运行的影响。

3）了解和掌握出现站台紧急停车时的行车处置方法。

2. 实验设备

1）城市轨道交通 ATC 仿真教学实验平台操作手册。

2）城市轨道交通 ATC 仿真教学实验平台。

3. 实验内容

1）整条线路 CBTC 控制模式下，列车进站前，出现站台紧急停车，对列车运行的影响及行车处置。

2）整条线路 CBTC 控制模式下，列车停站结束时，出现站台紧急停车，对列车运行的影响及行车处置。

3）后备控制模式下，列车停站结束时，出现站台紧急停车，对列车运行的影响及行车处置。

4. 实验步骤

1）移除沙盘防尘棚。

2）沙盘模型上电，沙盘信号设备控制接口箱上电。

3）三台沙盘控制工作站上电开机。

4）分别启动沙盘控制工作站的 ZC 模拟系统、ATS 模拟系统、列车模拟系统。

5）依次登录 ZC 模拟系统、列车模拟系统、ATS 模拟系统。初始系统默认为 CBTC 控制模式。

6）在南京工院站 1 站台放置 01 号列车，受电弓朝上行方向（确保列车完全位于站台区段内）。

7）01 号列车初始化。在列车模拟系统中，设置 01 号列车受电弓方向为上行，运行方向为下行，单击"钥匙"图标为列车上电。

8）缓解紧急制动。用鼠标将"驾驶模式选择手柄"拖拽至"向前"位、"牵引制动手柄"拖拽至"制动"位，单击"紧急制动复位"按钮，缓解紧急制动。

9）01 号车设置 ATO 驾驶模式。在列车模拟系统中，用鼠标将"牵引制动手柄"拖拽至"0"位、"驾驶模式选择手柄"拖拽至"ATC"位。如果 ATO 可用，则驾驶模式由 RMF 切换到 ATO 驾驶模式，TOD 上的驾驶模式显示为 ATO。

10）01号车分配运行线。在ATS模拟系统中，为01号车分配CBTC01运行线。

11）01号车起动运行。在列车模拟系统中，用鼠标左键按压"ATO发车"按钮持续2s以上松开，列车从南京工院站1站台出发，沿着分配的运行线向田之金站1（田之金站下行站台，图A-4）运行。

12）设置站台紧急停车按钮故障。将沙盘上田之金站1站台的两个紧急停车按钮中任意一个按下。

13）列车运行。01号列车从南京工院站1向田之金站1运行。列车运行到田之金站1站台入口处停车。

14）故障确认。调度员确认列车可进入站台区域后，通知列车驾驶员以RMF模式，人工驾驶列车运行。

15）切换驾驶模式到RMF模式。在列车模拟系统中，用鼠标将"驾驶模式选择手柄"拖拽至"向前"位，此时，驾驶模式改为ATPM模式。单击"RM/ATPM"模式切换按钮，此时，驾驶模式由ATPM模式改为RMF模式。

16）01号列车进入田之金站1站台。在列车模拟系统中，用鼠标将"牵引制动手柄"拖拽至"牵引"位，列车起动向田之金站1站台运行，运行到站台后停站。

17）停站结束后，进路无法排列，列车无法出站。

18）故障确认。调度员确认列车可离开站台区域后，通知列车驾驶员以RMF模式，人工驾驶列车运行。

19）01号列车驶离田之金站1站台。在列车模拟系统中，用鼠标将"牵引制动手柄"拖拽至"牵引"位，列车起动向南京工院站1运行。列车完全出清站后，驾驶员可停车，将驾驶模式切换到ATO模式。当ATO发车按钮点亮，用鼠标左键按压"ATO发车"按钮持续2s以上松开，列车以ATO模式继续运行。

20）解除站台紧急停车按钮故障。在ATS模拟系统单击"轨旁"→"站台"→"紧急停车按钮"菜单，将田之金站1的站台紧急停车按钮故障解除。

21）列车运行。列车运行到南京工院站1站台停站。

22）控制模式切换到后备模式。列车到达南京工院站1停车后，在ATS模拟系统上，单击"轨旁"→"信号模式"→"后备模式"→"初始化"子菜单和"确认/取消"子菜单，分别弹出"后备模式初始化"对话框和"后备模式确认/取消"对话框。

在"后备模式初始化"对话框中选择"田之金站"，并单击"确定"或"应用"按钮，将区域站的信号控制模式初始化。

在"后备模式确认/取消"对话框中，选择"后备模式进程"状态为"确认/取消"的区域站，单击"确定"或"应用"按钮，将田之金站的信号模式切换到后备模式。切换完成后，ATS模拟系统的状态栏中"田之金站"和"南京工院站"的模式全部显示为后备。

23）切换驾驶模式到WSP模式。在列车模拟系统中，用鼠标将"驾驶模式选择手柄"拖拽至"向前"位，此时，驾驶模式改为RMF模式。单击"RM/ATPM"模式切换按钮，此时，驾驶模式由RMF模式改为WSP模式。

24）01号车向下一站田之金站1运行。出站信号点亮后，在列车模拟系统中，用鼠标将"牵引制动手柄"拖拽至"牵引"位，列车起动向田之金站1运行。

25）设置站台紧急停车按钮故障。当列车到达田之金站1站台停站后，将沙盘上田之金站1站台的两个紧急停车按钮中任意一个按下。

26）停站结束后，由于紧急停车按钮按下导致进路无法排列，列车无法出站。

27）故障确认。调度员确认列车可离开站台区域后，通知列车驾驶员以RMF模式，人工驾驶列车运行。

28）01号列车驶离田之金站1站台。在列车模拟系统中，用鼠标将"牵引制动手柄"拖拽至"牵引"位，列车起动向南京工院站1运行。

29）退出和关闭。

① 在ZC模拟系统主界面，单击标题栏的"×（关闭）"按钮，则"ZC模拟系统"回到登录界面；列车模拟系统和ATS模拟系统随之自动退出，回到登录界面。

② 关闭各个登录界面。

③ 沙盘控制工作站关机。

④ 沙盘信号设备控制接口箱断电。

⑤ 墙上总电源断电。

⑥ 恢复沙盘模型的防尘棚。

5. 思考问题

1）站台紧急停车按钮与信号系统之间有什么联锁关系？

2）在站台紧急停车按钮故障解除后，应如何操作才能使受影响列车恢复正常运营？

3）站台紧急停车按钮按下后，对于进站列车和出站列车有什么影响？

4）站台紧急停车按钮一般用于什么情况？可以由谁施加和复原？

附录 E 站台扣车与列车催发车实验

1. 实验目的与任务

1）了解和掌握站台扣车功能。

2）了解和掌握站台扣车操作和解除扣车操作。

3）了解和掌握列车催发车功能。

4）了解和掌握列车催发车操作。

2. 实验设备

1）城市轨道交通ATC仿真教学实验平台操作手册。

2）城市轨道交通ATC仿真教学实验平台。

3. 实验内容

1）实施站台扣车。

2）站台扣车对于列车运行的影响。

3）站台解除扣车的方式及解除扣车方式。

4）列车催发车。

5）列车催发车对于列车运行的影响。

4. 实验步骤

1）移除沙盘防尘棚。

2）沙盘模型上电，沙盘信号设备控制接口箱上电。

3）三台沙盘控制工作站上电开机。

4）分别启动沙盘控制工作站的 ZC 模拟系统、ATS 模拟系统、列车模拟系统。

5）依次登录 ZC 模拟系统、列车模拟系统、ATS 模拟系统。初始系统默认为 CBTC 控制模式。

6）正线南京工院站 1 放置 01 号列车（受电弓朝下行方向）。

7）01 号列车初始化。在列车模拟系统中，设置 01 号车运行方向为下行和受电弓方向为下行方向，单击"钥匙"图标为列车上电。

8）缓解紧急制动。用鼠标将"驾驶模式选择手柄"拖拽至"向前"位、"牵引制动手柄"拖拽至"制动"位，单击"紧急制动复位"按钮，缓解紧急制动。

9）01 号车设置 ATO 驾驶模式。在列车模拟系统中，用鼠标将"牵引制动手柄"拖拽至"0"位、"驾驶模式选择手柄"拖拽至 ATC 位，如果 ATO 可用，则驾驶模式由 RMF 切换到 ATO 驾驶模式，TOD 上的驾驶模式显示为 ATO。

10）01 号车分配运行线。在 ATS 模拟系统中，为 01 号车分配 CBTC01 运行线。

11）01 号车起动运行。在列车模拟系统中，用鼠标左键按压"ATO 发车"按钮持续 2s 以上松开，列车从南京工院站 1 站台出发，沿着分配的运行线向田之金站 1（田之金站下行站台，图 A-4）运行。

12）施加站台扣车。在 01 号车没有进入田之金站 1 站台停车前，在 ATS 模拟系统中，施加田之金站 1 站台扣车。01 号列车进入田之金站 1 站台停车，停站时间结束后，01 号车的移动授权 MA 由于扣车无法延伸出站。

13）01 号列车解除扣车。在 ATS 模拟系统中，通过对 01 号列车的发车操作来解除该列车在站台的扣车（仅针对该列车有效，后续列车进入田之金站 1 站台停站后依然扣车有效）。

14）列车继续运行。列车模拟系统中，选中 01 号车，用鼠标左键按压"ATO 发车"按钮持续 2s 以上松开，列车从田之金站 1 继续向前运行。

15）施加站台扣车。在 01 号车进入南京工院站 1 站台停站过程中（停站结束前 5s），在 ATS 模拟系统中，施加南京工院站 1 站台扣车。01 号列车在停站时间结束后，01 号车的移动授权 MA 由于扣车无法延伸出站。

16）解除站台扣车。在 ATS 模拟系统中，解除南京工院站 1 站台扣车（此时，该站台恢复常态，不再扣车）。01 号列车的移动授权 MA 延伸出站。

17）列车继续运行。列车模拟系统中，选中 01 号车，用鼠标左键按压"ATO 发车"按钮持续 2s 以上松开，列车从南京工院站 1 向前运行。

18）列车催发车。01 号列车运行到田之金站 1 停站过程中，通过 01 号列车的发车操作，进行催发车，则列车在停站时间没有结束前，移动授权就开始延伸。

19）列车继续运行。列车模拟系统中，选中 01 号车，用鼠标左键按压"ATO 发车"按钮持续 2s 以上松开，列车从田之金站 1 继续向前运行。

20）退出系统。

21）退出和关闭。

① 在 ZC 模拟系统主界面，单击标题栏的"×（关闭）"按钮，则 ZC 模拟系统回到登录

界面；列车模拟系统和 ATS 模拟系统随之自动退出，回到登录界面。

② 关闭各个登录界面。
③ 沙盘控制工作站关机。
④ 沙盘信号设备控制接口箱断电。
⑤ 墙上总电源断电。
⑥ 恢复沙盘模型的防尘棚。

5. 思考问题

1）站台扣车一般用于什么情况？对于列车运行有什么影响？
2）站台扣车解除有几种方式？分别有什么区别？
3）站台扣车与联锁系统的关系是怎样的？

附录 F 封站与站台跳停实验

1. 实验目的与任务

1）了解和掌握封站功能和操作。
2）了解和掌握封站对于列车运行的影响。
3）了解和掌握列车跳停功能和操作。
4）了解和掌握列车跳停对于列车运行的影响。

2. 实验设备

1）城市轨道交通 ATC 仿真教学实验平台操作手册。
2）城市轨道交通 ATC 仿真教学实验平台。

3. 实验内容

1）实施封站并分析封站对列车运行的影响。
2）解除封站。
3）实施列车跳停并分析跳停对于列车运行的影响。
4）解除跳停。

4. 实验步骤

1）移除沙盘防尘棚。
2）沙盘模型上电，沙盘信号设备控制接口箱上电。
3）三台沙盘控制工作站上电开机。
4）分别启动沙盘控制工作站的 ZC 模拟系统、ATS 模拟系统、列车模拟系统。
5）依次登录 ZC 模拟系统、列车模拟系统、ATS 模拟系统。初始系统默认为 CBTC 控制模式。
6）正线南京工院站 1 放置 01 号列车（受电弓朝下行方向）。
7）01 号列车初始化。在列车模拟系统中，设置 01 号车运行方向为下行和受电弓方向为下行方向，单击"钥匙"图标为列车上电。
8）缓解紧急制动。用鼠标将"驾驶模式选择手柄"拖拽至"向前"位、"牵引制动手柄"拖拽至"制动"位，单击"紧急制动复位"按钮，缓解紧急制动。

9）01号车设置ATO驾驶模式。在列车模拟系统中，用鼠标将"牵引制动手柄"拖拽至"0"位、"驾驶模式选择手柄"拖拽至"ATC"位。如果ATO可用，则驾驶模式由RMF切换到ATO驾驶模式，TOD上的驾驶模式显示为ATO。

10）01号车分配运行线。在ATS模拟系统中，为01号车分配CBTC01运行线。

11）01号车起动运行。在列车模拟系统中，用鼠标左键按压"ATO发车"按钮持续2s以上松开，列车从南京工院站1站台出发，沿着分配的运行线向田之金站1（田之金站下行站台，图A-4）运行。

12）田之金站1封站（模拟田之金站厅出现事故，实施封站）。在列车进入田之金站1站台区域之前，在ATS模拟系统中，单击"轨旁"→"站台"→"关闭/打开"子菜单，将田之金站1的下行站台关闭。

13）列车经过田之金站1站台不停站通过，向南京工院站继续运行。（如果在01列车进入站台区域后设置，则对01列车此次运行不执行站台关闭的处理。）

14）田之金站1封站解除。当田之金站恢复正常后，在ATS模拟系统中，将田之金站1的下行站台重新开放。

15）设置01号列车跳停南京工院站1。在列车在进入南京工院站1站台区域之前，设置列车在南京工院站1站台跳停，在ATS模拟系统，选择"列车"→"操作"→"跳停"，在对话框的"列车"选项卡中设置。

16）01号列车进入南京工院站1站台区域后，移动授权直接延伸到下一站出站口，列车不停站通过。

17）退出系统。

18）退出和关闭。

① 在ZC模拟系统主界面，单击标题栏的"×（关闭）"按钮，则ZC模拟系统回到登录界面；列车模拟系统和ATS模拟系统随之自动退出，回到登录界面。

② 关闭各个登录界面。

③ 沙盘控制工作站关机。

④ 沙盘信号设备控制接口箱断电。

⑤ 墙上总电源断电。

⑥ 恢复沙盘模型的防尘棚。

5. 思考问题

封站和列车跳停有什么区别？分别用于什么情况？

参 考 文 献

[1] 贾文婷. 城市轨道交通列车运行控制［M］. 北京：北京交通大学出版社，2012.

[2] 吴兵，李晔. 交通管理与控制［M］. 北京：人民交通出版社，2015.

[3] 吴金洪，张瑾. 城市轨道交通列车运行控制［M］. 北京：国防工业出版社，2014.

[4] 应之丁，樊嘉慧，吴晓倩. 车辆动态制动试验仿真系统研究［J］. 铁道机车车辆，2021，41（5）：187-193.

[5] 赵媛媛，郑子彬，毕素楠，等. 基于MVB总线的北京地铁八通线国产化网络系统适用性研究［J］. 铁道车辆，2021，59（5）：57-60.

[6] 李振龙，张靖思，刘钦，等. 基于改进Q学习的双周期干线信号协调控制方法［J］. 科学技术与工程，2021，21（29）：12744-12750.

[7] 凌飞，邹臣国，张福景，等. 一种基于防撞记录单元的列车故障诊断系统设计［J］. 铁道机车与动车，2021（10）：28-31；5-6.

[8] 杨留辉，曾连荪，周煜轩. 车辆重路由与智能交通灯协同控制研究［J］. 计算机仿真，2021，38（10）：165-169+267.

[9] 郭北苑，孙玉龙. 基于认知结构的高速列车对标停车控制算法［J］. 北京交通大学学报，2021，45（5）：8-15.

[10] 徐曼，曾滨，乔宏，等. 沪苏通大桥风-车-桥耦合系统非线性动力响应研究［J］. 工程力学，2021，38（10）：83-89；133.

[11] 张友兵，陈志强，王建敏，等. 高速铁路列车制动曲线速度分段方法［J］. 中国铁道科学，2021，42（5）：155-161.

[12] 于寒松. 城市交通路网系统的数据驱动分层递阶优化与控制［D］. 北京：北京交通大学，2021.

[13] 马龙. 城市轨道交通信号系统DCS有线网络过渡方案研究［J］. 铁路通信信号工程技术，2021，18（8）：62-64；89.

[14] 闫贝贝，徐恒亮. CBTC系统中接近锁闭区段的计算与应用场景说明［J］. 铁道通信信号，2021，57（8）：92-95.

[15] 张勇，马茂斐，王剑. 车载中心化的列车进路控制方法研究［J］. 铁道学报，2021，43（7）：77-86.

[16] 王静，刘超，赵佳颖，等. 一种总线型和交换型网络并存的列车网络设计［J］. 机车电传动，2021（4）：92-97.

[17] 戴国文. 基于深度学习的短时交通流预测及信号控制研究［D］. 兰州：兰州交通大学，2021.

[18] 周文博. 磁悬浮列车气隙悬浮系统网络化控制策略研究［D］. 兰州：兰州交通大学，2021.

[19] SU Z C, CHOW ANDY H F, ZHONG R X. Adaptive network traffic control with an integrated model-based and data-driven approach and a decentralised solution method［J］. Transportation Research Part C, 2021, 128: 1-12.

[20] 徐洪峰，陈虹瑾，张栋，等. 面向网联汽车环境的单点全感应式信号配时技术［J］. 吉林大学学报（工学版），2022，52（6）：1324-1336.

[21] ASTARITA V, GIOFRÈ V P, GUIDO G, et al. A scientometric-based review of traffic signal control methods and experiments based on connected vehicles and floating car data（FCD）［J］. Applied Sciences, 2021, 11（12）：16-28.

[22] 徐炜彤. 深圳城市轨道交通综合检测列车方案研究及实施［D］. 北京：中国铁道科学研究

院，2021.

[23] 潘昭天. 基于博弈论和多智能体强化学习的城市道路网络交通控制方法研究［D］. 长春：吉林大学，2021.

[24] 吴晓冬. 城市轨道交通轨旁 AP 无线网络数据分析平台［J］. 城市轨道交通研究，2021，24（S1）：137-140；145.

[25] ENGLUND C, AKSOY E E, ALONSOFERNANDEZ F, et al. AI Perspectives in smart cities and communities to enable road vehicle automation and smart traffic control［J］. Smart Cities，2021，4（2）.

[26] 黄克勇. 城市轨道交通信号系统对曲线段速度要求的计算［J］. 城市轨道交通研究，2021，24（05）：21-25.

[27] 孟寒松. 基于通信的列车运行控制系统测试研究［J］. 铁路计算机应用，2021，30（10）：63-68.

[28] 刘建均，孙艺瑕，李胜. 时滞正反馈控制下汽车悬架系统的多目标优化［J］. 计算机应用与软件，2021，38（4）：32-36+131.

[29] 李金文. 一种在城市轨道交通信号系统中应用的加密故障恢复方法［J］. 城市轨道交通研究，2021，24（4）：99-103.

[30] 李斌. 一种新型增程式电动汽车动力系统及其控制策略优化研究［D］. 昆明：昆明理工大学，2021.

[31] 赵岩. 市域轨道交通列控系统选型研究［J］. 城市轨道交通研究，2020，23（7）：179-182.

[32] 李琳. CBTC 系统站场图编辑软件的设计与实现［D］. 成都：西南交通大学，2020.

[33] 李士东. LTE-M 在城市轨道交通中的增强应用研究［J］. 计算机与网络，2020，46（12）：64-67.

[34] YU H X, LI S. The function design for the communication-based train control（CBTC）system：how to solve the problems in the underground mine rail transportation［J］. Applied System Innovation，2021，4（2）：1-12.

[35] SI X Y, KUANG W Z, et al. A method of generating engineering test sequence for urban rail transit CBTC system based on formalization［J］. IOP Conference Series：Earth and Environmental Science，2020，526（1）：1-10.

[36] JAHANZEB F, JOSÉ S. Radio communication for communications-based train control（CBTC）：a tutorial and survey［J］. IEEE Communications Surveys and Tutorials，2017，19（3）：36-49.

[37] 牛建华. 基于网络化运营的城市轨道交通规划思考［J］. 铁路通信信号工程技术，2019，16（7）：47-51.

[38] 李硕，马顺，李艳山，等. 高速列车非线性空气悬架自适应反步控制研究［J］. 噪声与振动控制，2021，41（1）：145-149+154.

[39] 赵青. 城市轨道交通信号系统互联互通工程应用关键技术浅析［J］. 电气化铁道，2021，32（1）：79-82.

[40] 张惺. 城市轨道交通信号系统大修改造方案分析［J］. 铁道通信信号，2021，57（1）：88-90+94.

[41] 吕泉，侯化安，夏军，等. 动力集中电动车组控制车用 CAB-B 型制动控制系统［J］. 铁道车辆，2020，58（12）：11-13+5.

[42] 徐凯，何周阳，徐文轩，等. DPICSA 优化的城轨交通超级电容 FNN 控制研究［J］. 铁道学报，2021，43（10）：43-52.

[43] 刘会明，高翔. 下一代城市轨道交通信号系统研究［J］. 城市轨道交通研究，2020，23（S2）：7-11.

[44] 王振宏. 考虑悬浮控制的中低速磁浮车辆动力学性能优化［D］. 成都：西南交通大学，2020.

[45] 张祎，李亚萍. 绿黄灯和蓝灯在城市轨道交通信号系统中的应用［J］. 现代城市轨道交通，2020（2）：12-16.

[46] 黄晓荣. CBTC 信号系统下列车定位丢失原因探究［J］. 城市轨道交通研究，2020，23（S2）：100-103；118.

[47] 翟明达. 高速磁浮列车悬浮系统性能优化问题研究［D］. 长沙：国防科技大学，2019.

[48] TAO W，Ge Q B，LYU X N，et al. A cost-effective wireless network migration planning method supporting high-security enabled railway data communication systems［J］. Journal of the Franklin Institute，2019.

[49] 陈海欢. OPC UA 在城市轨道交通信号系统互联互通中的应用研究［J］. 铁路计算机应用，2019，28（2）：61-64.